Ulrike Juchmann

Sei du selbst,
alle anderen gibt es schon

Ulrike Juchmann

Sei du selbst, alle anderen gibt es schon

Wie Frauen Erwartungen abstreifen und befreiter leben

BELTZ

Dieses Buch ist erhältlich als:
ISBN 978-3-407-86680-6 Print
ISBN 978-3-407-86681-3 E-Book (EPUB)

2. Auflage 2024

© 2023 im Beltz Verlag
in der Verlagsgruppe Beltz • Weinheim Basel
Werderstraße 10, 69469 Weinheim
Alle Rechte vorbehalten

Illustration: Constanze Guhr
Lektorat: Judith Roth
Umschlaggestaltung: www.sandraklostermeyer.de (Gestaltung),
www.stephanengelke.de (Beratung)
Bildnachweis: © Constanze Guhr
Herstellung und Layout: Sarah Veith
Satz: Publikations Atelier, Dreieich
Druck und Bindung: Beltz Grafische Betriebe, Bad Langensalza.
Beltz Grafische Betriebe ist ein klimaneutrales Unternehmen (ID 15985-2104-100).
Printed in Germany

Weitere Informationen zu unseren Autor:innen und Titeln
finden Sie unter: www.beltz.de

Für meine Mutter

Inhalt

Warum dir dieses Buch Türen öffnet   11

Biografische Wurzeln   13

Selbstwert stärken ist so relevant   15

Der Werkzeugkoffer öffnet sich   19

Selbstoptimierung?
Nein: Akzeptanz und Entwicklung!   22

Praxisguide für dieses Buch   23

Tür Eins

Erkenne deine Prägungen   29

Die Frau gibt es nicht: Vorurteile erkennen   29

Stereotype Einengungen: über Weiblichkeit   33

Gesellschaftlicher Wandel tut not   37

Wie Stereotype auf die Psyche von Frauen wirken   39

Botschaften und Erwartungen der Herkunftsfamilie   45

Den Ängsten ins Auge sehen   54

Der liebevolle Blick   59

Vorbilder, Spiegelbilder   62

Mentorinnen und Mentoren fördern Potenziale   66

Tür Zwei

Erlebe die Kraft der Achtsamkeit   73

Der Geist der Anfängerin   73

Warum Frauen Meditation guttut   75

Raus aus dem Hamsterrad **78**

Vom Kopf in den Körper **82**

Ruhe inmitten des Sturms **86**

Werde Gefühlsforscherin **89**

Glaube nicht alles, was du denkst **93**

Dir selbst eine Freundin sein **98**

Zeit und Raum für Stille **104**

Üben macht die Meisterin **107**

Tür Drei

Fühle dich in deinem Körper zu Hause **113**

Den Kampf mit dem eigenen Körper beenden **113**

Embodiment **119**

Ganz relaxed **123**

Get in touch **127**

Meditation in Bewegung **130**

Raum einnehmen, Grenzen schützen **133**

Bauchgefühl **138**

Let's dance **140**

Tür Vier

Lebe deine innere Vielfalt **151**

Die dreizehn Gesichter der Cate Blanchett **151**

Du bist viele **154**

Wie innere Stimmen entstehen **157**

Deine inneren Stimmen nehmen Gestalt an **160**

Das Selbst am Dirigentinnenpult **164**

Fehlertoleranz **168**

Der Kinderchor **175**

Der Chor der Selbstfürsorge **180**

Kreativität im Zusammenspiel **185**

Tür Fünf

Vertraue deinen Kompetenzen   193
Die Expertin bist du   193
Die Psychologie der Kompetenz   196
Du bist keine Mogelpackung   200
Kompetenz und Selbstwert   207
Wie Selbstbestimmung gelingt   210
Erfolge feiern   215
Ohne Schlamm kein Lotos   219
Selbstmitgefühl und Selbstbestimmung   223
Du selbst im Wandel   225

Tür Sechs

Sei auch in Beziehungen du selbst   235
Beziehungsnetze knüpfen   235
Der Tanz zwischen Nähe und Distanz   239
Souverän mit Erwartungen umgehen   243
Achtsamkeit in Beziehungen   251
Positive Gefühle in Beziehungen   255
Verbundenheit als Lebenselixier   259
Mitfühlen, ohne auszubrennen   263

Erlaube dir, aus der Reihe zu tanzen   271

Dank-Stelle   275

Anmerkungen   278

Warum dir dieses Buch Türen öffnet

Claudia ist 33 Jahre alt und kommt ganz erledigt zu mir in die Praxis. Sie ist im IT-Bereich tätig und fühlt sich über die Maßen für die gesamte Abteilung zuständig. Im letzten Jahr unterstützte sie außerdem eine gute Freundin, die schwer erkrankt war, und begleitete ihren Opa während seiner letzten Zeit im Hospiz. Doch als sie selbst eine Ärztin wegen Erschöpfung und körperlicher Schmerzen aufsuchen will, plagt sie ein schlechtes Gewissen. Sie könne jetzt auf keinen Fall ihr Team mit dem Arbeitspensum alleinlassen.

Dieses Beispiel ist kein Einzelfall und auch nicht überzeichnet. Nein, nahezu alle Frauen, die bei mir Therapie, Coaching oder einen Achtsamkeitskurs machen, leiden unter Erschöpfung. Das schlechte Gewissen ist ihr ständiger Begleiter. Es gemahnt, die Erwartungen der anderen nicht zu enttäuschen. Und es verbietet, sich selbst wichtiger zu nehmen.

In Zeiten der Pandemie hat sich alles noch mehr zugespitzt, Frauen jonglierten Homeoffice, Homeschooling und Haushalt. Die Philosophin Kate Manne bringt die Situation der Frauen auf den Punkt: »Sie dürfen nicht einfach sein.«[1] Dagegen sind Männer *human beings* und dürfen sie selbst sein. Frauen sind *human givers* und müssen geben: Unterstützung, ihre Körper, Bewunderung, Kinder, Fürsorge. Sie müssen die an sie gestellten Erwartungen erfüllen. Sie haben den männlichen Bedürfnissen zur Verfügung zu stehen. Darin sieht Kate Manne die Basis der Frauenfeindlichkeit.

Es ist kompliziert für Frauen. Einerseits wollen wir weiblich sein, andererseits auf keinen Fall »typisch« Frau. Natürlich gibt es nicht *die* Frau oder *den* Mann. Glücklicherweise leben wir mittlerweile in einer Gesellschaft, die eine Vielfalt an Lebensmodellen zulässt. Aber immer noch gibt es Türen, die Frauen verschlossen sind. Räume und Bereiche, die von Männern dominiert und bestimmt werden. Immer noch ist Ausgrenzung, Unterdrückung und Ungleichheit für Frauen eine tägliche Realität.

Mädchen und Frauen wurden und werden in einer maßgeblich von männlichen Normen geprägten Welt mit Erwartungen konfrontiert, wie sie zu sein und sich zu verhalten haben – und was sie auf keinen Fall tun sollten. Erlaubt ist, Vorstellungen anderer zu erfüllen: brav sein, sich anpassen, in angeblich weiblichen Terrains bleiben, andere versorgen, sich zurückhalten. Verboten ist es dagegen, etwas einzufordern, sich abzugrenzen, Ansprüche zurückzuweisen, männliche Domänen zu betreten und sich selbstbestimmt etwas zu nehmen. Und tun Frauen diese Schritte doch, dann sind sie Angriffen, Erniedrigungen und Bedrohungen ausgesetzt oder ihnen wird unterstellt, zickig oder gar hysterisch zu sein.

Viele Türen und Zugänge zur gleichberechtigten Teilhabe am gesellschaftlichen Leben, zu Bildung und politischer Einflussnahme waren und sind teilweise noch verschlossen. Die Schlüssel wurden versteckt.

In den letzten Jahrzehnten haben sich Frauen viele Möglichkeiten erkämpft. Aber einige Räume und Wege sind für sie immer noch verstellt oder extrem schwer zu begehen.

Natürlich muss sich strukturell, gesellschaftlich und in unser aller Köpfen noch vieles verändern, damit wirkliche Gleichberechtigung gelebt werden kann.

Ich schaue mit diesem Buch aus einer psychologischen Perspektive auf die einschränkenden Zuschreibungen und Erwartungen, mit denen Frauen konfrontiert sind. Seit mehr als 25 Jahren bin ich in unterschiedlichen Feldern für und mit Mädchen und Frauen tätig.

Mit der Wahl des Titels *Sei du selbst, alle anderen gibt es schon* (ein Bonmot, das Oscar Wilde zugeschrieben wird) habe ich eine Einladung an alle Leserinnen ausgesprochen, sich selbst wieder auf die Spur zu kommen, Erwartungen abzustreifen und eigene Kompetenzen besser kennenzulernen und wertzuschätzen. Es beglückt mich immer sehr, zu sehen, wie Frauen ihre eigene Vielfalt und Vielschichtigkeit erleben und leben.

Die Kombination aus Methoden der systemischen Beratung, der Verhaltenstherapie, der Tanzimprovisation und achtsamkeitsbasierter Verfahren hat sich im Coaching von Frauen bewährt. Die vielfältigen Übungen helfen dabei, familiäre und gesellschaftliche Prägungen bewusst zu reflektieren. Und sich jenseits der Erwartungen anderer als *human being*, als Seiende zu erfahren.

Du hältst also ein praktisches und anwendungsorientiertes Buch in den Händen. Es lädt dich ein, immer wieder selbst aktiv zu werden, zu reflektieren, aufzuschreiben, zu meditieren und den eigenen Körper in Ruhe und Bewegung wahrzunehmen.

Alle Fähigkeiten, die du dafür brauchst, trägst du bereits in dir. Diese wohlwollende, ressourcenorientierte Haltung ermöglicht es auch, beherzte Veränderungsschritte anzugehen. Immer ist dieser Weg individuell, überraschend und einzigartig.

Biografische Wurzeln

Was hat mich bewogen, dieses Buch zu schreiben? Es sind zwei Aspekte. Zum einen meine persönliche Geschichte als Frau, die sich mit weiblichen Zuschreibungen auseinandersetzt. Zum anderen meine lange psychologische Tätigkeit mit Mädchen und Frauen. Zunächst zum Persönlichen.

Aufgewachsen in einer Kleinstadt im Sauerland der 1970er- und 1980er-Jahre war ich mit einem einengenden, konservativen Frauenbild konfrontiert. Die Mütter, selbst wenn sie eine Ausbildung oder ein Studium beendet hatten, blieben zu Hause. Das galt als ein Zeichen von Wohlstand und war leider selbstverständlich.

Ich werde nie vergessen, wie im Religionsunterricht in der Oberstufe ein Mitschüler sagte:»Die Bestimmung jeder Frau ist die Mutterschaft. Keine Frau kann ohne Kinder glücklich sein.« Ich widersprach und konfrontierte ihn mit seiner einseitigen, bevormundenden und diskriminierenden Sicht. Der Lehrer sagte nichts dazu und auch sonst blieb es still im Klassenraum. Einige Mitschülerinnen warfen mir anerkennende Blicke zu.

Viele meiner Freundinnen und Mitschülerinnen litten unter Essstörungen. Damals ging aber, soweit ich weiß, niemand in Therapie, es wurde jedenfalls nicht offen darüber geredet. Eine gute Freundin verletzte sich selbst und litt an Magersucht. Ich fand das verstörend, niemand sprach darüber. Nach außen waren die jungen Frauen gute Schülerinnen, angepasst und innerlich oft unglücklich. Als es mir selbst mit 16 nicht so gut ging, nahm ich allen Mut zusammen und ging zu einer psychologischen Beratungsstelle. Die Mitarbeiterin dort nahm sich nur kurz Zeit, meinte, ich solle Abitur machen und dann könne ich ja eigene Wege gehen. Wie sehr hätte ich damals eine einfühlsame Unterstützung gebraucht.

Meine Mutter durfte nach dem zweiten Weltkrieg keine Ausbildung machen, das blieb ihren Brüdern vorbehalten. Sie wollte aber unbedingt, dass ich, vielleicht stellvertretend für sie, Abitur machte und studierte. Und natürlich wollte sie, dass ich es einmal besser haben sollte als sie. Sie wünschte mir ein selbstbestimmtes und freieres Leben. Dazu hat sie mich erzogen. Sie erwartete, dass ich als sehr gute Schülerin Medizin studierte. Ich entschied mich aber für die Psychologie, neue deutsche Literatur als Nebenfach und jede Menge Tanz und Theater. Diese Verbindung von Psychologie und kreativen Methoden zieht sich seither durch mein gesamtes Leben und manifestiert sich nun in diesem Buch.

Selbstwert stärken ist so relevant

Neben meiner persönlichen, biografischen Motivation ist der zweite Motor für das Schreiben dieses Buches meine langjährige psychologische Tätigkeit mit Mädchen und Frauen. Acht Jahre lang habe ich therapeutische Wohngruppen für junge Frauen mit Essstörungen in Berlin aufgebaut und geleitet.

Eine Essstörung ist eine ernst zu nehmende psychische Erkrankung und gleichzeitig habe ich sie immer auch als einen Lösungsversuch gesehen. Als einen Versuch, mit gesellschaftlichen Rollenerwartungen und Geschlechtsstereotypen, familiären Botschaften, biografischen Verletzungen und eigenen Ansprüchen und Bedürfnissen umzugehen. Dabei führen Mädchen mit extremem Hungern, Essanfällen und exzessivem Sport gesellschaftliche Ideale ad absurdum.

Immer wieder war ich sehr betroffen darüber, wie wenig diese jungen Frauen ihre eigenen Stärken und Potenziale spürten. Wie sehr sie versuchten, ihren eigenen Körper und sich zu kontrollieren und zu optimieren. Doch statt die erwünschte Selbstbestimmung zu erreichen, landeten sie in einem Gefängnis aus Selbstabwertung und Abhängigkeit.

Seitdem ich mich selbstständig gemacht habe, sind Frauen aller Altersgruppen weiterhin meine Hauptkundinnen. In Seminaren coache ich Frauen aus Familienunternehmen, wie sie Selbstfürsorge, private Zufriedenheit und berufliche Entwicklung in Einklang bringen können. Auch diese sehr erfolgreichen Frauen kämpfen mit einschränkenden Rollenzuschreibungen und familiären Aufträgen. Sie zweifeln trotz ihrer offensichtlichen Kompetenzen immer wieder daran, ob diese Fähigkeiten ausreichen. Und fühlen sich zerrissen zwischen den verschiedenen Rollen, die sie einnehmen. Der Methodenmix aus systemischen Übungen, Körper- und Achtsamkeitsübungen bewährt sich auch in diesem Kontext.

Viele Frauen kommen erschöpft und ausgebrannt zu meinen Achtsamkeitskursen und lernen Meditation oder sie beginnen ein Einzelcoaching. Einige verbinden auch beides miteinander, weil sie spüren, dass das Üben von Achtsamkeit und das Sprechen mit einem erfahrenen Gegenüber eine wirksame Kombination für Veränderung ist. Selbstfürsorge steht dann im Zentrum.

Meistens sind es Grenzsituationen, die Frauen zu mir führen. Sie suchen Unterstützung, wenn sie nicht weiterwissen. Oder wenn die permanente Verfügbarkeit für andere Menschen sie auslaugt. Immer wieder geht es auch um den familiären und gesellschaftlichen Erwartungsdruck, den Frauen spüren.

Nach einer längeren Elternzeit und der Trennung vom Vater ihrer Kinder erhält die 40-jährige Britta ein interessantes Jobangebot. Ihre Aufgabe wird sein, viel zu moderieren, zu präsentieren und in der Öffentlichkeit zu stehen. Es plagen sie Selbstzweifel: »Bin ich attraktiv genug, wie komme ich rüber, was kann ich eigentlich gut?« Es erscheint ihr so, als habe sie nichts vorzuweisen. Sie äußert die Angst, zu scheitern und damit die Prophezeiungen der Mutter (»Du bist zu lange raus aus dem Job und deine Kinder sind noch zu klein«) zu erfüllen. Britta möchte sich ihrer Kompetenzen wieder bewusst werden und sich beruflich etwas zutrauen.

Die 32-jährige Grafikdesignerin Lena hat sich gerade selbstständig gemacht und bemerkt, dass sie sich für ihre Kundinnen zu sehr aufopfert. Sie fühlt sich erschöpft und überfordert. Alte Themen der Herkunftsfamilie melden sich wieder. Lena musste sich schon sehr früh um ihre Eltern kümmern. Sie hat gelernt, ihre eigenen Bedürfnisse hintanzustellen. Lena möchte diese gelernten Muster verstehen. Außerdem will sie lernen zu meditieren und Methoden der Selbstfürsorge in den Alltag integrieren.

»Soll ich beruflich wirklich auch die Chirurgie wählen wie mein Vater?«, überlegt die 26-jährige Ärztin Juliane. Manchmal möchte sie sich gänzlich neu orientieren. Wie kann sie erkennen, ob sie eine eigene, mutige Entscheidung trifft oder aus Angst eine ambitionierte berufliche Entwicklung vermeidet? Sie entscheidet sich für ein Achtsamkeitstraining und einige Coachingstunden als Unterstützung auf der Suche nach ihrem Weg.

Die 52-jährige Petra ist in ihrem Job als Lehrerin sehr zufrieden. Doch sie ist unglücklich mit ihrer langjährigen Partnerschaft. Sie hat den Eindruck, sich zu sehr angepasst zu haben und das Eigene aus dem Blick zu verlieren. Sie möchte klären, was sie eigentlich in der Beziehung braucht und was ihr guttut.

Diese Beispiele zeigen Situationen, in denen Frauen an ihre Grenzen kommen und sich verunsichert und überfordert fühlen. Oft sind es Übergangssituationen, die zu Veränderungen aufrufen. Altes, Vertrautes passt nicht mehr, neue Herausforderungen erzeugen Druck. Frauen opfern oft die eigenen Bedürfnisse, um den Erwartungen der anderen zu genügen. Diese äußeren Ansprüche aber gilt es zu begrenzen, damit Raum für die eigenen Bedürfnisse entstehen kann.

Es fühlt sich manchmal an wie Jonglieren – nicht ganz einfach! Du selbst zu sein, heißt, deine eigenen Bedürfnisse zu kennen und immer wieder eine Balance zu finden, die guttut. Mal fordert das Bedürfnis nach Selbstfürsorge Ruhe ein, dann braucht das Bedürfnis nach Bindung mehr Kontakt zu anderen. Für die persönliche Balance geht es nicht um Perfektion, sondern um Stimmigkeit.

Weibliche Vorbilder, die den Weg weisen und ermutigend zur Seite stehen, fehlen im nahen Umfeld oft. Es gilt, den Blick zu schärfen und nach Ermutigungen Ausschau zu halten. Entwicklungstüren gehen auf und wir haben vielleicht Angst vor dem nächsten Schritt. Oder eine Tür geht zu, wir fühlen uns blockiert und wissen nicht weiter. Manchmal fehlt einfach der Schlüssel, die passende

Methode, um Veränderung anzustoßen. Ich möchte dir einige effektive Schlüssel, die ich erarbeitet habe, anbieten und dich ermutigen, sie selbst auszuprobieren.

Der Werkzeugkoffer öffnet sich

Glücklicherweise gibt es wirksame psychologische Methoden, die helfen, die eigenen Bedürfnisse zu balancieren und zufrieden in Beziehungen zu leben. Dieses Buch präsentiert eine besondere Kombination aus bewährten Ansätzen – meiner Erfahrung nach profitieren Frauen davon sehr.

Systemische Vielfalt

Die Methoden der systemischen Beratung nehmen das menschliche Beziehungsgefüge und insbesondere das Familiensystem in den Blick. Dabei gilt es als eine wichtige Entwicklungsaufgabe, die Beziehung zu den Eltern zu klären und die Botschaften und Erwartungen der Eltern an die Tochter neugierig zu hinterfragen. So wird erkennbar, welche elterlichen Werte und Vorstellungen sie abstreifen möchte. Oder welche Lebensmaximen sie gerne weiterlebt, weil sie zu ihr passen und ihr guttun. Die systemischen Modelle lieben das Spiel mit Perspektiven. Sie gehen davon aus, dass die Botschaften der Familie nach innen wandern und zu Selbstgesprächen werden. Diese verschiedenen inneren Stimmen der Kritikerin, Perfektionistin, Genießerin und anderer Seiten brauchen Gehör und eine liebevolle innere Leitung. Wenn die Selbstgespräche dann klarer werden, verbessert sich auch die Kommunikation nach außen. Die systemischen Methoden versprechen, eine gute Balance zwischen Autonomie und Bindung zu finden.

Verhalten lässt sich verändern

Die Verhaltenstherapie interessiert sich für die individuelle Lerngeschichte von Menschen. Sie fragt, wie zum Beispiel die Angst vor Auftritten erworben wurde und wodurch sie weiter aufrechterhalten wird. Frauen können durch ihre Methoden erforschen, wie sich schädigende Gewohnheiten, Denk- und Verhaltensmuster gebildet haben. Sie werden ermutigt, neue Strategien auszuprobieren und einzuüben, um Expertinnen des eigenen Erlebens zu werden.

Achtsamkeit bringt ins Hier und Jetzt

Doch es braucht nicht nur die Fähigkeit, Veränderungen anzustoßen, es braucht auch die Kompetenz, die Gegenwart wahrzunehmen und sich zu akzeptieren. Die achtsamkeitsbasierten Verfahren sind auch deshalb im Bereich des Coachings so beliebt geworden, weil sie die Kraft der Akzeptanz vermitteln. Frauen verlangen von sich oft Perfektion und versuchen ständig, sich körperlich und psychisch zu optimieren. Die achtsamkeitsbasierten Verfahren schlagen einen gänzlich anderen Weg vor. Sie ermutigen Frauen, sich durch meditative Methoden selbst zu spüren, sich zu erleben und sie selbst zu sein. Es geht dabei um freundliche Selbstakzeptanz, die ein bewusstes und ein beherztes Handeln ermöglicht.

Körperwahrnehmung

Leider befinden sich viele Frauen im Kampf mit dem eigenen Körper. Deshalb sind körperorientierte Verfahren für Frauen so ungemein wichtig. Der Körper ist unser Zuhause und zentral für unser Selbstwertgefühl. Durch und mit ihm lernen wir, uns zu fühlen, abzugrenzen und auszuruhen. Entspannungs-, Wahrnehmungs- und Bewegungsübungen bringen uns in einen liebevollen Kontakt mit unserem Körper. Sie helfen dabei, den Körper zu bewohnen und als Ort des Lebendigseins, der Lebensfreude zu begreifen. Die Übungen aus der Tanzimprovisation kommen also wie gerufen, um Erwartungen buchstäblich abzuschütteln und sich frei zu machen von Vorstellungen vom vermeintlich »richtigen Tanzen«. Eigentlich ist es klar, aber die Neurowissenschaft hat jetzt auch Belege dafür: Tanzen macht glücklich. Die Neurowissenschaftlerin Julia Christensen sieht im Tanz einen »Akt der Selbstbefreiung«.[2]

Schreiben und Reflexion

Frauen wurden immer wieder die Fähigkeiten zum Denken und Schreiben abgesprochen. Sie wurden zum Verstummen gebracht. Die Schreib- und Reflexionsübungen ermöglichen es, eine eigene Stimme zu finden, sich auszudrücken, über Themen nachzudenken, Klarheit zu finden und Standpunkte einzunehmen. Denken und Schreiben gehören dabei zusammen. Beim Schreiben lassen sich Gedanken und Gefühle klären und ordnen. Plötzlich gibt es neue, kreative Einfälle. Etwas aufzuschreiben, schafft eine gute Form der Distanz, lässt etwas deutlicher werden. Das Geschriebene kann abgestreift und losgelassen werden. Oder neue passende Ideen lassen sich aufgreifen, wieder verinnerlichen und im Handeln beherzigen. Schreiben und Denken sind kraftvolle Mittel der Selbstermächtigung.

Auch in der Zusammenarbeit mit Mädchen und Frauen hat sich schon gezeigt: Es braucht eine Toolbox mit verschiedenen psychologischen Werkzeugen. Jede Frau ist individuell, jede Lebenssituation besonders. Da gilt es, das zu finden, was passt. Frauen haben auch unterschiedliche Ressourcen. Die eine tanzt gerne, die andere braucht das Schreiben oder schwört auf Meditation. Das heißt, es braucht eine Auswahl. Und immer wieder die Ermutigung, die Übungen auszuprobieren und dann das für sich Stimmige zu wählen.

Ich öffne jetzt diesen Werkzeugkoffer. Du wirst selbst herausfinden, was zu dir passt und welche Türen sich dir öffnen. Alle Methoden sind von mir selbst geprüft. Und viele Mädchen und Frauen haben mir in den letzten 25 Jahren in der Psychotherapie, im Coaching und in Seminaren immer wieder zurückgemeldet:»Das sind super Tools, die helfen!« Nicht zuletzt gibt es auch, wie wir noch sehen werden, viele wissenschaftliche Belege für deren Wirksamkeit. Die Methoden können als Schlüssel eingesetzt werden, die Türen für die eigene Entwicklung öffnen.

Selbstoptimierung?
Nein: Akzeptanz und Entwicklung!

Die Methoden, die du in diesem Buch findest, haben sich für Frauen in verschiedenen Lebensphasen bewährt. Sie helfen dabei, zufriedener, mutiger und selbstbestimmter zu leben. Egal, ob du 18 oder 75 Jahre alt bist. Ich musste mir neulich die kritische Frage gefallen lassen:»Ist das nicht wieder nur ein Buch zur Selbstoptimierung?« Hier die kurze Antwort: Mir geht es nicht darum, Frauen zur Selbstoptimierung zu bringen. Das wäre nämlich das, was viele sowieso schon tun. Alles perfekt unter einen Hut zu bekommen, ist ja, was von Frauen erwartet wird und was sie auch von sich erwarten. Mir geht es um Selbstakzeptanz und Selbstentwicklung. Ich fasse die Ziele hier noch mal zusammen.

- Einengende Stereotypien und Botschaften erkennen.
- Den Geist schulen durch Achtsamkeitsübungen und Meditation.
- Den Körper als Ort der Sicherheit und Lebendigkeit erleben.
- Die innere Vielstimmigkeit zu einem unterstützenden inneren Chor entwickeln.
- Kompetenzen fühlen, würdigen und zeigen.
- Das eigene Selbst in Beziehungen als eigenständig und zugehörig erleben.

Praxisguide für dieses Buch

Ich lade dich ein, die Übungen mit einer wohlwollenden Haltung auszuprobieren. Achte dabei auf deine Bedürfnisse und deine Grenzen. Fühle dich auch frei, eine Übung zu überspringen. Einige Methoden entfalten ihre Wirkung erst, wenn sie über einen längeren Zeitraum geübt werden, z. B. die Meditationen.

Folgende Icons helfen, die Übungen im Buch zu finden.

Hier gibt es Raum zum Schreiben und zur Reflexion.

Weist auf Meditationsübungen und Imaginationen hin.

Lädt zu stärkenden Körperübungen in Ruhe und Bewegung ein.

Am Ende jeden Kapitels macht der Schlüssel auf zentrale Ideen und Impulse für den Alltag aufmerksam.

Damit die Lektüre und die begleitenden Übungen noch mehr zu deinen Bedürfnissen passen, starte hier mit deiner persönlichen Standortbestimmung.

Standortbestimmung und Ausrichtung

Such dir einen Ort, an dem du für einige Minuten ungestört bist. Mache es dir im Sitzen bequem, vielleicht magst du dich etwas strecken und bewegen und dann in einer entspannten Sitzhaltung ankommen.

Wenn es für dich angenehm ist, schließe die Augen. Spüre den Atem im Körper, wie er ein- und ausströmt. Und erlaube dir, ein Bild deiner aktuellen Lebenssituation auftauchen zu lassen. So als würdest du auf eine Landkarte schauen und deinen Standort finden. Wo befindest du dich? Ist es ein ruhiger Ort und Zeitpunkt in deinem Leben oder eher bewegt?

Sei neugierig, was auftaucht, was momentan wichtig für dich ist. Was beschäftigt dich zurzeit? Gibt es gerade eine Tür, die sich schließt, oder eine, die sich öffnet?

Für welches Thema, für welche Frage suchst du einen Schlüssel?

Entspanne dich und sei neugierig. Was brauchst du zurzeit am meisten? Wozu möchtest du mehr Raum haben? Was möchtest du klären oder herausfinden? Was möchtest du stärken?

Sei freundlich und offen für alles, was auftaucht. Dann kannst du langsam die Augen öffnen, dich strecken und tiefer ein- und ausatmen. Wenn du magst, mach dir einige Notizen.

Am Ende dieses Buches wirst du einen Schlüsselbund aus wirksamen Methoden in den Händen halten. Mit diesen vielfältigen Schlüsseln lassen sich die Türen zu unterschiedlichsten Räumen öffnen.

Streife das ab, was nicht zu dir passt, um mehr und mehr die zu sein, die du bist und sein möchtest.

Bei einigen Türen braucht es Kraft oder Fingerspitzengefühl, um sie zu öffnen. Manche Zugänge werden auch ganz mühelos und wie von selbst aufgehen.

Um es mit Virginia Woolf zu sagen: »Kein Tor, kein Schloss, kein Riegel hält die Freiheit meines Geistes auf.«[3]

Ich wünsche dir viel Freude mit diesem Buch!

Ulrike Juchmann

Tür
Eins

Erkenne deine Prägungen

Die Frau gibt es nicht: Vorurteile erkennen

Auch wenn wir denken, dass wir Klischees nicht bedienen und keine Vorurteile haben, so werden wir eines Besseren belehrt. Die unbewusste Wirkmacht von Frauenbildern in den Medien ist enorm. Und auch die einengenden Erwartungen, Aufträge und Botschaften der Herkunftsfamilie prägen das Selbstbild. Für die eigene Entwicklung ist es unerlässlich, sich das bewusst zu machen.

Bist du neugierig, wie die äußeren Botschaften und Bilder auf unser Denken wirken? Bitte lies mal diesen kurzen Text.

Ein Vater und ein Sohn haben einen Verkehrsunfall. Der Vater stirbt noch an der Unfallstelle. Der schwer verletzte Sohn wird umgehend ins nächste Krankenhaus gefahren. Im Operationssaal blickt der diensthabende Chirurg auf den Jungen und sagt: »Ich kann ihn nicht operieren. Er ist mein Sohn.«

Wie kann das sein? Vielleicht warst du einen Moment lang überrascht, hast zögernd nachgedacht und warst verwirrt? Dann liegt das daran, dass du automatisch bei »Chirurg« an einen Mann gedacht hast. Oder du hast gedacht, dass es doch »Chirurgin« heißen müsste? Besser funktioniert das Beispiel im englischen Sprachraum, denn mit dem Wort *surgeon* wird sowohl ein Chirurg als auch eine Chirurgin bezeichnet.

Selbst die Harvard-Professorin Mahzarin Banaji knobelte an diesem Rätsel und ärgerte sich, dass sie die Lösung nicht fand. Und das, obwohl sie Feministin und selbst eine erfolgreiche Psychologin ist, die sich mit Stereotypen beschäftigt. Sie hat gemeinsam mit ihrem Doktorvater ein interessantes Buch über Vorurteile geschrieben, aus dessen Übersetzung auch die obige Darstellung des Beispiels entnommen ist.[1]

Warum entstehen diese schnellen Bewertungen und Urteile? Unser Geist ist wie eine Maschine, die Assoziationen produziert. Menschen verarbeiten Bilder, Wörter und auch komplexere Informationen, indem sie Kategorien bilden. Zum Beispiel die Schubladen *männlich* oder *weiblich*. Dann werden diesen Kategorien verwandte Informationen assoziativ zugewiesen. Die Zuordnung *Chirurg = männlich* wird somit durch Wiederholung zu einer automatisierten Assoziation.

Um andere Menschen einzuschätzen, verwenden wir Kriterien wie Alter, Religion, soziale Schicht, Hautfarbe, Beruf oder auch Geschlecht. Diesen Gruppen ordnen wir assoziativ Eigenschaften zu. Und schon bilden sich vereinfachte Stereotype für eine eigentlich große heterogene Gruppe.

Wobei hilft uns diese Vereinfachung? Andere Menschen schnell einschätzen zu können, bot evolutionär Überlebensvorteile im sozialen Miteinander. Es musste schnell entschieden werden, wer zur eigenen kleinen Bezugsgruppe gehörte und wer nicht.

Automatisches, schnelles Denken ermöglicht eine unmittelbare, unbewusste Einschätzung. Wir werden aber sehen, wie fehleranfällig unser Geist ist und in welche mentalen Fallen wir tappen, ohne es zu bemerken.

Die Soziologin und Präsidentin des Wissenschaftszentrums Berlin Jutta Allmendinger beginnt ihre Vorlesungen oft mit dem *Implicit Association Test*.[2] Den Studierenden zeigt sie dabei zwei Listen. Auf der ersten Liste befinden sich Frauen- und Männernamen. Auf der zweiten Liste sind Tätigkeiten aufgeführt, die sich auf die Themen Familie und Beruf beziehen. Im ersten Durchlauf kommt es darauf an, die Männernamen möglichst schnell den beruflichen Themen zuzuordnen (alternativ die Frauennamen den familiären Tätigkeiten). Im zweiten Durchgang sollen die Männernamen dann den familiären Aktivitäten zugewiesen werden (oder eben die Frauennamen den beruflichen Tätigkeiten). Dabei wird, vielleicht nicht überraschend, deutlich, dass die Assoziation von Mann und Beruf wesentlich schneller erfolgt als die Verbindung von Mann und Familie. Und entsprechend die Zuweisung der Frauennamen umgekehrt intuitiver erfolgt.

Aber noch verblüffender ist, dass auch Jutta Allmendinger selbst bei diesem Test so abschneidet und die Studierenden über die Jahre nicht besser in diesem Test wurden. Diese Ergebnisse zeigen, dass der assoziative Geist unbewusst und automatisiert arbeitet.

Die Zuordnungen können dabei sogar mit unseren bewussten Einstellungen und Absichten im Widerspruch stehen. Eine Person ordnet die männlichen Namen schneller den beruflichen Themen zu, ist aber der Ansicht: »Männer sollen sich gleichermaßen um die Belange der Familie kümmern wie die Frauen.«

Es irritiert uns, wenn wir nicht so aufgeklärt denken, wie wir von uns annehmen. Doch die mentalen Automatismen sind hartnäckig und fehleranfällig. Wir denken, dass Dinge, die uns schneller einfallen, eine höhere Auftretenswahrscheinlichkeit haben. Und halten Informationen, die uns lebhafter und detaillierter präsentiert werden, für wahrer.

Was ist ein Stereotyp?

Der Mensch ist also ein Wesen, das in Kategorien denkt und diese unbewusst anwendet. Das Wort Stereotyp stammt eigentlich aus dem Bereich des Buchdrucks. Mit Stereotypplatten konnten von einer Buchseite im Druck identische Kopien gemacht werden. Stereotype sind also wie Stempel, die wir der Realität aufdrücken. In der Umgangssprache heißt es ja auch: Wir *stempeln* jemanden ab. Wir haben dann starre Bilder im Kopf, die sich wie Filter vor unsere Wahrnehmung legen, ohne dass es uns bewusst wird.

Eine große, sehr heterogene Gruppe Menschen wird mit einem Merkmal oder wenigen Kriterien beschrieben. Es ist klar, dass solche Verallgemeinerungen wie »Mädchen spielen lieber mit Puppen« nicht die Vielfalt ihrer Interessen abbilden.

Der Autor und Aktivist JJ Bola macht in seinem Buch *Sei kein Mann* zurecht deutlich, dass auch die Männer unter Stereotypen und Mythen von Männlichkeit leiden.[3] Er zeigt auf, wie die stereotypen Annahmen »Männer weinen nicht« oder »Männer sind stärker als Frauen« Leid für Frauen und Männer schaffen.

Eine Forschungsgruppe der Harvard University konnte beispielsweise zeigen, wie sich weitverbreitete kulturelle Vorannahmen auf die Leistung von Frauen in einem Mathetest auswirken. Es besteht das Vorurteil, dass Asiaten und Asiatinnen überdurchschnittlich gut in Mathematik seien. Und es existiert ein weiteres Stereotyp, das besagt, Frauen seien schlechter in Mathe als Männer. Asiatisch-amerikanische Frauen schneiden deshalb schlechter in einem Mathetest ab, wenn sie zuvor an ihr Geschlecht erinnert werden. Sie zeigen aber bessere Matheleistungen, wenn sie zuvor auf ihre asiatische Herkunft hingewiesen wurden.[4]

Wenn schon diese kurzen Hinweise in einer Studie Auswirkungen haben, wie müssen sich dann erst die ständigen Zuschreibungen auswirken?

Stereotype formen das Bild über andere und auch über uns selbst maßgeblich mit. Denken erfolgt oft bildlich, und bildliche Vorstellungen sind mit Emotionen assoziiert. Wenn Mädchen und Frauen mit stereotypen weiblichen Annahmen konfrontiert werden, können sie Ängste entwickeln. Sie wollen in keinem Fall so sein, wie das negative stereotype Bild. Das macht gehemmt, befangen und verunsichert. Eine junge Studentin hat möglicherweise Angst, das Maschinenbaustudium nicht zu schaffen und damit das Vorurteil zu bekräftigen, dass dies ein Feld für Männer sei. Es gibt immer wieder junge Frauen, die sich deshalb erst gar nicht für technische Studiengänge bewerben oder frühzeitig abbrechen.

Stereotype vereinfachen und dienen einer schnellen Einschätzung. Sie sind meist mit Bewertungen oder Entwertungen verbunden. Dieses eindimensionale Urteilen ist gefährlich. Es trennt Menschen und Menschengruppen voneinander. Vielfalt, Nuancen, Differenziertheit gehen verloren. Plötzlich gibt es »*die* Frauen«, »*die* Juden« oder »*die* Religiösen«. Dann wird vergessen, dass Stereotype Denkmuster sind, Konstruktionen, die der Wirklichkeit nicht entsprechen, sondern sie verzerren.

Die Publizistin Carolin Emcke schreibt: »Hass braucht vorgeprägte Muster, in die er sich ausschüttet.«[5] Unhinterfragt führen Stereotype zu Diskriminierung, Ausgrenzung und werden zur Legitimation von Gewalt herangezogen.

Stereotype Einengungen: über Weiblichkeit

Im Spätsommer 2021 stehe ich in einer Kleinstadt in Brandenburg vor den Schaufenstern eines Spielzeuggeschäfts. Links die Auslage für die Jungen mit einem blauen Fahrrad, Experimentierkästen, Ritterburgen, Dinosauriern, einem Fußball und Autos. Rechts das Schaufenster für die Mädchen, mit viel Rosa, Einhörnern, Barbies, Prinzessinnenkronen, Glitzerketten und Bastelsets. Ich bin wie erstarrt und frage mich: Gibt es diese krasse Zweiteilung immer noch? Welche Botschaften vermitteln wir unseren Kindern und wohin führt das?

Sarah Coyne von der Brigham Young University zeigt in einer Studie mit Vorschulkindern, dass Mädchen, die häufiger klischeeüberladene Prinzessinnenfilme anschauen und mehr mit den Prinzessinnenfiguren spielen, auch ein Jahr später noch deutlicher geschlechtsstereotypes Verhalten zeigen.[6]

Wie würde Marie Curie, die zweifache Nobelpreisträgerin für Physik und Chemie, die Schaufenster eines Spielzeuggeschäfts dekorieren? Wie wäre es, wenn Kinder eine Vielfalt, eine Palette an Möglichkeiten hätten, die nicht geschlechtsspezifisch vorsortiert ist? Wenn sie selbst wählen können, was ihnen gefällt, was sie interessiert und herausfordert? Das können dann Prinzessinnen und Einhörner und auch Skateboards und Ritterrüstungen sein. Und wenn wir diese freie Wahl unterstützen, dann müsste sich ein Kind auch nicht beschämt fühlen, wenn es etwas wählt, was angeblich nicht jungen- oder mädchenkonform ist.

Die Prägung durch Rollenklischees und Bilder erfolgt früh. Eine Studie der Universität Rostock analysierte, wie präsent oder eben auch unterrepräsentiert Mädchen und Frauen immer noch im deutschen Film und Fernsehen sind.[7] Bereits im Kinderfernsehen kommen auf eine weibliche Figur drei männliche. Die weiblichen Protagonistinnen haben eine deutliche Tendenz zu schmalen Taillen und sind dünn. Freche Mädchen sind oft rothaarig, ansonsten werden Mädchenfiguren meist als schön, ausgesprochen schlank und blond gezeigt. Jede Menge Klischees werden also bedient. Es fehlt die Vielfalt und ein ermutigendes vorgelebtes Spektrum weiblicher Hauptfiguren. Über die Hälfte der untersuchten Sendungen im Kinderfernsehen wird gänzlich ohne weibliche Darstellerinnen realisiert.

Die bekannte Comedienne Carolin Kebekus beschreibt, wie sie als Mädchen mit ihrem Bruder zusammen fernsieht und Ausschau nach coolen Mädchenrollen hält, mit denen sie sich identifizieren kann. Oft findet sie nur eine Mädchenfigur, die darüber hinaus auch noch langweilig ist. Jahre später, am Anfang ihrer Karriere als Komikerin, wird ihr oft vermittelt, man habe schon eine Humoristin im Programm, mehr ginge nicht. Carolin Kebekus gibt zu, das zu Beginn gar nicht hinterfragt zu haben. Sie übernahm zunächst die Botschaft »Na, wenn sie schon eine Frau im Programm haben, dann ist kein Platz für eine zweite«. In ihrem Buch *Es kann nur eine geben* füllt sie Seiten mit den Namen von professionellen Komikerinnen, die im deutschsprachigen Raum tätig sind. Und entkräftet damit das Stereotyp, dass Frauen weniger komisch seien.[8]

Doch nicht nur junge Frauen sind von diskriminierenden Stereotypen betroffen. Im Kino beispielsweise zeigt sich eine Altersdiskriminierung von Frauen. Bereits ab Mitte 30 verschwinden Frauen zunehmend von der Leinwand. Es ist ein großer Verlust, dass viele interessante Geschichten von Frauen über 50 nicht erzählt werden.[9]

Beim Thema Mutterschaft werden den Frauen auch weiterhin Stereotype um die Ohren gehauen. Kinderlose Frauen werden immer noch bedauert. Und wenn Frauen Kinder haben, ist es klar, wie sie es richtig machen sollen. Susanne Mierau beschreibt in ihrem Buch *Mutter. Sein.* sehr eindringlich die Last, die mit den kulturellen und gesellschaftlichen Idealen von Mütterlichkeit einhergeht.[10] Das Bild einer Frau, die ihre Erfüllung als Mutter finde, die ganz natürlich zum Kind gehöre und damit auch das Beste für ihre Kinder tue, wird wider besseren Wissens über Generationen aufrechterhalten. Das Stereotyp »gute Mutter« führt natürlich zu Zweifeln, Ängsten und Überforderung bei der individuellen Frau. Gleichzeitig darf sie diese Gefühle gar nicht wahrnehmen oder gar äußern. Denn sie gelten fälschlicherweise als ein Zeichen für Versagen und Scheitern. Susanne Mierau plädiert dafür, sich ein eigenes Bild vom Muttersein zu entwerfen. Hier ein Beispiel aus meiner Praxis.

*Nach der Geburt ihrer ersten Tochter fühlt sich die 37-jährige Ute ver-
unsichert. Sie hat Angst, Fehler zu machen. Plötzlich tauchen vermehrt Erinnerungen an die eigene Mutter auf. Diese war sehr verein-
nahmend und forderte von der kleinen Ute ständige Rücksichtnahme.
Das will Ute auf keinen Fall wiederholen und stellt eigene Bedürfnisse
stark zurück. Außerdem scheinen die Mütter in Utes Bekanntenkreis
alles richtig zu machen. Gesellschaftliche Rollenerwartungen und
biografische Erfahrungen führen bei Ute zu Gefühlen von Insuffizi-
enz und Unsicherheit. Sie steht im Spannungsfeld zwischen den Rollen der erfolgreichen Berufstätigen, Mutter und Partnerin. Und fühlt
sich davon überfordert. Erst als Ute die Bilder vom Muttersein re-
flektiert und sortiert, wird es ihr möglich, ein eigenes stimmiges Ver-
ständnis ihres Mutterseins zu entwickeln.*

Die Literaturkritikerin und Kabarettistin Elke Heidenreich erzählt davon, wie die Lektüre von Büchern, besonders Literatur von
Frauen, ihr Leben geprägt hat.[11] Im Rückblick ist sie fassungslos,
welche weiblichen Klischees die von ihr geliebten Mädchenbücher,
Pucki und Nesthäkchen, in den 1950er-Jahren vermittelten. Eine
wiederholte Grundbotschaft war »Sei artig«, manchmal auch versehen mit der Drohung »Wenn du nicht artig bist, bist du schuld am
Leiden deiner Eltern«. Elke Heidenreich meint: »Ganz sicher haben
solche Bücher dazu beigetragen, dass wir heranwachsenden Mädchen uns anfangs nur so schwer und dann so radikal aus überlieferten Frauenrollen lösten.«[12]

Die Medien vermitteln aber nicht nur Bilder, sondern erzählen
auch Geschichten. Genauso wie Bilder berühren Geschichten besonders unsere Gefühle und prägen uns. Es lässt sich durchaus sagen, dass Geschichten Teil unserer Sozialisation und Identität sind.

Im Buch *Erzählende Affen* machen Samira El Ouassil und Friedemann Karig deutlich, wie sehr Geschichten unser Leben bestim-

men.[13] Sie interessieren sich unter anderem dafür, welches Frauenbild in der Bibel, in Legenden und auch in modernen Erzählungen transportiert wird. Ihre Erkenntnisse überraschen leider nicht. Die Geschichten über Frauen sind oft frauenfeindlich. Eva erscheint als sündige Verführerin und Urquell von Schuld. Pandora öffnet verbotenerweise die Büchse und bringt damit Plagen, Krankheit und Tod in die Welt. Der Mythos der Heldenreise dagegen ist eine männliche Domäne. Frauen treten nur als Ablenkung, zur Verführung, Prüfung, Belohnung oder als Gegenspielerin des Helden auf. Aber fast nie als Heldin selbst.

Diese Frauenrollen sind in unserer Kultur und auch in unserem Denken tief verankert. Und wenn wir damit nicht kritischer und reflektierter umgehen, geben wir diese Rollenklischees an die nächsten Generationen weiter. Deswegen ist es so wichtig, welche Geschichten in Filmen und Büchern über Mädchen und Frauen erzählt oder ausgeblendet werden.

Gesellschaftlicher Wandel tut not

Wenn aber unsere mentalen Bilder so starr sind, was können wir gegen ihren negativen Einfluss tun? Wie kreieren wir Bilder, die mehr Vielfalt zulassen?

Bei Symphonieorchestern waren lange Zeit kaum weibliche Musikerinnen vertreten. Doch dies lag nicht an ihrem mangelnden Talent, sondern an einer Kultur, die die männlichen Musiker bevorzugte. Ein kleiner Trick hat dabei geholfen, die automatische Vorannahme Orchestermusiker = Mann unwirksam zu machen. Die entscheidenden Gremien wurden von den vorspielenden Musikerinnen und Musikern durch einen Paravent, einen Sichtschutz, getrennt und konnten sich so unvoreingenommener der musikalischen Virtuosität zuwenden. Und siehe da, der Anteil von Frauen bei Neubesetzungen stieg in den darauffolgenden 20 Jahren von 20 auf 40 Prozent.[14]

Es braucht Forschung, die Ungerechtigkeiten und Diskriminierungen sichtbar macht. Die Schauspielerin und Ärztin Maria Furtwängler hat gemeinsam mit ihrer Tochter die MaLisa Stiftung gegründet. Ihr Ziel ist, für eine gleichberechtigtere Gesellschaft einzutreten. Besonders setzen sie sich mit der Unterrepräsentation und Darstellung von Frauen in audiovisuellen Medien auseinander. Aus der Kooperation mit der Wissenschaftlerin Elisabeth Prommer sind einige interessante Studien hervorgegangen.[15] So wurde die Verteilung deutscher Musikpreisträger und -trägerinnen analysiert. Die Ergebnisse machen deutlich, wie unterrepräsentiert die Musikerinnen hier sind. Sie erhalten im Zeitraum 2016 bis 2019 nur 7 bis 21 Prozent der Preise. Das Geschlechterverhältnis bei der Jury ist auch entlarvend, nur 20 bis 36 Prozent waren weibliche Mitglieder. Die Jury des Musikpreises des Bundesverbandes der Konzert- und Veranstaltungswirtschaft bestand sogar ausschließlich aus Männern. Diese Ergebnisse schockieren und sind eine wichtige Grundlage, um Veränderungen anzustoßen.

Wenn Mädchen und Frauen in ihrem Facettenreichtum, in ihrer Unterschiedlichkeit und mit ihren Kompetenzen sichtbarer werden, bewirkt das einen Wandel. Was Mädchen und Frauen in Filmen, Theaterstücken, Zeitschriften und im Internet sehen und erleben, prägt ihre eigene Vorstellungswelt. Das, was wir sehen, halten wir auch für uns selbst für möglich und machbar.

So haben beispielsweise Mädchen in den USA das Bogenschießen vermehrt als Sportart gewählt, seitdem in Filmen Heldinnen mit Pfeil und Bogen in abenteuerlichen Geschichten zu sehen sind.[16]

Hier einige weitere Ideen, um weibliche Rollenvielfalt zu stärken:

- Bewusstheit ist der Schlüssel: Wenn wir wissen, dass es Automatismen gibt, können wir reflektierter damit umgehen.
- Es hilft, ehrlich mit uns zu sein. Auch wir haben Vorurteile und denken in Verallgemeinerungen. Die eigenen Fehlannahmen und Vorurteile mutig in den Blick zu nehmen, ist ein erster wichtiger Schritt.
- Die Auswirkungen von Vorurteilen frühzeitig in Familie und im Bildungssystem thematisieren.
- Diversität und Vielfalt in den Medien und im Alltag sichtbar machen.
- Strukturen schaffen, die Gleichberechtigung möglich machen.
- Weibliche und männliche Lebensbedingungen ähnlicher gestalten, auf dass Stereotype mehr und mehr verblassen.
- Unterrepräsentierte Frauenrollen häufiger zeigen und damit sichtbarer machen: z. B. Bilder von Chirurginnen, Handwerkerinnen, Pilotinnen.
- Weibliche Vorbilder vermitteln Mädchen und Frauen, wie sie ihren Weg geschafft haben.
- Frauen können sich gegenseitig stärken und ermutigen.

Wie Stereotype auf die Psyche von Frauen wirken

Die über viele Generationen vermittelten Stereotype, Diskriminierungen und Entmündigungen von Frauen haben gesellschaftlich und kulturell Spuren hinterlassen und wirken auf der individuellen Ebene weiter. Im Folgenden möchte ich die größten Herausforderungen nennen, die es Frauen erschweren, sie selbst zu sein oder überhaupt erst zu erkennen, was sie ausmacht.

Fehlende weibliche Vorbilder

Wo zu viele einseitige Rollenklischees und einengende Frauenbilder existieren, da fehlt die Vielfalt. Diese bunte Palette brauchen Frauen aber, um die eigene Vielseitigkeit zu leben. Wenn diverse weibliche Wege in Geschichten und im Film gezeigt werden, dann wird Frausein in Zukunft mit unterschiedlichsten Assoziationen in Verbindung gebracht. Viele Frauen in meiner Praxis artikulieren, dass sie unterstützende weibliche Rollenmodelle vermissen. Diese Vorbilder sind jedoch wichtig für die eigene Identitätsentwicklung. Was Mädchen und Frauen nicht sehen, was ihnen nicht vorgelebt wird, können sie sich nur schwer vorstellen.

Es lohnt sich in jedem Fall, nach diesen Vorbildern zu suchen: nach Frauen in der Familie, die Vorgaben infrage gestellt haben, die mutig ihr eigenes Ding machten und machen. Es ist an der Zeit, die vielen Geschichten zu erzählen, die von weiblichen Stärken, weiblicher Vielfalt und Selbstbestimmung berichten.

Einengende Botschaften und Aufträge der Familie

Familienthemen und -muster entwickeln sich über viele Generationen und sind in die gesellschaftlichen und kulturellen Gegebenheiten eingebettet. Auch hier gibt es Spannungsfelder. Im provinziellen, katholischen Umfeld meiner Kindheit waren nahezu alle Frauen Mütter und nicht berufstätig. Dennoch strebten viele für ihre Töchter ein anderes Leben an und erachteten eine gute Schul- und Ausbildung für selbstverständlich. Ich sah mich mit unausgesprochenen und auch widersprüchlichen Aufträgen konfrontiert: »Sei erfolgreich. Werde unabhängig, aber zeige es nicht nach außen.« Solche Doppelbotschaften lähmen und blockieren die eigene Selbstbestimmung.

Die 38-jährige Susanne überprüfte die Glaubenssätze, die sie von ihren Eltern übernommen hatte. Dazu gehörten die Botschaften »Sei angepasst« und »Sei immer die Beste«. Sie beherzigte diese immer noch: Einerseits ging sie oft über ihre Grenzen, um Exzellenz zu erreichen. Gleichzeitig traute sie sich jedoch nicht, die eigenen Kompetenzen selbstbewusst nach außen zu zeigen. Susanne begann, die Erwartungen der Eltern zu hinterfragen und eigene Lebensprinzipien für sich aufzustellen.

Erst wenn die ausgesprochenen und unausgesprochenen Botschaften und Aufträge der Eltern erkannt sind, öffnet sich der Raum für das Eigene. Es entsteht dann die Freiheit zu wählen, welche Lebensmaximen zurückgewiesen oder verändert und welche eigenen Überzeugungen gelebt werden wollen.

Frauen als Human Givers

Frauen werden in die Rolle der Gebenden gedrängt. Es wird erwartet, dass sie den Großteil der pflegenden, sorgenden und zwischenmenschlichen Arbeit tun. Die Psychologin Emily Nagoski und ihre Zwillingsschwester, die Dirigentin Amelia Nagoski, sprechen vom »Gebersyndrom«.[17] Weil Mädchen auf allen Ebenen schon früh dazu erzogen werden, die Bedürfnisse anderer zu erfüllen und das zu geben, was erwartet wird, verlieren sie sich aus dem Blick und erschöpfen sich. Dieser anerzogene Automatismus, erst einmal nach den anderen zu sehen, erschwert das Ernstnehmen der eigenen Bedürfnisse und Grenzsetzungen. Frauen, die sich den Erwartungen widersetzen, haben zudem oft Schuldgefühle und sind dann verunsichert, ob sie überhaupt mehr auf sich achten dürfen.

In einem Seminar für Frauen zum Thema Achtsamkeit stellte eine Teilnehmerin die Frage: »Warum lasse ich mich eigentlich immer wieder allein?« Wir waren alle sehr berührt und reflektierten gemeinsam darüber. Mir ist es ein Anliegen, Antworten auf diese

Frage zu finden und Wege aufzuzeigen, sich selbst eine Freundin zu werden, die sich nicht mehr alleinlässt.

Der ständige Kampf mit dem eigenen Körper

Die Erwartungen an weibliche Körper und der Blick von außen führen zu Entfremdung und sind oftmals gesundheitsschädlich. Viele Mädchen und Frauen erleben den Körper als einen unsicheren Ort. Sie sind unzufrieden mit ihrem Aussehen, mit ihrer Figur, ihrem Gewicht. Statt im eigenen Körper zu sein und sich in ihm zu Hause zu fühlen, kontrollieren, manipulieren und optimieren sie ihren Körper. Die britische Psychologin Susie Orbach unterstützt seit Jahrzehnten Frauen dabei, eine selbstbestimmte und akzeptierende Beziehung zum eigenen Körper einzunehmen. Doch zieht sie in ihrem aktuellen Buch *Bodies. Im Kampf mit dem Körper* eine erschütternde Bilanz: Die Körperunsicherheit nimmt trotz oder besser gesagt wegen der obsessiven, manipulativen Beschäftigung mit dem Körper zu.[18]

Körperzufriedenheit ist eine wichtige Säule des Selbstwertgefühls. Aber sie lässt sich nicht durch Diäten, ständige kritische Selbstüberprüfung, Vergleiche mit schöngefilterten Influencerinnen oder Schönheitsoperationen erreichen. All dies führt zu mehr Unsicherheit. Was Frauen brauchen, ist ein entspanntes körperliches Selbstverständnis. Deshalb gibt es in diesem Buch ein ganzes Kapitel (siehe 3. Tür) mit stärkenden Übungen dazu: Kraft im Körper spüren, sich entspannen können, die eigenen Körpergrenzen wahrnehmen, sich im eigenen Körper wohlfühlen – das alles führt zu einem Gefühl der Zufriedenheit und Selbstakzeptanz.

Das Gefühl, nicht gut genug zu sein

Durch stereotype Bilder und Diskriminierungen wurden und werden Frauen ständig Kompetenzen abgesprochen. Das wirkt sich auf das Selbstverständnis von Frauen aus: Sie zweifeln an ihren Kompetenzen und haben Sorge, nicht gut genug zu sein. Sie beschäftigen sich mehr mit ihren Defiziten als mit ihren Stärken. Dabei nehmen sich Frauen Kritik und Misserfolge sehr zu Herzen und grübeln zu lange über deren Ursachen nach.

Obwohl sie kompetent und erfolgreich sind, haben sie Sorge, dass andere Menschen herausfinden könnten, sie hätten »in Wirklichkeit« keine Ahnung. Sie fühlen sich wie eine Mogelpackung. Selbst die Oscar-Preisträgerin Meryl Streep berichtet in einem Interview, vor jedem neuen Filmprojekt die Angst zu haben, nicht schauspielern zu können.[19] Die Amerikanerin Valerie Young beschreibt das *impostor syndrom*, das Gefühl, eine Hochstaplerin zu sein, unter dem vorwiegend Frauen leiden. Sie hat herausgearbeitet, wie stereotype Rollenbilder die Selbstzweifel von Frauen nähren und sie daran hindern, sich kompetent zu fühlen, Herausforderungen anzunehmen, Erfolg zu haben und diesen auch zu zeigen.[20]

Abwertende und kritische innere Selbstgespräche

Besonders Botschaften und Zuschreibungen von wichtigen Bezugspersonen berühren emotional und bleiben oft lebenslang in Erinnerung. Kein Wunder, dass diese Botschaften von Frauen – oft unbewusst – übernommen werden.

Die Psychologie und auch die Neurowissenschaft zeigen: Wir haben nicht nur ein Selbst. Unsere Persönlichkeit besteht aus unterschiedlichen Teilen. Wer viel Be- und Abwertung erfahren hat, der entwickelt meist auch eine starke innere Kritikerin. Die Psychologin Kristin Neff meint, dass wir niemanden so schlecht behandeln wie uns selbst.[21] Überhöhte Ansprüche von anderen werden im Inneren von einer perfektionistischen Stimme repräsentiert. Ein anderer innerer Teil fordert, es allen recht zu machen. Es ist nicht überraschend, dass die inneren Stimmen Glaubenssätze vertreten, die das Geben und Anpassen besonders betonen. Denn so haben Frauen es gelernt. Die inneren Impulse dagegen, die auf Selbstfürsorge und Abgrenzung pochen, sind oft viel zu leise. Das Eigene wird unter den Vorgaben, stereotypen Bildern und Erwartungen verschüttet. Die erfolgreiche Schriftstellerin Chimamanda Ngozi Adichie zeigt in ihrem Buch *Mehr Feminismus. Ein Manifest und vier Stories* auf eine sehr kluge Art, wie Feministinnen immer wieder in stereotype, abwertende Schubladen gepackt werden. Sie musste sich anhören, Feministinnen seien unglücklich, weil sie keinen Mann fänden. Da nannte sie sich kurzerhand »eine glückliche Feministin«. Doch dann wurde die Autorin von einer afrikanischen Akademikerin darauf hingewiesen, dass Feminismus nicht zur afrikanischen Kultur passe. Also wurde aus Adichie »eine glückliche, afrikanische Feministin«. Du ahnst es schon: Es geht noch weiter! Die Autorin setzt fort: »Irgendwann war ich eine glückliche afrikanische Feministin, die Männer nicht hasst und Lippenstift trägt und hohe Absätze zum eigenen Vergnügen und nicht zum Vergnügen der Männer trägt.« Diese Zeilen entlarven auf eine so kluge, witzige Art und Weise, wie Vorurteile und Zuschreibungen gegenüber Feministinnen und Frauen generell stattfinden.[22]

Lassen wir uns von diesem Humor anstecken und werden wir selbst aktiv. Da wir beinah permanent Selbstgespräche führen, kreieren wir fortlaufend Selbsterzählungen, Geschichten darüber, wer wir sind. In der folgenden Übung kannst du mit eigenen Selbstzuschreibungen spielen und experimentieren.

Schreibspiel – Ich bin ...

Diese Übung kannst du spielerisch und mit Leichtigkeit angehen.

Nimm dir ein Blatt Papier und ergänze die folgenden Satzanfänge.

- Ich bin eine Frau, die ...
- Ich bin eine Feministin, die ...
- Ich liebe es, ...
- Ich muss nicht mehr ...
- Ich wäre gern mehr/öfter ...
- Ich kann anfangen mit ...
- Ich bin ... und auch ...
- Ich erlaube es mir, ...
- Ich will auf keinen Fall ...
- Ich bin ein Vorbild in ...

Wenn einengende Bilder oder Zuschreibungen auftauchen, schreibe trotzdem drauflos, und lass dich von deinen spontanen Ideen überraschen. Sei neugierig. Die Erlaubnis, sich selbst neu definieren zu dürfen, ist sehr befreiend.

Lies dir dann deine Sätze durch. Welche Erkenntnisse gibt es?

Botschaften und Erwartungen der Herkunftsfamilie

Nicht nur in den Medien werden stereotype Bilder des Frauseins vermittelt. Auch die Herkunftsfamilie konfrontiert mit Vorstellungen von Weiblichkeit und Männlichkeit. Die Eltern, Großeltern, Tanten und Onkel geben Botschaften und Glaubenssätze an ihre Töchter weiter. Dieses oft über viele Generationen weitergereichte

Erbe kann unterstützen und stärken, es kann aber auch einschränken und schwächen.

Auch in meiner eignen Herkunftsfamilie konnte ich eine solche Traditionslinie nachvollziehen: Meine Mutter wuchs mit insgesamt zehn Geschwistern auf. Schon früh war sie ehrgeizig und wissbegierig. Doch die Kindheit inmitten des zweiten Weltkrieges war herausfordernd und machte ein frühes Erwachsenwerden notwendig. Nach dem Krieg durften ihre Brüder eine Berufsausbildung machen. Dagegen blieb allen Schwestern, auch ihr selbst, eine Ausbildung verwehrt. Die Botschaften »Töchter gehören in den Haushalt« und »Söhne sind die zukünftigen Ernährer« prägten Berufswahl, Rollenverhalten und auch die Beziehungen. Meine Mutter lernte, sich um andere zu kümmern. Ihren Traum, zu studieren, konnte sie nicht umsetzen. Aber sie delegierte ihre unerfüllte Sehnsucht als Aufgabe an mich. Erst später wurde mir deutlich, dass die ungelebten Wünsche meiner Mutter auch auf mir lasteten, mich verpflichteten, erfolgreich zu sein, ohne dafür ermutigende Vorbilder zu haben. Gleichzeitig bin ich sehr dankbar, dass ein selbstbestimmterer weiblicher Lebensentwurf für meine Mutter überhaupt denkbar war und dass sie mich darin unterstützen konnte, ihn zu verwirklichen.

Die bekannte chilenische Schriftstellerin Isabel Allende schreibt im Rückblick auf ihr Leben: »Viele von uns Töchtern haben das Leben gelebt, das unseren Müttern verwehrt geblieben ist.«[23] Was werden unsere Töchter wohl eines Tages über uns sagen?

Erwartungen der Eltern übernehmen

Elterliche Erwartungen, Idealvorstellungen, Warnungen und Verbote werden auf ihre Kinder übertragen. Diese übernehmen Botschaften oft auch unbewusst und versuchen, den ihnen übertragenen Aufgaben gerecht zu werden. Kinder sind abhängig von den Eltern und verfügen mental und emotional noch nicht über die

Möglichkeiten, sich von elterlichen Erwartungen abzugrenzen. Die Botschaften der Eltern können ermutigen und dem Kind Freiraum für die eigene Entwicklung geben.

Hier soll es aber um die einengenden Botschaften der Familie gehen – nur diese gilt es ja zu wandeln. Besonders Ermahnungen, Kritik und Verbote von nahen, wichtigen Bezugspersonen lösen starke Gefühle von Angst, Traurigkeit, Scham und Unsicherheit aus. Wir erinnern diese Zurückweisungen manchmal ein Leben lang. Sie bleiben haften und prägen die eigenen Überzeugungen und auch das Handeln mit.

Die Eltern und Familienmitglieder übermitteln aus unterschiedlichen Gründen Botschaften an die weiblichen Nachkommen. Zum einen werden eigene Erwartungen auf ihre Töchter und Enkelinnen übertragen und damit bestimmte Lebensträume an die nächste weibliche Generation delegiert. Die junge Frau soll ein vermeintlich besseres Leben führen und die eigenen Fehler nicht wiederholen. Vielleicht unterdrücken Eltern aber auch Lebensentwürfe und -energien der Mädchen, weil der eigene persönliche Schmerz es nicht anders zulässt. Aus der Traumatherapie ist bekannt, dass alte Verletzungen über die Generationen hinweg weitergegeben werden können. Manchmal sind bestimmte Lebensentwürfe für Eltern aber auch einfach zu fremd, unvorstellbar oder auch bedrohlich.

Die familiären Aufträge werden ausgesprochen oder wirken unausgesprochen. Dabei sind die stillen Erwartungen nicht weniger wirksam, nur komplizierter zu fassen. Dementsprechend schwierig ist es auch, sich gegen diese zu wehren (»Das habe ich ja nie gesagt«). Botschaften vermitteln Mädchen und Frauen, wie sie sein sollen und was verboten ist. Dabei können sich die Botschaften auf den Körper beziehen (»Achte darauf, wie viel du isst«), auf die Berufswahl (»Du bist nicht begabt genug«), die Mutterschaft (»Ohne Kind bist du nichts«) oder auf die Partnerwahl (»Pass dich an«). Natürlich äußern Eltern mit Botschaften auch, was sie direkt von der Tochter für sich selbst erwarten (»Bleibe bei mir«, »Sei auf keinen Fall wie ich«). Manchmal sind Aufträge mit einer Drohung verbunden und warnen davor, was passiert, wenn sich eine Frau der Erwartung widersetzt (»Wenn du das machst, brichst du mir das Herz«). Dann lösen sie Schuldgefühle aus, wenn sich eine Frau entscheidet, anders zu handeln.

Bei all den einengenden elterlichen Botschaften lässt sich ein Grundtenor erkennen: Frauen werden eher dazu erzogen, eigene Bedürfnisse zurückzustellen und sich zunächst um andere zu kümmern.

Die 35-jährige Ärztin Ines ist begeistert von ihren beruflichen Themen und hat viel Freude an ihrer Arbeit. Ihr wird eine Stelle als Oberärztin angeboten. Doch plötzlich entwickelt sie Panikattacken, sie fühlt sich erschöpft und ausgebrannt. Ines hat die Sorge, sich auf der neuen Station nicht behaupten zu können. Sie meint, sie könne sich im Beruf nicht abgrenzen, und fühlt sich für alles verantwortlich. Schon als Kind eines alkoholabhängigen Vaters kümmerte Ines sich frühzeitig um die jüngeren Brüder und um die belastete Mutter. Die unausgesprochene Erwartung an die Tochter war: »Kümmere dich um uns. Stelle deine Bedürfnisse zurück.« Bei Ines kam auch an: »Du bist nicht so wichtig« beziehungsweise »Du bist nur wichtig, wenn du hilfst«. Ines erkennt den Zusammenhang zwischen ihrer aktuellen Situation und den Botschaften ihrer Herkunftsfamilie. Ein erster Schritt zur Veränderung ist damit gemacht.

Durch eine überstarke soziale Orientierung kann die eigene Selbstfürsorge auf der Strecke bleiben. Die eigenen Bedürfnisse werden dann nicht ausreichend wahr- und ernst genommen. Grenzsetzungen gelten fälschlicherweise als egoistisch und werden regelrecht vermieden. Anstatt die Fähigkeit zur Abgrenzung als ein Zeichen von Selbstrespekt und Souveränität zu erkennen. Wer klar Grenzen setzen kann, wirkt auf andere selbstbewusster. Elterliche Botschaften können auch moralisch daherkommen. Sie definieren, was richtig und falsch, gut und böse ist. Kein Wunder, dass Widerstand oft zu Schuldgefühlen führt.

Die 54-jährige Maria, Mutter dreier Töchter, fühlt sich durch Ängste und Schuldgefühle sehr belastet und eingeschränkt. In Gesprächen wird deutlich, dass sie in einem strengen und sehr gläubigen Milieu aufgewachsen ist. Die Mutter reagierte auf eigenständiges und mutiges Verhalten der Tochter wiederkehrend mit:»Wie kannst du mir das antun? Du wirst schon sehen, was passiert, wenn du das machst.« Die junge Maria lernte also, das Eigene zurückzustellen. Sie entwickelte über die Jahre eine übermäßige Besorgnis zunächst um ihre Mutter, dann um andere Personen. Maria hat Angst, andere Personen durch ihr vermeintlich egoistisches Verhalten zu schädigen. Als sie beginnt, die Botschaften der eigenen Herkunftsfamilie zu erforschen, wird ihr bewusst, dass sie die Erwartungen und auch Drohungen der Mutter verinnerlicht hat und sich damit identifiziert. Sie erscheinen nun als fester Teil ihrer Persönlichkeit. Die äußere Stimme ist zu einer inneren Stimme geworden. Maria erkennt ihre Verstrickung mit den familiären Botschaften und beginnt, sich aus ihnen zu lösen.

Die Loyalitätsfalle

Warum übernehmen Töchter einengende und belastende Aufträge? Töchter versuchen loyal gegenüber ihren Eltern zu sein. Sie haben ein feines Gespür dafür, was von ihnen erwartet wird, und versuchen, diesen Ansprüchen gerecht zu werden. Sie möchten wahrgenommen, wertgeschätzt und geliebt werden. Und denken, dafür müssten sie sich um die Eltern kümmern und eigene Bedürfnisse zurückstecken. Aus Sicht des Kindes ist das völlig verständlich. Es ist abhängig von den Eltern und zweifelt lieber an sich selbst als an den Erwachsenen.

Loyalität – was ist das eigentlich? Das entsprechende Wort im Französischen bedeutet interessanterweise *Anständigkeit* und im Lateinischen *Gesetz, Vorschrift*. Loyalität heißt, für gemeinsame Werte einzustehen. Sie sichert die Verbundenheit und die Zugehörigkeit zu einer Gemeinschaft.

Die Familientherapeutin Sandra Konrad beschreibt Loyalität in der Familie als »eine Art Treuepakt«, der wie eine unbewusste Vereinbarung wirkt.[24] Es entstehen Bindungen und manchmal werden daraus auch undurchsichtige Verstrickungen. Den Eltern gegenüber loyal zu sein, heißt, ihre Regeln und Lebensmaximen zu achten, zu teilen und gegebenenfalls auch zu verteidigen und umzusetzen. Auch dann, wenn man sie für sich selbst als gar nicht mehr so passend empfindet. Kinder sind bereit, vieles auf sich zu nehmen, um es ihren Eltern recht zu machen und sie zu schützen.

Die 45-jährige Juliane, Juristin und Mutter einer Tochter, kommt erschöpft und mit psychosomatischen Beschwerden zu Gesprächen. Sie sagt: »*Ich will es immer den anderen recht machen.*« *In ihrer Herkunftsfamilie steht das politische und soziale Engagement für andere ganz oben auf der Werteliste. Die Grundmaxime des Vaters lautet:* »*Engagiere dich und nimm dich selbst zurück.*« *Die Mutter hat Juliane vermittelt:* »*Es gibt für alles eine Lösung!*« *Zunächst scheinen die Eltern altruistisch und lösungsorientiert. Aber allmählich dämmert es Juliane, was in ihrer Kindheit auf der Strecke geblieben ist. Es war ihr nicht erlaubt, zu fühlen und Bedürfnisse zu äußern. Sie wurde als Kind mit den erwachsenen Erwartungen überfordert. Protest gegen Eltern, die für gute Dinge eintreten, war schwierig. Kein Wunder, dass Juliane als erwachsene Frau oft nicht weiß, was sie fühlt. Sie kann sich im Beruf nicht gut abgrenzen und fühlt sich über die Ma-*

ßen verantwortlich für alles. Im Coaching erkennt sie, dass sie Auf-
träge zurückweisen und Grenzen setzen kann. Sie überprüft, ob sie
die Lebensregeln der Eltern weiterhin zu ihren eigenen machen will.

Juliane war unfrei, weil sie die Erwartungen der Eltern unbewusst
übernommen hatte. Um einem Missverständnis vorzubeugen: Es
kann auch ein Zeichen von Verstrickung und Unfreiheit sein, wenn
Juliane immer gegen die Aufträge der Eltern opponieren müsste.
Eine erwachsene Entwicklung bedeutet, frei wählen zu können:
Entweder nehme ich die Botschaften an, weil sie auch meinen Werten entsprechen und es mir damit gut geht. Oder ich lehne Aufträge
und Erwartungen ab, weil sie mir nicht entsprechen, mir schaden,
mich krank machen.

Die Loyalität kann dann zu einer Falle werden, wenn sie unbewusst bleibt und die Tochter an der eigenen Entwicklung hindert.
Dann hält sie die Tochter klein und verlangt von ihr, das Eigene
zu opfern. Zu große Loyalität erschwert die eigene Ablösung und
Entwicklung. Problematisch werden Aufträge dann, wenn sich die
Tochter nicht entziehen darf und kann. Schwierig wird es auch bei
widersprüchlichen Aufträgen. Wenn einer Frau beispielsweise vermittelt wird: »Sei erfolgreich, aber nicht besser als ich«, dann führt
das in eine innere Pattsituation. Oder sie gerät in einen Loyalitäts-
konflikt zwischen den Eltern, wenn die Mutter etwas anderes verlangt als der Vater. Wem soll sie folgen, wen enttäuschen?

Die Wahlfreiheit haben und erwachsen werden

Die familiären Botschaften und Bindungen bewusst zu erkennen und zu verstehen, ist der Schlüssel für die eigene Reifung. Das
braucht Mut und auch eine innere Erlaubnis. Viele Frauen denken,
sie dürften ihre Eltern nicht kritisch sehen. Es fällt ihnen auch noch
im Erwachsenenalter schwer zu fühlen, was die elterlichen Erwar-

tungen bei ihnen ausgelöst haben. Oft höre ich dann den Satz: »So schlimm war es aber gar nicht. Bei anderen war es ja schlimmer« oder »Ich habe das Gefühl, meine Eltern zu verraten, wenn ich sie kritisiere. Sie haben es ja gut gemeint«. Diese Bagatellisierung von belastenden Botschaften und die Entwertung der eigenen Wahrnehmung führen aber in eine Sackgasse.

Ein Kind hat noch nicht die Möglichkeiten, die Eltern kritisch infrage zu stellen. Es ist zu abhängig von ihnen und es fehlen ihm kognitive und emotionale Fähigkeiten für einen realistischen Blick.

Später als Erwachsene ist aber eine kritische und realistische Reflexion der familiären Erfahrungen durchaus möglich und sinnvoll. Dann ist es an der Zeit, sich selbst zu vertrauen und sich selbst gegenüber loyal zu sein. Manchmal lässt sich mit den Eltern noch etwas klären. Manchmal nicht. Es besteht aber immer die Option, die erlebten Prägungen zu erkennen und zu verstehen. Auf dieser neuen Grundlage ist es möglich, sich selbst anders wahrzunehmen und sich anders zu verhalten, Grenzen zu ziehen und eigene Ziele zu verfolgen.

Dein Genogramm – Botschaften und Erwartungen deiner Herkunftsfamilie

Schreibe zunächst die wichtigen Personen deiner Herkunftsfamilie auf (Großeltern, Eltern, Stiefeltern, Geschwister, Tanten und Onkel). Es hat sich bewährt, die Personen grafisch aufzuzeichnen, üblicherweise mit Kreisen für die Frauen und Rechtecken für die Männer. Fang mit der Ebene deiner Geschwister und dir an. Darüber deine Eltern, die Geschwister deiner Eltern und deine Großeltern.

Notiere zu jeder Person einige Adjektive und charakterisiere sie dadurch aus deiner Perspektive.

Dann schau dir die nachfolgenden Fragen und Formulierungen an, und trage die Botschaften und Aufträge ein, die du von den jeweiligen Personen bekommen hast. Diese Botschaften können direkt ausgesprochen worden sein. Vielleicht wurden sie aber durch Verhalten, Sanktionen oder stille Erwartungen vermittelt.

○ Welche Botschaften haben dich ermutigt? Wofür bist du dankbar?
○ Was hättest du als Mädchen und Teenager gerne von wichtigen Bezugspersonen gehört?
○ Welche Botschaften haben dich eingeengt oder ermutigt?

Sei auch neugierig, welche geschlechtsspezifischen Bilder und Vorstellungen dabei auftauchen. Welche Frauen- und Männerbilder wurden in deiner Familie gelebt und weitergegeben?

Folgende Formulierungen können dabei helfen:

Gab es Formulierungen wie

○ »Mädchen und Frauen sollten ...«,
○ »Sei ein (braves, kluges) ... Mädchen«,
○ »Mach auf keinen Fall ...«,
○ »Ich erwarte von dir ...«,
○ »Wenn du diese Erwartungen nicht erfüllst, dann ...«?

Werde dir bewusst, welche Botschaften und Aufträge immer noch Macht über dich haben. Welche schränken dich in deinem aktuellen Leben immer noch ein?

Welche Erwartungen möchtest du ablegen?

Den Ängsten ins Auge sehen

Frauen lernen, sich zu stark an den Bedürfnissen und Erwartungen anderer Personen zu orientieren. Über Generationen hinweg haben Frauen erfahren, was passiert, wenn sie sich dem widersetzen. Sie wurden bedroht, ausgegrenzt, verspottet. Das wirkt auch in die Gegenwart hinein. Wir sind als Menschen auf Zugehörigkeit angewiesen, dies ist ein überlebenswichtiges Grundbedürfnis. Wir wollen dazugehören zur Familie, zur Klassengemeinschaft, zur Freundesgruppe, zu einem Arbeitsteam. Dazuzugehören vermittelt Sicherheit, Schutz und Orientierung. Zugehörigkeit beruhigt und stärkt gleichermaßen. Und vermittelt das Gefühl, richtig zu sein, gesehen, wertgeschätzt und unterstützt zu werden.

Reshma Saujani meint, Töchter werden dazu erzogen, anderen zu gefallen.[25] Sie sollen perfekt sein und ständig alles richtig machen, sie sollen keine Risiken eingehen, sondern Mitmenschen zufriedenstellen. Die Aufzählungen oben machen deutlich, wie sehr Mädchen lernen, sich an anderen zu orientieren. Der Blick der anderen, die Beurteilung durch andere wird damit entscheidend für das Selbstbild.

Leider lernen Mädchen dadurch nicht, den eigenen Wahrnehmungen zu trauen, zu opponieren oder sich in Konflikten zu behaupten. Im Zusammenhang mit dem Schreiben dieses Buches habe ich auch viele junge Frauen zwischen 20 und 30 zu ihren Erfahrungen mit Rollenerwartungen und Anpassungsdruck gefragt. Sie beschreiben, dass sie viele Möglichkeiten wahrnehmen und nutzen, sich aber auch oft in der Fülle der Optionen verloren fühlen. Es erscheint mir so, dass die jungen Frauen versuchen, die alten Frauenbilder und die neuen Möglichkeiten unter einen Hut zu bringen. Sie verlangen von sich die Quadratur des Kreises. Fürsorge und eine starke Beziehungsorientierung, Mutter sein und wie aus dem Ei gepellt erscheinen, mit maximaler Kompetenz performen – alles gleichzeitig. Der Druck auf die eigene persönliche Entwicklung nimmt dann eher zu als ab. Bereits viele junge Frauen fühlen sich erschöpft und überfordert. Worin wurzelt dieses Bemühen, sich anzupassen und perfekt zu sein? Ich denke, es entstammt Ängsten. Angst ist ein Gefühl, das auf Bedrohung hinweist. Es signalisiert Gefahren. Angst vor Verletzung und Gewalt, Angst vor Verlassenwerden, Angst vor Versagen, Beschämung und Ausgrenzung. Angst löst einen Alarm aus. Manchmal ist es am sinnvollsten, zu flüchten, eine bedrohliche Situation oder Beziehung zu verlassen. Oft ist es aber wichtiger, sich der Angst zu stellen und ihr ins Auge zu schauen, sie kennenzulernen.

Befürchtungen tauchen auf, wenn Übergänge und Herausforderungen anstehen: eine neue Partnerschaft, eine Trennung, die Geburt eines Kindes oder ein neuer Job. Angst kann einfach nur ein Signal dafür sein, dass ein neuer Entwicklungsschritt ansteht. In einem therapeutischen Kinderbuch heißt es:»Vergiss nicht: Ängste sind ein Zeichen dafür, dass du kurz davor bist, etwas wirklich Mutiges zu tun.«[26] Eine neue Herausforderung, eine neue Aufgabe ist fast immer auch mit Ängsten verbunden, weil der Ausgang nicht sicher ist, nicht vorhersehbar. Aber viele Mädchen und Frauen werden zu sehr dazu erzogen, auf Nummer sicher zu gehen und ein perfektes Ergebnis abzuliefern. Die Eins in der Klassenarbeit. Der direkte Weg nach Hause. Spielen, ohne die Kleidung dreckig zu machen. Mädchen werden nicht so wie Jungen darin unterstützt, auszuprobieren, Risiken einzugehen und auch scheitern zu dürfen.[27]

Doch wo sich Ängste zeigen, da liegen auch meist Schätze der Entwicklung verborgen. Die bekannte buddhistische Nonne und Meditationslehrerin Pema Chödrön ermutigt sogar, die Orte der Angst direkt aufzusuchen, sich der Angst zu stellen und sie kennenzulernen.[28]

Wie oft erlebe ich es beim Coaching von Frauen, dass sie bei einer neuen beruflichen Aufgabe übermäßige Ängste entwickeln. Sie sehen diese Unsicherheit nicht als Teil der Herausforderung. Sondern zögern und blicken unsicher auf das, was sie noch nicht können, anstatt sich auf ihre Stärken zu fokussieren. Sie haben das Gefühl, ich bin (noch) nicht gut genug.

Luise, eine 50-jährige Wissenschaftlerin mit zwei Kindern im Schulalter, bewirbt sich auf eine neue Stelle, um sich weiterzuentwickeln. Sie bekommt die Stelle in einem sehr männlich dominierten Bereich. Prophylaktisch bucht sie ein Coaching. Luise, die so viele menschliche wie fachliche Kompetenzen hat, spricht sofort von ihren Ängsten und Defiziten. Es ist ihr unangenehm und unvertraut, auf ihre Stärken zu schauen. Aber genau das tun wir dann gemeinsam. Luise braucht nur wenige ermutigende Sitzungen und meldet nach einiger Zeit zurück, dass sie gut angekommen ist im neuen Bereich, sich wohlfühlt und auch gutes Feedback bekommt. Sie lacht und sagt: »Ich bin da genau richtig.«

Frauen empfinden die Unsicherheit in herausfordernden Situationen oft als persönliche Schwäche und nicht als normale Begleiterscheinung von Veränderung. Die Grundüberzeugung »Ich bin nicht gut genug« übertönt dann andere tatkräftigere, mutigere Stimmen. So buchen Frauen häufig Weiterbildungen, weil sie von sich erwarten, alles sofort können zu müssen. Oft erlebe ich auch, dass Frauen sich gar nicht über ein verlockendes, aber herausforderndes Angebot freuen, sondern es sofort als Belastung sehen. Nicht selten wird auch die Angst aktiviert, andere könnten neidisch werden, Beziehungen könnten sich durch eine erfolgreiche Weiterentwicklung verändern.

Die Angst, eine falsche Entscheidung zu treffen, begleitet die 48-jährige Denise schon ihr Leben lang. Sie erhält die Möglichkeit, eine Wohnung zu kaufen, und zögert zu lange, weil sie Sorge hat, etwas falsch zu machen. Auch bei der Partnerwahl hält sie Männer lange hin oder bleibt unverbindlich mit ihnen im Kontakt. Denise hat Angst vor den Konsequenzen ihres Handelns. Sie wurde schon als Mädchen von der Mutter wie eine Puppe gekleidet. Es kam auf äußere Perfektion an. Und es ging immer darum, alles ganz richtig zu machen. Denise konnte dabei leider nicht lernen, sich wahrzunehmen und auf ihre Gefühle zu hören.

Herausfordernde, neue Situationen bieten zunächst einfach Möglichkeiten. Wenn sofort Gefühle von Angst und Überforderung auftauchen, müssen diese ernst genommen werden. Aber es ist auch sinnvoll, diese zu prüfen. Für Frauen ist es oft nicht leicht herauszufinden: Wieso will ich mich nicht darauf einlassen? Lehne ich ab, weil mich Glaubenssätze und Erwartungen anderer einschränken?

Verstehe mich aber bitte nicht falsch: Es geht nicht darum, jede Herausforderung annehmen zu müssen, das erzeugt nur wieder Druck und perfektionistische Erwartungen. Genau an dieser Stelle braucht es die persönliche Reflexion. Die eigenen Bedürfnisse weisen den Weg, was wirklich guttut. Eine Frau lehnt vielleicht ein Angebot ab, weil es wirklich nicht zu ihrer aktuellen Lebenssituation passt. Eine andere sagt Nein, weil sie die aufkommenden Ängste umgehen will. Es gibt dabei kein Richtig und kein Falsch. Vielmehr kommt es auf die eigene Selbstbestimmung und das Gefühl der Stimmigkeit an.

Wichtig ist, dass aus der Angst kein Daueralarm wird! Ein Zustand ständiger Sorge führt dann nämlich dazu, überall Bedrohungen und Angriffe zu wittern und übervorsichtig oder sogar panisch zu werden.

Der US-amerikanische Angstforscher Joseph LeDoux[29] vergleicht die Entstehung von Angst mit dem Kochen einer Suppe. Mir hat dieses Bild gleich gefallen und ich nutze es oft in meinen Seminaren. Identifiziere dich nicht zu sehr mit der Angstsuppe. Sondern werde zu der handelnden Person, die den Topf vom Herd nehmen kann. Du hast die Möglichkeit, die Suppe neu zusammenzustellen, anders abzuschmecken und vielleicht auch Zutaten wegzulassen.

Auch Angst kocht nur mit Wasser. Und im Übrigen ist es ja allgemein bekannt, dass nichts so heiß gegessen wie gekocht wird. Mit diesen Erkenntnissen wird die Angst zu einem sinnvollen Gefahrenmelder, der hilft, Risiken zu erkennen. Wir haben dann eine gesunde Vorsicht zur Verfügung, die aber unseren Mut und unsere Entschlossenheit nicht blockiert.

Zutaten:

¼ Liter Anspannung aus kontrolliertem Anbau

2 gehäufte Esslöffel negative Erinnerungen

Katastrophengedanken

Spurenelemente familiärer Vorbelastung

15 g

ANGST SUPPE

Zubereitung:
· mit Befürchtungen abschmecken
· steigere dich hinein
· alleine auslöffeln

Die Angstsuppe – bio und to go

Werde dir deiner eigenen Angstsuppe bewusst. Zeichne dein persönliches Angstsuppenbild.

Wenn du magst, führe dir eine spezifische Situation vor Augen, vor der du Angst hast.

- Was sind die Zutaten deiner Angst (körperlich, gedanklich, im Verhalten)?
- Was bringt die Suppe so richtig zum Brodeln?
- Welche familiären und gesellschaftlichen Botschaften verstärken die Angst?
- Wie kannst du die Temperatur reduzieren oder den Topf vom Feuer nehmen?
- Was würde passieren, wenn du dich mehr mit den Ängsten konfrontierst und ihnen in die Augen schaust?
- Was ist kurzfristig und auch langfristig die beste Strategie im Umgang mit der Angst?

Zu erkennen, wie die eigenen Ängste entstehen und wie sie sich entschärfen lassen, macht stark.

Ängste sind ganz normal. Sie sind Teil unserer Lebendigkeit, unseres Wachstums und unserer Entwicklung.

Der liebevolle Blick

Mädchen und Frauen möchten Autonomie entwickeln und sich als selbstbestimmt und unabhängig erleben. Dazu wollen sie sich ausprobieren, Fehler machen und auch Konflikte ausfechten dürfen. Sie möchten Freude haben und Spaß, kreativ sein und ganz eigene Ideen entwickeln, jenseits von Vorgaben. Frauen wollen sich frei ausdrücken, ihre Gefühle zeigen und ihre Meinungen äußern. Sie möchten sich als kompetent erleben, Fähigkeiten zeigen und Erfolge würdigen und mit anderen feiern.

Gerade weil Frauen oft zu Überfürsorglichkeit erzogen sind, brauchen sie unterstützende Menschen, die dabei helfen, die eigenen Bedürfnisse ernst zu nehmen und zu leben. Menschen, die liebevoll auf Mädchen und Frauen schauen.

Was macht diesen wohlwollenden Blick aus? Die polnische Psychologin und Schriftstellerin Olga Tokarczuk[30] beschreibt in ihrer Vorlesung zur Verleihung des Literaturnobelpreises den Blick eines »liebevollen Erzählers«. Diese Perspektive habe sie von ihrer Mutter gelernt, die sich schon vor ihrer Geburt sehr auf sie gefreut und im Leben willkommen geheißen habe. Sie sieht darin die Basis dafür, später beim Schreiben einen liebevollen Blick auf Menschen werfen zu können.

Diesen freundlichen Blick auf Mädchen und Frauen braucht es in allen Bereichen: in der Familie, unter Freunden und Freundinnen, in Partnerschaften und Formen des Zusammenlebens, in der Erziehung und Ausbildung, im Arbeitsfeld und auch im Freizeitbereich. Dafür ist es wichtig, präsent zu sein und Zeit zusammen zu verbringen. Ein liebevoll blickender Mensch gewährt Entwicklungsräume und fühlt sich in das Gegenüber ein.

Eine 52-jährige Frau ist durch unsere gemeinsamen Gespräche angeregt, nach unterstützenden Personen in ihrem Leben Ausschau zu halten. Dafür schreibt sie die Namen dieser Menschen auf ein großes Blatt Papier und notiert dazu, was sie von ihnen gelernt hat, welche unterstützenden Botschaften sie vermittelt haben. Dabei fällt ihr besonders auf, welch wichtige Rolle ihr Opa für sie spielte:»Der Opa war fürsorglich. Er hat mich unterstützt. Ich konnte mit Problemen zu ihm kommen. Seine Botschaft war immer: ›So wie du bist, bist du in Ordnung.‹ Er war präsent, ohne zu fordern. Und er hatte Humor, wir konnten viel zusammen lachen. Der Opa war wie ein beschützender, geborgener Ort für mich.«

Der liebevolle Blick in meiner Familie

Nimm an dieser Stelle erneut dein Genogramm zur Hand.

○ Wer hatte und hat in deiner Herkunftsfamilie einen liebevollen Blick auf dich?
○ Notiere, welche Ermutigungen es gab und gibt.
○ Wofür sind diese unterstützenden Botschaften wichtig? Was bewirken sie?

Der wohlwollende Blick bedeutet für das Mädchen und für die Frau, sich in ihren Bedürfnissen gesehen zu fühlen. Er lässt verschiedene Möglichkeiten zu. Unterstützende Personen geben etwas von ihren Erfahrungen und Kompetenzen weiter, ohne das Gegenüber einzuschränken. Sie sehen das Potenzial des Mädchens, der Frau, und möchten dazu beitragen, dass sie dieses entwickeln kann.

Die Trauma- und Resilienzforschung zeigt, dass es oft reicht, wenn wenigstens eine Bezugsperson die Stärken und Kompetenzen des belasteten Menschen erkennt und diese fördert. Die Professorin für Heilpädagogik der Katholischen Hochschule Berlin, Monika Schumann, meint:»Eine solche Bindung macht so stark, dass viele negative Faktoren wieder wettgemacht werden.«[31] Die liebevollen Blicke anderer begeben sich auf Augenhöhe, ermutigen, Risiken einzugehen und neue Dinge auszuprobieren. Unterstützende Personen werden somit zu einer motivierenden Kraftquelle. Wir lernen dabei, uns selbst mehr zuzutrauen. Unterstützende Menschen können auch dabei helfen, Grenzen zu setzen und etwas zu lassen. Zum Beispiel schwierige Beziehungen zu beenden oder einen Arbeitsbereich zu verlassen.

Wenn andere Menschen uns wohlwollend betrachten, ermöglichen sie uns auch, dass wir uns selbst freundlich wahrnehmen. Sie vermitteln stärkende Botschaften:»Vertraue dir! Du kannst das! Deine Gefühle und Bedürfnisse sind wichtig! Es ist schön, dass du da bist! Probiere es einfach aus! Du bist einzigartig! Du bereicherst diese Welt! Du bist wichtig!«

In diesem Buch wirst du Meditationen, Körperübungen und Imaginationen kennenlernen, die den liebevollen Blick auf dich selbst weiter stärken. Nutze sie für dein persönliches Wachstum.

Vorbilder, Spiegelbilder

Menschen, die zu Vorbildern werden, leben etwas, was inspiriert. Sie tun oder verkörpern etwas, was wir toll finden. Was wir bewundern, was wir auch wollen, wovon wir träumen. Dabei findet ein Lernen am Modell statt. Wir sehen etwas, imitieren es, wir wiederholen das, was zu angenehmen Erfahrungen führt und belohnt wird. Das Erleben eines Vorbildes bringt uns in Kontakt mit Fähigkeiten und Möglichkeiten in uns selbst. Es ist, wie in einen Spiegel zu schauen, der Positives deutlich macht. Dadurch entstehen Ideen, positive Gefühle, ein Ansporn zum Handeln. Auch Menschen, die Bilder, Geschichten und Werke in Kunst und Kultur erschaffen, können diese inspirierende Wirkung haben. Das, was emotional berührt, beeinflusst und verändert, ermutigt zum Experimentieren.

Besonders wichtige Modelle sind natürlich die ersten Bezugspersonen: Eltern, Großeltern und Geschwister bestärken, leben Verhaltensweisen und Werte vor.

Deine Vorbilder

○ Wer waren die ersten Personen, denen du nacheifern wolltest?
○ Wer hat dich früh begeistert?
○ Wer hat etwas getan und vorgelebt, wo du dachtest: »Das will ich auch«?
○ Welche Sehnsüchte und Wünsche wurden dadurch in dir geweckt?

Ich weiß noch heute ganz genau, wie fasziniert ich war, als mein Vater von einer langen Dienstreise aus Südafrika zurückkehrte. Die mitgebrachten Souvenirs und Fotos öffneten mir den Zugang zu einer neuen Welt. Die Sehnsucht danach war geweckt. Jahre später, nach dem Tod meines Vaters, verbrachte ich selbst viele Monate in Südafrika und war begeistert.

Die britische Psychologin Fiona Murden beschreibt in ihrem Buch *Mirrow Thinking*, wie Menschen sich von klein auf im anderen spiegeln und gespiegelt werden.[32] Sie betont, dass Vorbilder dann besonders wirksam werden, wenn wir ihnen vertrauen, wenn wir eine Verbindung zu ihnen haben und Zeit mit ihnen verbringen. Es braucht die Erfahrung von Nähe und dass wir uns als ähnlich zum Vorbild erleben. Dadurch halten wir es für möglich, Vergleichbares zu tun, aber auf unsere individuelle Art und Weise.

Personen können Vorbilder für uns werden, obwohl wir sie nie direkt getroffen haben. Eine Schauspielerin, eine Wissenschaftlerin, eine Sportlerin kann uns inspirieren und etwas in uns anstoßen. Aber auch Menschen im Alltag werden zu Vorbildern. Sie müssen dafür gar nicht perfekt sein. Sondern sie inspirieren und verkörpern Lebensmöglichkeiten, die anziehend erscheinen.

Studien zeigen, wie wichtig positive Vorbilder für Schülerinnen und Studentinnen sind, die sich für naturwissenschaftliche Fächer interessieren.[33] Mädchen identifizieren sich durch weibliche Vorbilder in den naturwissenschaftlichen Disziplinen mehr mit diesen Fächern. Sie erleben sich dann auch selbst als kompetenter und sind ambitionierter bei der Umsetzung ihrer eigenen Ziele.

In meiner psychologischen Tätigkeit frage ich Frauen immer wieder nach positiven Rollenmodellen und auch nach inneren stärkenden Bildern. Bei bestimmten Fähigkeiten und Themen bemerken viele Frauen dann ein Vakuum. Sie vermissen ermutigende Bilder und Modelle zu selbstbewusster Körperlichkeit, Abgrenzungsfähigkeit, Weisheit und Wildheit. Was passiert aber, wenn weibliche Vorbilder fehlen?

Studentinnen brechen naturwissenschaftliche, technische und mathematische Fächer häufiger ab als ihre männlichen Kommilitonen. Wissenschaftliche Befunde machen deutlich, dass sich Frauen in männlich dominierten Disziplinen unsicherer und als nicht dazugehörig erleben. Dadurch fühlen sie sich auch schneller kritisiert und zurückgewiesen.[34] Das fehlende Gefühl von Zugehörigkeit ist besonders schwierig für Frauen, weil sie gelernt haben, sehr beziehungsorientiert zu sein. Männerdominierte Fachrichtungen können dann die Botschaften vermitteln:»Du gehörst hier nicht her und du wirst hier auch nicht erfolgreich sein.« Wenn dann auch noch ermutigende weibliche Rollenmodelle fehlen, ist es für Frauen noch schwieriger, mit Herausforderungen konstruktiv umzugehen und sich vorzustellen, diese Schwierigkeiten erfolgreich zu meistern. Weibliche Vorbilder leben uns vor, erzählen und zeigen, dass auch Gefühle von Unsicherheit, von fehlender Zugehörigkeit und Misserfolgen Teil eines erfolgreichen beruflichen Weges sind. Wir erkennen uns und unsere Möglichkeiten in Vorbildern wieder. Dafür ist es wichtig, dass Rollenmodelle authentisch sind und eigene Grenzen und Schwierigkeiten kommunizieren. Inspirierende Menschen zeigen, dass Hindernisse dafür da sind, gemeistert zu werden und daran zu wachsen.

Mädchen und Frauen folgen leider natürlich auch Vorbildern, die stereotype weibliche Botschaften vermitteln und nicht das persönliche Wohlergehen im Blick haben. Besonders in den sozialen Medien finden sich viele Influencerinnen, die sich selbst vermarkten. Die Optimierung des eigenen Körpers und der eigenen Person öffnet für die Followerinnen keine Räume, sondern führt in einen Käfig aus Vergleich und Selbstabwertung. Falsche Vorbilder lassen sich daran erkennen, dass sie manipulieren. Sie kreieren Abziehbilder ihrer selbst. Das Nachahmen eines vermeintlichen Ideals führt dann nicht zur Stärkung, sondern zum Verlust eines positiven, stabilisierenden Selbstbildes. Das kann zum einen an der Art der Vorbilder liegen, aber auch daran, wie wir uns zu anderen weiblichen Rollenmodellen in Beziehung setzen.

Obwohl die 38-jährige Journalistin Judith sehr erfolgreich ist und viele Fähigkeiten besitzt, fällt es ihr schwer, diese zu fühlen. Sie geht oft zu Lesungen und hört Podcasts von Frauen. Sie spiegelt sich aber nicht positiv in diesen Kolleginnen. Sondern sie idealisiert diese zu sehr und wertet sich selbst ab. Für Judith ist das ein schmerzhafter Erkenntnisprozess. Aber sie kann nun beginnen, sich mehr wertzuschätzen und die eigenen Fähigkeiten mehr zu spüren, anstatt weiterhin andere auf ein Podest zu stellen.

Der Umgang mit Vorbildern erfordert also eine kritische, reflexive Haltung. Wir lassen uns ein und inspirieren, machen uns aber nicht abhängig und klein. Sondern wir bleiben in der Verantwortung für unsere eigene Entwicklung.

Personen, die liebevoll auf uns blicken und uns Positives vorleben, weisen Wege und zeigen Türen. Manchmal öffnen sie auch einen Zugang: Durchgehen müssen wir selbst.

Letztlich folgen wir Vorbildern nicht, um so zu werden wie sie, sondern um wir selbst zu werden: Einzigartig.

Mentorinnen und Mentoren fördern Potenziale

In der griechischen Mythologie ist Mentor ein Freund des Odysseus. Als Odysseus zu seinen Abenteuern aufbricht, ernennt er Mentor zum Beschützer und Ratgeber für seinen Sohn Telemachos. Interessant ist, dass die Göttin Athena in die Gestalt Mentors schlüpft, wenn sie Odysseus und seinem Sohn beratend und tatkräftig zur Seite stehen will.

Auch Mädchen und Frauen brauchen Mentorinnen wie Athena. Sie wünschen sich eine unterstützende Person, die Hilfestellung bieten kann. Außerdem möchten sie Gelegenheiten bekommen, ihr Können zu zeigen und unter Beweis zu stellen. Eine Mentorin ist aktiver als ein Vorbild. Sie steht in einem direkten Kontakt zur Mentee und kann diese durch Rat und Tat unterstützen.

Die 40-jährige Kerstin ist eine engagierte Mathe- und Physiklehrerin und hat viel Freude an ihrem Beruf. Ihre Eltern seien immer sehr fordernd mit ihr umgegangen, hätten sie aber wenig gefördert. Kerstin berichtet davon, dass sie sich als Schülerin sehr schüchtern im Unterricht zurückgehalten habe, obwohl sie oft die Antwort gewusst habe. Ein Physiklehrer habe ihr Talent gesehen und sie ermutigt, an der Tafel eine Aufgabe vor der Klasse zu lösen. Das habe er nicht fordernd, sondern als freundliche Einladung formuliert. Sie habe ihre Chance gewittert, zu zeigen, was in ihr steckt, und es sei ihr leichtgefallen, die Aufgabe zu lösen. Vor den Augen der ganzen Klasse durfte ihr Potenzial plötzlich sichtbar werden. Noch heute, so viele Jahre später, ist Kerstin sichtlich berührt von dieser Erfahrung. »Es hat mich jemand gesehen und ermutigt.«

Die Bedeutung von Mentoren und Mentorinnen betont auch Manuela Rousseau. Sie ist einen ungewöhnlichen beruflichen Weg gegangen, der sie ohne Abitur und Studium bis in den Aufsichtsrat eines Dax-Konzerns geführt hat. In ihrem Buch *Wir brauchen Frauen, die sich trauen* erzählt sie, wie wichtig unterstützende Personen für sie waren.[35] Menschen, die ihr Potenzial erkannten, sie förderten und ihr Gelegenheiten gaben, ihre Kompetenzen zu zeigen und zu entwickeln. Längst ist sie selbst Mentorin und sagt, fast immer höre sie von Frauen den Satz »Ich bin nicht gut genug«. Hier können Mentorinnen unschätzbar hilfreich für andere Frauen sein. Zunehmend gibt es Mentorinnenprogramme für Frauen an Hochschulen, in Firmen und Institutionen. Mal sind diese Programme sehr strukturiert und formell, mal finden sie eher selbstorganisiert und informeller statt.

Helga Breuninger, Psychologin, Volkswirtin und selbst Unternehmertochter, hat gemeinsam mit der Professorin Almuth Sellschopp ein Training für Frauen in Familienunternehmen entwickelt. Ziel war es, emotionale Kompetenzen zu vermitteln, damit der Spagat zwischen Firma und Familie besser gelingt. Dabei wurden die Frauen sehr stark einbezogen und durch Workshops begleitet.[36] Ich unterrichtete dort Achtsamkeit und Meditation und führte in das Konzept der inneren Vielstimmigkeit ein (alles Themen dieses Buches). Und ich konnte erleben, wie dieses Training über Jahre Frauen darin bestärkte, ihren eigenen Weg zu gehen. Deshalb möchte ich ganz ausdrücklich dazu ermutigen, nach Frauennetzwerken, Frauengruppen und einzelnen stärkenden Frauen Ausschau zu halten.

Die 45-jährige Ruth ist erst durch die Ermutigung einer Kollegin zum Medizinstudium gekommen. Sie berichtet mir im Coaching:»Ich wusste gar nicht, was in mir steckt. Ich war damals noch Krankenschwester und dachte gar nicht ans Studieren. Doch dann hat mich eine leitende Ärztin ermutigt, Medizin zu studieren. Sie hat mir überhaupt erst die Anregung dazu gegeben, denn ich hätte mich das alleine nicht getraut. Ohne sie hätte ich diesen Schritt ganz gewiss nicht gemacht. Sie hat mich ganz tatkräftig unterstützt, mir Informationen über das Studium gegeben. Und, vielleicht noch wichtiger, sie hat an mich geglaubt. Dadurch konnte ich auch beginnen, an mich zu glauben und zu entdecken, was in mir steckt. Ich bin so unendlich dankbar für diese Unterstützung.«

Mentorinnen können wie eine Initialzündung wirken. Wir fühlen uns gesehen und ermutigt, uns für ein Thema zu interessieren oder eine Fähigkeit weiterzuentwickeln. Mentoren und Mentorinnen laden dazu ein, etwas zu tun, zu lernen, auszuprobieren und zu zeigen. Das kann im schulischen oder beruflichen Bereich sein. Oder auch bei Hobbys, im Freizeitbereich und bei künstlerischen Projekten. Mentorinnen können uns dabei helfen, unsere Persönlichkeit zu entfalten und eine sinnvolle und stimmige Ausrichtung für uns zu entwickeln. Sie schaffen Möglichkeiten und Wahloptionen.

Letztlich ist ein Mentoring aber keine Einbahnstraße, sondern ein wechselseitiger Lehr- und Lernprozess. Die Mentorin profitiert von der Weitergabe ihrer Lebenserfahrung und ihres Wissens. Sie kann etwas weitergeben, findet darin Sinn und erlebt Kontinuität. Sie nimmt die Perspektive von jüngeren Menschen ein und bleibt dadurch in Verbindung mit nachfolgenden Generationen. Mentorin zu sein, heißt auch, das eigene Wissen wertzuschätzen und es aus der Fülle weiterzugeben. Das kann ein sehr beglückender und zutiefst bereichernder Prozess sein.

Die Mentee lernt, sich mit einer anderen erfahreneren Frau auseinanderzusetzen. Sie erhält einen Raum für die eigene Entwicklung. Kann um Rat fragen, kann sich Unterstützung holen und behält doch die Freiheit, eigene Entscheidungen zu treffen und daran zu wachsen.

Konflikte, Schwierigkeiten und Herausforderungen werden im Mentoring nicht ausgespart, sondern ganz bewusst thematisiert. Wenn die Mentorin ihre Erfahrungen im Umgang mit Hindernissen mit der Mentee teilen kann, dann profitiert diese sehr davon. Sie kann lernen, dass es nicht um Perfektion geht, sondern um einen Entwicklungsprozess, der eigene Schwächen und Verletzungen miteinschließt.

Ein Mentoring ist wie ein Tanz aus Führen und Folgen. Die Tanzschritte dabei sind: Angebote machen, Fragen stellen, Raum lassen, nächste Schritte gehen, ausprobieren und Feedback erhalten.

Mentoren und Mentorinnen finden

Wähle dir zunächst einen Lebensbereich oder eine Aufgabe aus, für die du dir eine Mentorin oder einen Mentor wünschst. Es kann ein berufliches Thema oder ein Ziel im Bereich deiner persönlichen Entwicklung sein.

○ Was ist dein Ziel?

○ Was brauchst du zum Erreichen deines Ziels?

○ Was sollte eine Mentorin oder ein Mentor an Qualitäten mitbringen, um dich bei dieser Aufgabe zu unterstützen?

- Kennst du schon eine Person, die dich als Mentor:in unterstützen kann?
- In welchem Bereich kannst du suchen, um die Mentorin, den Mentor zu finden? Wer kann dir Hinweise geben?
- Was sind deine Wünsche und Fragen an die Mentorin, den Mentor?
- Was möchtest du in das Mentoring einbringen?
- Welche Türen willst du öffnen? Welche Räume möchtest du betreten?
- Was wirst du in einem Jahr gelernt haben?

Schlüssel für den Alltag

In diesem Kapitel wurde deutlich, wie unbewusst und automatisch einschränkende Frauenbilder wirken. Deshalb heißt der wichtigste Impuls für den Alltag: *Werde dir deiner eigenen stereotypen Vorstellungen bewusst, und erkenne, wenn sie dir bei anderen begegnen.*

Das betrifft zum einen die Informationen, die dir täglich in den Medien und in der Werbung begegnen. Wähle für dich aus, was dich bestärkt, und distanziere dich von Schädigendem.

Achte auch auf die Zuschreibungen anderer Menschen. Grenze dich von einschränkenden Erwartungen ab. Und beschäftige dich mehr mit den ermutigenden, unterstützenden Botschaften. Stell dir dabei immer wieder folgende Fragen: *Was brauche ich? Was tut mir gut? Was passt wirklich zu mir?*

Tür
Zwei

Erlebe die Kraft der Achtsamkeit

Der Geist der Anfängerin

Ich bin 17 Jahre alt und verbringe mit meinem Religionskurs einige Tage in einer Benediktinerabtei. Im Klostergarten blühen die Bäume und außer dem Summen von Insekten herrscht Stille. Ein wohlbeleibter, freundlicher Mönch zeigt uns den Meditationsraum. Ich setze mich auf das Meditationskissen und schließe die Augen. Mit diesem Moment beginnt meine bewusste Faszination für die Stille und das Innehalten. Aber eigentlich startet alles schon viel früher. Ich liebe es schon als Kind, zeitig aufzustehen, aus dem Fenster in den Garten zu schauen, im Winter im Schnee diese Ruhe, die Kerzen in der Kirche, die ersten Blüten im Frühling. Mir wird klar, dass mich die Begeisterung für Stille und Meditation schon lange durch mein Leben begleitet.

Du fragst dich vielleicht, warum du mit Meditation beginnen solltest. Auf den nächsten Seiten wirst du viele Argumente kennenlernen, die dich in diesem Schritt bestärken.

Dem Anfangen wohnt bekanntermaßen ein Zauber inne, das wusste schon Hermann Hesse. Im Zenbuddhismus spricht man vom *Anfängergeist*. Diese innere Geisteshaltung zeichnet sich durch eine kindliche Neugier und Offenheit aus und wird in der Meditation bewusst geschult. Wenn wir uns damit auf die gegenwärtige Erfahrung einlassen, sind wir wirklich im Hier und Jetzt. Meditation ist eine wunderbare Möglichkeit, dem Leben immer wieder frisch und unvoreingenommen zu begegnen. Sie hilft, aus dem ständigen Aktionismus auszusteigen. Dieses Innehalten schafft Raum für Selbstbegegnung und Selbstreflexion. Erwartungen und Vorannahmen lassen sich abstreifen und wir kommen in einen unmittelbaren Kontakt mit uns selbst. Wir sind präsent, ohne ständig optimierend um uns selbst zu kreisen.

Skepsis gegenüber der Meditation ist willkommen und überhaupt kein Hinderungsgrund. Ganz im Gegenteil gehört die Selbsterkundung und die Selbstermächtigung zum meditativen Weg der Befreiung dazu. Die erfahrene Meditationslehrerin Sylvia Kolk nennt ihr Buch zu den Grundlagen der buddhistischen Lehre und Meditation *Geh und sieh selbst*.[1] Und ermutigt damit, selbst zu prüfen, ob und wie dich Meditation bereichern kann.

In einem einführenden Meditationsseminar für Frauen beginnen wir uns mit Achtsamkeit und Meditation vertraut zu machen. Zunächst lernen wir das Innehalten und wie wir die Aufmerksamkeit von außen bewusst nach innen wenden können. Eine Frau wird beim Üben sehr ungeduldig und äußert Skepsis: »Ich bin ein Bewegungsmensch, ich weiß nicht, ob ich still sitzen kann.« Im Laufe des Seminars erkennt sie, dass die Ungeduld, die sie spürt, ja der Grund ist, weswegen sie Meditation lernen möchte. Sie versteht, dass die Ungeduld gar nicht vorher weg muss, sondern einfach eine Herausforderung beim Üben ist.

Skepsis, Zweifel und die daraus erwachsenden Fragen können sehr hilfreich sein, um sich in der Meditation selbst zu begegnen. Gleichermaßen braucht es aber auch die Fähigkeit, sich einzulassen und sich den Erfahrungen mit Wohlwollen zuzuwenden.

Seit vielen Jahren gibt es einen Achtsamkeitsboom. Doch die Grundlagen der modernen Meditationsansätze liegen in der jahrtausendealten buddhistischen Weisheitslehre und der tradierten Übungspraxis.

Wir können von diesen Traditionen lernen, ohne Buddhistin sein oder werden zu müssen. Meditation lässt sich säkular, also unabhängig von einer bestimmten religiösen Anschauung, ausüben. Dafür gibt es mittlerweile sehr strukturierte, wissenschaftlich fundierte Programme. Eines davon ist *Mindfulness Based Stress Reduction (MBSR)*. Das achtwöchige Stressbewältigungstraining wurde von Jon Kabat-Zinn in den USA bereits in den 1970er-Jahren entwickelt. Auch in Deutschland ist es aus dem Gesundheitsbereich und der Prävention nicht mehr wegzudenken und wird sogar von den Krankenkassen bezuschusst.[2]

Frauen leiden oft nicht nur unter Stress, sondern auch unter Ängsten und Depressionen. Die später entwickelte *Mindfulness Based Cognitive Therapy (MBCT)* ist ein ebenfalls achtwöchiges Achtsamkeitstraining und dient der Rückfallprophylaxe für Menschen mit Depressionen. Diese Therapie hat sich aber auch zum heilsamen Umgang mit Ängsten bewährt. Ich habe den MBCT-Kurs und seine Wirkungen an anderer Stelle ausführlich beschrieben.[3]

Hier möchte ich die Grundlagen der Achtsamkeitsmeditation und alltagstaugliche, kurze Meditationsmethoden vorstellen und dich ermutigen, mit dem Üben zu beginnen.

Warum Frauen Meditation guttut

Meditation hilft, aus den Vorstellungen und Erwartungen auszusteigen und vom Kopf mehr im Körper und im unmittelbaren Erleben anzukommen. Die Botschaft ist: »Sei präsent und dir deiner selbst bewusst.« Nahezu alle Frauen, die in meine Achtsamkeitskurse kommen, beklagen, keine Zeit für sich zu finden. Sie fühlen sich erschöpft, den grüblerischen Gedanken und To-do-Listen ausgeliefert. Die Belastung zeigt sich auch in körperlichen Verspannungen und Schmerzen und Schlafstörungen.

Oft geraten wir durch die vielen Anforderungen des Alltags in eine Art Autopilot-Modus, der uns weiter antreibt und funktionieren lässt. Das kann zu einem Gefühl von »Ich bin außer mir« führen. Viele Frauen erleben sich als fremdgesteuert durch die vielen Erwartungen und täglichen Pflichten.

Achtsamkeit ermöglicht es nun, aus diesen Automatismen des Alltags auszusteigen und wieder zu sich zu kommen. Wir nehmen dann eine spürende, wahrnehmende und beobachtende Haltung zu uns ein, ohne gleich handeln zu müssen. Wir geben uns selbst die Erlaubnis, zu sein und nicht immer nur zu tun.

Durch Achtsamkeitsmeditation wird der Sein-Modus gestärkt. Die Fähigkeit, in einen unmittelbaren Kontakt mit sich und der Welt zu kommen. Und sich den Erfahrungen auf eine akzeptierende und liebevolle Weise zuzuwenden. Meditation ist also nicht, wie oft fälschlich angenommen, ein Rückzug von oder ein Abblocken der Erfahrung, sondern erfordert, sich bewusst der Erfahrung hinzuwenden, sich einzulassen und zuzulassen. Spüren und Erkennen gehen dabei Hand in Hand und ermöglichen es, eine Urteilskraft zu entwickeln. Diese lässt erkennen, was uns begrenzt oder schädigt und was uns stärkt und guttut.

Sylvia Wetzel ist eine buddhistische Meditationslehrerin und Publizistin, die sich für einen feministischen, modernen Buddhismus einsetzt. Sie betont die heilsame, wohltuende Kraft der Meditation: »Im weitesten Sinne bedeutet Meditation, wir machen uns aktiv vertraut mit etwas, was guttut und heilsam oder heilend ist, für uns und andere.«[4]

Irena ist 42 Jahre alt und meldet sich zu einem Achtsamkeitskurs bei mir an. Sie möchte einen Weg aus der Erschöpfung und ständigen Überreizung finden. Besonders die Versorgung ihres behinderten Kindes verlangt ihr viel Zeit und Geduld ab. Oft fühlt sie sich schlecht, wenn sie sich um sich selbst kümmert. Aber sie möchte sich Selbstfürsorge mehr erlauben und sieht in der Meditation eine gute Möglichkeit dafür. Irena meditiert jetzt schon seit einigen Jahren und hat für sich erkannt, dass sie diese Zeiten für sich braucht, um sich zu regenerieren und auch im Kontakt mit anderen präsent sein zu können.

Sieben gute Gründe, um mit dem Meditieren zu beginnen

1. Meditation ermöglicht, aus dem Hamsterrad auszusteigen und innezuhalten.
2. Du lernst, mit deiner Aufmerksamkeit bewusst umzugehen.
3. Durch Meditation kommst du zur Ruhe und fokussierst dich.
4. Du lernst, dir Zeit und Raum für dich zu nehmen.
5. Du erkennst schädigende Muster (im Denken, Fühlen und Handeln) und bemerkst, was dir guttut.
6. Du akzeptierst dich selbst mehr und gehst freundlicher mit dir um.
7. Du handelst selbstbewusster.

Im nächsten Abschnitt beginnen wir mit der Praxis. Darauf kannst du dich jetzt einstimmen und deine eigenen Motive und Ziele für das Meditieren klären.

Deine Motivation
für die Achtsamkeitsmeditation

- Welche Erfahrungen hast du bereits mit Meditation?
- Was interessiert dich daran?
- Lies noch mal alle sieben Gründe durch, die dafür sprechen, mit dem Meditieren zu beginnen. Was erhoffst du dir persönlich von der Meditation?
- Wo würdest du gerne üben? Wie sieht ein passender Übungsplatz für dich aus?
- Was könnte dich am Üben hindern?
- Wie kannst du mit diesen Herausforderungen umgehen?

Raus aus dem Hamsterrad

Wie hilft Achtsamkeitsmeditation? Sie ermöglicht, bewusster mit der eigenen Aufmerksamkeit umzugehen. Aufmerksamkeit ist nämlich ein kostbares Gut, das gepflegt und geschult werden will. Wenn sich die Aufmerksamkeit unbewusst überallhin zerstreut, dann fehlt sie für die wichtigen Dinge. Es mangelt dann auch an innerer Ruhe und Übersicht. Du fühlst dich getrieben durch alle Dinge auf deiner To-do-Liste, versuchst, die Aktivitäten deiner Kinder und deiner Familie zu planen und im Kopf zu behalten, und machst dir Sorgen, ob alles klappt. Patricia Cammarata nennt diese Last im Kopf *Mental Load* und plädiert völlig überzeugend für eine gerechtere Aufgabenverteilung.[5]

Meditation ist ein weiterer wirksamer Weg, mit diesem mentalen Ballast besser umzugehen. Der unruhige Geist wird hier als *monkey mind*, also Affengeist, bezeichnet. Er verhält sich nämlich oft wie eine herumspringende Affenhorde: immer auf der Suche nach etwas Interessantem, beschäftigt mit etwas Unerledigtem oder auf der Flucht vor etwas Bedrohlichem. Wir heizen die Unruhe an, indem wir viele Informationen aufnehmen, ständig in Aktion sind, unaufhörlich planen und an die Zukunft denken. Wir leben weitestgehend im Kopf und verlieren den Kontakt zu unserem Körper und damit zu unserem gegenwärtigen Spüren und Erleben. Achtsamkeitsübungen und Meditationen ermöglichen es, aus diesem Hamsterrad auszusteigen. Doch erst einmal muss dieses Rad angehalten werden. Das Stoppen des äußeren Tuns ermöglicht ein Innehalten. Dann kann die Aufmerksamkeit langsam von außen nach innen genommen werden, und wir fühlen unseren Atem und unseren Körper. Das ist ein gutes Anzeichen dafür, dass wir von einem angetriebenen Tun-Modus in einen ruhigeren, spürenden Sein-Modus wechseln konnten. Aus diesem erkennenden Spüren kann dann auch ein bewussteres Handeln entstehen.

Mit der nächsten Übung steigen wir aus dem Hamsterrad aus.

Bewusstes Innehalten

Vielleicht magst du dich zunächst kurz strecken und dehnen. Setze dich dann bequem auf einen Stuhl, einen Sessel oder ein Meditationskissen. Wenn du magst, schließe die Augen. Komme nun an im Sitzen, spüre den stabilen Kontakt mit der Sitzfläche.

Nimm deinen Körper wahr. Spüre die körperlichen Empfindungen. Die Temperatur der Hände, die Berührung der Füße mit dem Boden, die Schultern, den Atem im Körper. Du kannst Verspannungen und Müdigkeit wahrnehmen. Und auch angenehme Empfindungen von Ruhe oder Entspanntheit. Alles darf genau so sein.

Lenke dann die Aufmerksamkeit zu deiner Stimmung. Wie fühlst du dich in diesem Moment? Du musst keine Worte dafür finden, sondern du erlaubst dir, deinen Gefühlen Raum zu geben und sie wahrzunehmen.

Wie geht es dir in diesem Moment? Nimm es einfach wahr und lass es zu.

Wende dich nun deinen Gedanken zu. Sind da gerade viele Gedanken? Gehen sie eher in die Zukunft oder Vergangenheit? Die Gedanken dürfen da sein, du musst nichts an ihnen verändern. Du beobachtest mit etwas Abstand den Strom der Gedanken.

Welche Verhaltensimpulse nimmst du wahr? Was möchtest du tun? Fühlst du dich zum Handeln angetrieben?

Nimm noch einmal den stabilen Kontakt mit dem Boden und der Sitzfläche wahr und strecke dich, öffne die Augen. Nun kannst du bewusster weiterlesen oder etwas anderes tun, was dir jetzt guttut.

Diese Übung ist die Basis für jede Selbstwahrnehmung und Selbstfürsorge. Erst wenn du deinen Körper spürst, dein Fühlen und Denken wahrnehmen kannst, erkennst du, wie es dir geht und was du brauchst.

Was heißt das ganz konkret für den Alltag? Angenommen, du bist durch eine stressige Situation angespannt und aufgewühlt. Du denkst viel über den Druck nach. Du spürst Angst davor, den Anforderungen möglicherweise nicht gerecht werden zu können. Vielleicht melden sich auch Selbstzweifel und du gehst abwertend mit dir um. Wenn du dich nun zum Meditieren hinsetzt, beginnst du, dich zu beruhigen und wahrzunehmen, was du spürst: die Anspannung im Körper, die vielen Gedanken, deine ängstlichen Ge-

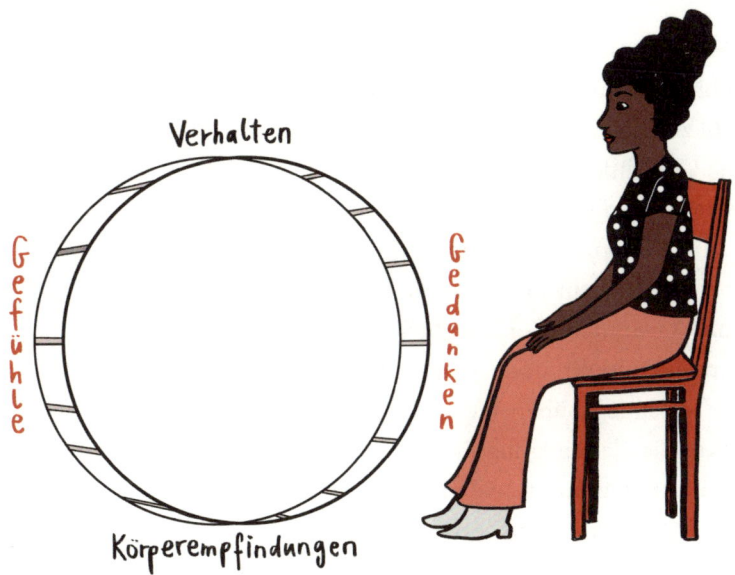

Verhalten

Gefühle

Gedanken

Körperempfindungen

fühle, die Impulse, noch mehr zu arbeiten. Du rennst nicht vor dem Schwierigen davon, sondern wendest dich deiner Erfahrung zu. Mit Geduld stellst du eine wohlwollende Verbindung zu dir her. So kannst du später bewusster und heilsamer handeln. In jedem Fall bist du aus dem negativen Hamsterrad ausgestiegen.

Das meditative, bewusste Innehalten ist für die 32-jährige Laura eine wichtige Übung geworden: »Ich halte immer wieder inmitten meines oft hektischen Alltags an. Endlich habe ich eine Methode dafür, wie ich das mache. Der Ablauf gibt mir eine gute Struktur, um mich wahrzunehmen. Ich kehre mit der Aufmerksamkeit zu mir selbst zurück. Hinterher fühle ich mich klarer und sortierter. Es braucht nur wenige Minuten und hat einen super Effekt.«

Wenn du mit dem Meditieren beginnst, wirst du zunächst vielleicht sehr viel Unruhe spüren. Das liegt daran, dass es ungewohnt ist, still zu sitzen und wahrzunehmen, was geschieht. Die Unruhe und die Ungeduld sind unsere Lebensbegleiter, wir schauen sie uns nur selten an. In der Meditation heißen wir sie willkommen, lernen sie kennen und üben, geschickter mit ihnen umzugehen.

Sei also nicht so streng mit dir, aber bleibe dran: Meditation lebt von kontinuierlicher, möglichst täglicher Praxis. Das braucht natürlich Disziplin und Geduld, aber vor allem auch ein Wohlwollen dir selbst gegenüber. Wenn du mit der Übung des Innehaltens beginnst, ist das ein guter Einstieg in das Meditieren. Nimm dir dafür drei Minuten inmitten deines Alltags. Oder reserviere dir zehn Minuten gleich morgens. Auch zum Ausklang des Tages ist das Innehalten wohltuend und verbessert deinen Schlaf.

Vom Kopf in den Körper

Unsere Kultur ist sehr denklastig, das kann zu einseitig werden. Wir leben zu sehr im Kopf und sind mit unseren Gedanken beschäftigt, die in die Zukunft eilen oder in der Vergangenheit festhängen. In der Gegenwart zu sein, das konnten wir oft als Kinder gut, doch dann kommt uns diese Fähigkeit abhanden.

Ein Achtsamkeitstraining ermöglicht es uns, wieder an diese Kompetenz der Präsenz anzuknüpfen. Was auch heißt: im Körper anzukommen. Das ist besonders für uns Frauen wichtig, weil wir unseren Körper oft so kritisch sehen und ihn ständig optimieren möchten. Die achtsame Wahrnehmung dagegen lässt uns spürend und freundlich mit der Aufmerksamkeit im Körper sein. Wir fühlen uns dann anwesend und wirklich präsent. Dies ist auch die Voraussetzung für den bewussten Umgang mit Gefühlen und die Basis jeder Selbstfürsorge. Wie soll ich auch sonst herausfinden, was ich fühle und brauche, wenn ich meinen Körper nicht wahrnehmen kann?

Die 7-Punkte-Meditation erlaubt es, dem eigenen Körper von den Füßen bis zum Kopf Aufmerksamkeit zu schenken. Endlich erhält der Körper einmal die Zuwendung, die er verdient. Das Ziel dabei ist, im Körper anwesend zu sein und die Körperempfindungen bewusst zu spüren: Muskelspannung, Berührungsreize, Temperatur, Kribbel- und Juckempfindungen, Atembewegungen. Entspannung ist dabei nicht das Ziel, aber eine willkommene wohltuende Nebenwirkung.

Viele Frauen berichten, dass sich beim Üben ein wohliges, warmes Gefühl einstellt. Sie genießen es, den Körper einfach nur zu spüren und einmal nichts ändern zu müssen. Sie fühlen sich auch befreit von ihrem selbstoptimierenden Blick und der ständigen Selbstüberprüfung. Mit zunehmender Übung gelingt es, nicht mehr so häufig mit den Gedanken abzuschweifen und sich wach und entspannt im Körper zu erleben. Die *7-Punkte-Meditation* erlaubt es, aus der Gedankenverlorenheit immer wieder in den Körper zurückzukommen.

Du kannst die Übung jetzt selbst ausprobieren.

7-Punkte-Meditation im Liegen

Mach es dir im Liegen bequem. Vielleicht deckst du dich zu, damit es warm genug ist, und legst dir ein Kissen unter den Kopf.

Spüre zunächst den Kontakt mit der Fläche, auf der du liegst. Du kannst dein Gewicht tragen lassen. Wenn du magst, lege die Hände auf den Bauch, und spüre die Bewegung des Atems.

- Punkt 1: Lenke deine Aufmerksamkeit zunächst zu den Füßen und nimm die Empfindungen dort wahr: die Temperatur der Füße, die Berührung mit den Socken oder der Decke. Schenke deinen Füßen eine freundliche Aufmerksamkeit.
- Punkt 2: Spüre dann dein Becken: Nimm wahr, wie es getragen wird vom Sofa oder dem Boden. Einfach wahrnehmen. Wenn deine Aufmerksamkeit sich in Gedanken verliert, kein Problem, das ist Teil des Übens. Du kannst es bemerken und kehrst zu deinem Körper zurück.
- Punkt 3: Wo liegen deine Hände? Fühlen sie sich eher warm oder kühl an? Mit was haben deine Hände Kontakt? Schenke den Innenflächen und Handrücken Aufmerksamkeit. Nimm die einzelnen Finger und die Daumen wahr – sei neugierig.
- Punkt 4: Nun wandere mit deiner Aufmerksamkeit zu deinen Schultern. Wie liegen die Schultern auf? Wenn es Anspannungen gibt, dann darfst du auch die fühlen, ohne dass sich gleich etwas verändern muss.
- Punkt 5: Richte deine Aufmerksamkeit nun auf deine obere Wirbelsäule, und nimm wahr, wie der Kopf aufliegt. Interessiere dich für die Verbindung von Wirbelsäule und Kopf.
- Punkt 6: Jetzt erhalten deine Kiefergelenke Aufmerksamkeit von dir. Wenn du dort Anspannung wahrnimmst, ist das in Ordnung.
- Punkt 7: Und nun spüre beide Augen und die Augenregion. Fällt Licht durch die geschlossenen Augenlider? Was nimmst du wahr?

Wende dich jetzt noch mal deinem gesamten Körper im Liegen zu. Nimm ihn wohlwollend wahr.

Wenn du noch etwas Zeit hast, wiederhole diesen Ablauf einige Male. Akzeptiere das, was du wahrnimmst: Es ist in Ordnung, wie es ist.

> Spüre zum Abschluss deinen gesamten Körper und lass die Atmung hindurchströmen. Dann kannst du langsam ein Räkeln und Strecken entstehen lassen.
>
> Wie fühlst du dich nach dieser Übung?

Die 7-Punkte-Meditation verbessert die bewusste Aufmerksamkeitslenkung und schult die Körperwahrnehmung. Das freundliche, offene Spüren verbindet uns mit dem Körper und damit mit uns selbst. Wir kommen in der Gegenwart an, werden präsent und beruhigen den Geist. Er muss nicht mehr jedem Gedanken hinterherjagen, sondern verweilt im Körper. Ein achtsamer, ruhiger Geist wirkt auch entspannend und zentrierend auf den Körper zurück. Es entsteht ein positiver, sich selbstverstärkender Kreislauf. Körper und Geist können als Einheit erfahren werden.

Vera ist gerade 50 geworden, sie arbeitet als Erzieherin in der Kita und findet in der Meditation einen Gegenpol zu ihrer herausfordernden Arbeit. Nach der 7-Punkte-Meditation berichtet sie lächelnd von ihren Erfahrungen:»Ich schwebte zwischen Wachsein und Entspannung. Und konnte meinen Körper spüren, ohne etwas von ihm zu wollen. Es war ein Gefühl tiefen Friedens.«

Viele Frauen fühlen sich nach dieser Übung ausgeruhter, erfrischter und klarer. Sie empfinden durch die bewusste Wahrnehmung Dankbarkeit und Wertschätzung für den Körper.

Die 7-Punkte-Meditation eignet sich prima, um mit Meditation zu beginnen. Wenn du sie etwas geübt hast, kannst du sie auch im Sitzen oder Stehen im Alltag anwenden. Vor einem Meeting oder einer wichtigen Präsentation bringt die Übung dich in eine Balance von Wachheit und Ruhe. Eine stärkende Ausgangsbasis für jeden authentischen Auftritt.

Ruhe inmitten des Sturms

Wer würde es sich nicht wünschen, konzentriert und fokussiert bei einer Sache bleiben zu können? Der menschliche Geist hat aber leider lästige Angewohnheiten. Er ist ständig auf der Suche nach interessanter Nahrung, nämlich nach Informationen. Immer darum bemüht, Gefahren zu antizipieren, zu erkennen und Probleme schon vorab mental zu lösen. Die mediale Welt mit ihrer schier unendlichen Informationsflut füttert die innere Unruhe und macht doch nicht satt. Kein Wunder, dass unser Geist oft rastlos und erschöpft ist.

Daniel Goleman und Richard Davidson meditieren schon seit vielen Jahrzehnten selbst und sind Pioniere der Meditationsforschung. Sie verweisen darauf, dass die Informationsflut Aufmerksamkeit kostet. Und das ist anstrengend. Sie räumen auch mit dem Mythos des Multitasking auf. Es erscheint uns nur so, als könnten wir mehrere Sachen gleichzeitig tun, tatsächlich wechseln wir einfach ständig den Fokus der Aufmerksamkeit. Das führt auch zu mehr Fehlern als ein konzentriertes Arbeiten an einer Sache.[6]

Glücklicherweise gibt es Meditationsmethoden, die dabei helfen, sich bewusst zu sammeln. Der Atem ist so ein hilfreicher Anker für die Aufmerksamkeit. Wir haben den Atem immer bei uns und können uns deshalb jederzeit auf ihn fokussieren. Auch seine enge Verbindung mit dem Körper, dem Denken und Fühlen macht den Atem zu einem geeigneten Ruhepol. Denn wenn sich die Aufmerksamkeit beim Atem zentriert, beruhigt sich der Atem, und Körper und Geist können sich entspannen. Ist der Geist fokussiert, beruhigt sich der Atem noch mehr. Ein positiver, sich selbstverstärkender Kreislauf entsteht.

Der Atem als Anker

Setze dich bequem und aufrecht hin. Für eine angenehme Meditationshaltung ist es empfehlenswert, stabil zu sitzen. Das muss nicht auf einem Meditationskissen sein, ein Stuhl, ein Sessel ist auch gut. Sorge dafür, dass du einen guten Kontakt mit dem Boden und der Sitzfläche hast. Dann richte die Wirbelsäule bewusst aus dem Becken heraus auf und lass den Kopf auf ihr ruhen. Nimm deinen Körper wahr und lass unnötige Anspannung los: Die Schultern dürfen nach hinten und unten sinken, der Kiefer darf sich entspannen.

Komm entspannt im Körper an, lenke deine Aufmerksamkeit zur Nase, und spüre den Atemfluss. Nimm das Einatmen wahr – und das Ausatmen. Die Atmung darf einfach kommen und gehen.

Dann lass die Aufmerksamkeit entspannt zum Brustkorb wandern und nimm den Atem dort wahr. Der Atem darf einfach sein. Lass den Atem geschehen.

Spüre neugierig in den Bauchbereich: Wie fühlt sich der Atem dort an? Nimm die Bewegung des Atems wahr.

Suche dir nun eine Stelle im Körper, wo du den Atem gut spüren kannst, und mache sie zum Fokus deiner Aufmerksamkeit. Du verweilst entspannt mit deiner Aufmerksamkeit dort, bis der Geist wandert, was er meist schnell tut. Du wirst dich in Planungen oder Erinnerungen wiederfinden. Das ist kein Problem, sondern Teil des Übens. Und eine Chance, die Zerstreuung zu erkennen und dich erneut auf den Atem zu fokussieren. Damit trainierst du deinen mentalen Rückkehrmuskel. Du kommst immer wieder zum gegenwärtigen Atemzug zurück.

Gerade für Frauen, die beruflich und auch familiär unzählige Themen und Planungen jonglieren müssen, ist die Atemmeditation zentrierend und beruhigend.

Angelika, 42, durchlebte eine aufreibende Zeit mit einem neuen Job und der Einschulung ihrer Tochter. Wenn sie zu einem Gespräch zu mir kam, war sie völlig unsortiert und ruhelos. Wir begannen jeden Termin mit einigen Minuten Atemmeditation. Danach war Angelika ruhiger, zentrierter. Sie konnte das Thema für unser Coaching bewusster wählen und verzettelte sich beim Sprechen nicht mehr so sehr.

Die bewusste Schulung des Geistes lässt erkennen, wo die Aufmerksamkeit gerade ist: bei der Arbeit, bei anderen Menschen, in der Zukunft oder der Vergangenheit. Diese bewusste Verortung ermöglicht im nächsten Schritt zu wählen, was Aufmerksamkeit bekommen soll und was nicht. Etwas ganz fokussiert und mit voller Aufmerksamkeit zu tun, ist nicht nur gesund, sondern oft auch beglückend.

Werde Gefühlsforscherin

Stelle dir mal vor, du könntest nicht mehr fühlen. Was würde dir fehlen? Wie würdest du dann herausfinden, wie es dir geht und was du brauchst?

Gefühle sind ein wichtiger Teil unseres Erlebens und unserer Lebendigkeit. Angst, Ärger, Freude und Traurigkeit signalisieren, wie es uns geht und was wir brauchen. Gefühle machen also auf Bedürfnisse aufmerksam und richten diese Botschaft sowohl nach innen zu uns als auch über Gestik und Mimik nach außen zu anderen. So möchten wir Freude mit anderen teilen und zeigen. Bei Angst brauchen wir Sicherheit und eine beruhigende Unterstützung. Ärger weist oft auf das Bedürfnis nach Respekt und Schutz hin.

Gefühle wirbeln oft auf, sie aktivieren. Das macht auch der lateinische Ursprung des Wortes Emotion deutlich. *Emovere* bedeutet *herausbewegen* und *emporwühlen*. Nicht immer entsteht aus diesen Gemütsbewegungen aber etwas Heilsames. Wenn wir aufgeregt aus einem starken Gefühl heraus handeln, zum Beispiel bei Ärger, besteht die Gefahr, Schaden für uns und andere anzurichten. Es tut aber auch nicht gut, Gefühle zu unterdrücken. Die eigenen Emotionen erkennen und regulieren zu können, ist stärkend für unser Selbstwertgefühl und für unsere Gesundheit.

Wie Meditation hilft, mit Emotionen gesünder umzugehen, das fasst die Neurowissenschaftlerin und Psychologin Britta Hölzel zusammen.[7] Studien zeigen, dass sich durch das Meditieren negative

Gefühle reduzieren, sie halten auch nicht mehr so lange an und lenken nicht mehr so sehr von wichtigen Tätigkeiten ab. Meditieren ermutigt aber auch dazu, zu fühlen. Wir wissen aus der Verhaltenstherapie, dass das Unterdrücken und Vermeiden von Gefühlen, zum Beispiel von Angst, zu einer Verstärkung dieser Emotion führt. Meditation ermöglicht, sich den Gefühlen bewusst zuzuwenden, sie zuzulassen und zu akzeptieren. Das erklärt auch, warum ein Achtsamkeitstraining bei Depressionen und Angsterkrankungen, von denen viele Frauen betroffen sind, so wirksam ist. Durch das regelmäßige Meditieren werden nicht nur negative Gefühle entkräftet, sondern auch positive Emotionen gestärkt. Das ist die Domäne der amerikanischen Psychologin und Forscherin Barbara Fredrickson. Sie rät zu regemäßiger Achtsamkeitsmeditation, um positive Zustände von Dankbarkeit, Freude und Zuversicht zu fördern.[8] Wir werden etwas später in diesem Kapitel noch sehen, wie die Metta-Meditation (*Metta = Freundlichkeit, liebende Güte*) dabei hilft, positive Gefühle zu stärken.

Meditation hilft dir dabei, Gefühle

* frühzeitig zu bemerken (da ist Ärger, Freude),
* zu akzeptieren (ich darf das fühlen),
* als Hinweise auf Bedürfnisse zu erkennen (ich brauche Respekt, Grenzen),
* zu zeigen und zu kommunizieren (ich kann Gefühle ausdrücken und mitteilen),
* heilsam handelnd zu beantworten (ich entscheide, was ich tue),
* wenn leidvoll – zu begrenzen (ich sage *Stopp*),
* wenn wohltuend – zu stärken (ich fördere das Positive).

Wie kann ein achtsamer Umgang mit den eigenen Gefühlen denn ganz praktisch aussehen? Nehmen wir mal an, du hast eine E-Mail erhalten, die dich ärgert. Eine Kollegin kritisiert dich in einem unfreundlichen Ton. Dann hilft dir ein bewusstes, achtsames Innehalten, dich wahrzunehmen. Du bemerkst, Anspannung in den Schultern und im Kiefer. Dir wird warm. Du denkst:»Was fällt der ein – wie ungerecht!«Eigentlich möchtest du gleich antworten. Aber du widerstehst diesem Impuls und antwortest später in Ruhe. Achtsamkeit hilft dabei, Gefühle frühzeitig zu erkennen. Wenn wir lernen, auch in herausfordernden Situationen innezuhalten und uns wahrzunehmen, dann öffnet sich ein Raum zwischen auslösendem Reiz und Reaktion. Es entsteht die Möglichkeit, eine bewusste Antwort zu wählen, statt automatisch und schnell zu reagieren. So gewinnen wir Freiheitsgrade im Umgang mit unserem Gefühl.

Durch eine kontinuierliche Meditationspraxis ist es möglich, Ärger zuzulassen, ihn nicht zu unterdrücken, aber auch nicht Öl ins Feuer zu gießen. Der Ärger kann dann schneller abklingen, weil wir uns nicht hineinsteigern. Auf keinen Fall sollte sich der Ärger destruktiv gegen uns selbst oder andere wenden. Ärger gibt Energie, Nein zu sagen und beherzt für die eigenen Bedürfnisse einzustehen. Ärger vermittelt Kraft, Position zu beziehen, sich abzugrenzen und auch zu protestieren.

Mädchen und Frauen erleben oft in ihrer Biografie, dass sie nicht ärgerlich oder wütend sein dürfen. Doch Gefühle, die unterdrückt werden, sind nicht einfach weg. Sie gehen bildlich gesprochen in den Keller, machen Krafttraining und kommen stärker zurück.

Dann äußert sich der Ärger womöglich gegen die eigene Person und führt zu Selbstabwertung und Resignation. Meditation hilft dabei, Gefühle zuzulassen, sie zu erforschen und einen guten Umgang zum Beispiel mit Ärger zu finden. Dabei wirkt Meditation nicht wie ein Weichzeichner, sondern schärft den Blick und lässt genau hinsehen und spüren. Es braucht immer wieder Mut, sich auch den herausfordernden Erfahrungen zuzuwenden. Ärger stellt Energie zur Verfügung. Was du damit tust, entscheidest du. Die Kraft des Ärgers bewusst zu erleben und dosieren zu lernen, stärkt und macht im wahrsten Sinne des Wortes selbstbewusster.

Nimm dir etwas zum Schreiben, und beginne, deine Beziehung zu Ärger neugierig zu erforschen.

Ärger erforschen

Schreibe zunächst ganz frei deine Assoziationen zu Ärger auf.

Ärger ist ...

Dann schließe kurz die Augen und entspanne dich.

Erforsche folgende Fragen für dich:

- In welchen Situationen wirst du besonders ärgerlich?
- Wie erlebst du Ärger (körperlich, gedanklich und im Verhalten)?
- Welche Bedürfnisse stecken hinter deinem Ärger? (Respekt? Anerkennung? Autonomie?)
- Wozu ist Ärger gut und hilfreich?
- Welche Botschaften hast du über den Ausdruck von Ärger in deiner Herkunftsfamilie bekommen?
- Was sind deine Strategien im Umgang mit Ärger?
- Was ist davon hilfreich? Was schädigt dich und andere?
- Was möchtest du gerne anders machen im Umgang mit deinem Ärger? Und wie kannst du das ganz konkret üben?

Glaube nicht alles, was du denkst

Viele Frauen fühlen sich von einem alltäglichen *Mental Load* belastet. Sie versuchen, tausend Dinge und Termine für sich und ihre Familie im Kopf zu behalten. Und sie schlagen sich mit vielen selbstkritischen Gedanken herum. Der Blick durch die mentale Selbstabwertungsbrille erkennt aber nur vermeintliche Fehler und Defizite. Denken ist anstrengend, verbraucht Energie, erschöpft und führt von uns selbst und dem unmittelbaren Erleben weg.

Doch die Gedanken sind nicht unsere Feinde. Es ist doch fantastisch, dass wir denken können. Wir können kreative Ideen haben, Probleme lösen und Szenarien probehalber gedanklich durchspielen.

Manche Gedanken engen aber auch die Vielfalt der möglichen Sichtweisen ein. Das haben wir bereits bei der Entstehung von Stereotypen gesehen, wenn sich Verallgemeinerungen als vereinfachtes Abbild der Realität in unserem Kopf festsetzen. Deshalb sind die abwertenden und diskriminierenden Botschaften, denen Mädchen und Frauen ausgesetzt sind, so schlimm. Sie bleiben haften und werden in der eigenen Gedankenmühle erinnert, wiederholt, verfestigt und schließlich als Wahrheit betrachtet. Stell dir vor, du denkst 50-mal am Tag »Ich kann das nicht«. Das wird sich negativ auf deine Gefühle, auf deine Körperwahrnehmung und dein Selbstbild auswirken.

Das Denken ist wie ein Assoziationsgenerator. Ein Gedanke führt zum nächsten. Wenn du jetzt an das Meer denkst, dann fällt dir vielleicht der Urlaub mit einer Freundin ein. Mit der verstehst du dich aber nicht mehr. Dann denkst du daran, dass du gerade mit einigen Menschen Konflikte hast, und erinnerst dich an schwierige Situationen mit Freunden usw. Dieses assoziative Wandern des Geistes wird dann besonders stark, wenn wir äußerlich zur Ruhe kommen.

Neurowissenschaftliche Studien zeigen, dass, wenn wir nichts tun, ein Bereich des Gehirns besonders aktiv ist: das *Default Mode Network*, das *Ruhenetzwerk*. Wir können uns dieses Areal wie einen Kinosaal vorstellen, in dem sich alles um uns selbst dreht. Hier werden ständig Szenen und Geschichten von uns selbst gezeigt. Dieser selbstbezogene wandernde Geist, so belegen Forschungsarbeiten, macht uns allerdings eher unglücklich als glücklich. Das liegt daran, dass in unserem inneren Kino eher unsere Misserfolge und Tragödien sowie konflikthafte Science-Fiction-Filme gezeigt werden. Besonders dann, wenn wir gar nicht mitkriegen, was innerlich abläuft, kann uns das ganz schön runterziehen.[9] Mark Twain fasste es wunderbar in Worte:»Ich habe in meinem Leben schon unzählige Katastrophen durchlebt. Die meisten davon sind nie eingetreten.« Meist fehlt die Distanz zu unseren Gedanken. Die Akzeptanz und Commitment Therapy nennt die menschliche Tendenz, mit den eigenen Gedanken zu verschmelzen, *Fusion*.[10] Wir fusionieren, verschmelzen mit den Gedanken und nehmen sie dadurch zu persönlich. Wir halten die Gedanken für Tatsachen und Wahrheiten. Und formen unser Selbstbild aus den Geschichten, die wir uns innerlich erzählen. Diese Fusion wird besonders dann zum Problem, wenn wir uns mit negativen, einengenden, belastenden Gedanken identifizieren und keinen Abstand zu ihnen finden. Das kann sehr belastend werden. Grübeln, also ein negatives Im-Kreis-Denken und mentales Durchkauen, ist ein zentrales Symptom bei Depressionen, Ängsten und Zwängen. Es hindert am Schlaf, zermürbt und führt immer mehr in einen negativen Strudel hinein. Die Hypnotherapeutinnen nennen dieses Phänomen auch *Problemtrance*: Dieser Begriff beschreibt ganz gut, dass wir in einen negativen Taumel geraten, der mit der Realität nicht mehr viel zu tun hat.

Leider sind die Strategien, die wir im Umgang mit dem Grübeln anwenden, oft nicht besonders wirksam. Ganz im Gegenteil: Lösungsversuche wie das Ankämpfen gegen Gedanken, der Versuch, sich aus dem Grübeln rauszudenken, oder das Vermeiden von Gedanken machen alles nur schlimmer. Warum wenden wir diese Strategien also an?

Obwohl das Denken in unserer Kultur und Gesellschaft so einen hohen Stellenwert hat, haben wir kurioserweise meist nicht gelernt, geschickt mit Gedanken umzugehen. Eine achtsame Geistesschulung, wie eben das Meditieren, ist deshalb so sinnvoll.

Durch das Üben zum Beispiel der 7-Punkte-Meditation und der Atemmeditation kommen wir mehr im Körper an und fokussieren uns; damit sind wir dem Denken nicht mehr so ausgeliefert. Je mehr wir mit der Aufmerksamkeit im Körper verweilen können, desto besser gelingt es, Gedanken als das zu sehen, was sie sind: mentale Ereignisse und nur ein Teil unserer Erfahrung. Die Atemmeditation etabliert einen stabilen Fokus für unsere Aufmerksamkeit. Zu diesem Anker können wir immer wieder zurückkehren, wenn wir uns in Gedanken verloren haben. Interessanterweise verändern diese Methoden nichts an den Inhalten der Gedanken. Sondern sie ermöglichen es, eine bewusste und entspanntere Haltung zu den Gedanken einzunehmen. Dadurch lässt sich auch besser unterscheiden, welche Gedanken sinnvoll sind und guttun und welche nicht.

Die 46-jährige Karin arbeitet als Sozialpädagogin und nimmt gemeinsam mit vier befreundeten Kolleginnen an einem Meditationskurs teil. Sie erzählt:»Ich habe durch das Meditieren erstmals bemerkt, wie viel ich denke und wie sehr mich das erschöpft. Oft beschäftige ich mich gedanklich mit Konflikten, die ich mit anderen Menschen habe. Oder ich habe selbstkritische Gedanken, dass ich nicht genug für andere tue, besonders für meine Familie. Die Gedanken drehen sich dann im Kreis und verstärken sich. Ich habe hier gelernt, das zu bemerken und mit meiner Aufmerksamkeit zum Atem zu gehen. Dann beruhige ich mich und bin nicht mehr so in meinen Gedanken gefangen.«

In der Meditation lassen sich Gedanken beobachten und mit einem Etikett versehen:»Ah, ein Zukunftsgedanke«,»eine Planung«,»ein träumerischer Gedanke« und so weiter. Damit das gelingt, braucht es eine gute Distanz zu deinen Gedanken. Du steigst also nicht in die Filme deines inneren Kinos ein und spielst mit. Sondern du setzt dich in die letzte Reihe und beobachtest neugierig, was dir erzählt wird.

Die Akzeptanz und Commitment Therapie[11] hat viele kreative Methoden entwickelt, um mit Humor und Freundlichkeit deinen inneren Gedanken und Geschichten zu begegnen. Hier einige witzige und spielerische Ideen zum sofortigen Ausprobieren:

Mit Gedanken spielen

Schreibe einen herausfordernden Gedanken auf einen Zettel (Post-it) und klebe ihn an eine ungewöhnliche Stelle (eine Lampe, eine Blume). Verändere den Abstand zu diesem Zettel. Mal so nah, dass du fast mit der Nase dranstößt, dann weiter weg. Was nimmst du wahr?

Schreibe einen selbstkritischen Satz in unterschiedlichen Farben auf und in einer unterschiedlichen Schrift. Schreibe den Satz 15-mal hintereinander, was verändert sich?

Schätze auf einer Skala von 0 bis 10 einen stressverschärfenden Gedanken ein. (0 = Ich glaube dem Gedanken gar nicht, 10 = Ich halte den Gedanken für absolut wahr). Wie ist deine Einschätzung im Moment? Wie fällt sie bei Stress aus? Oder wenn du in der Badewanne liegst?

Sprece einen belastenden Gedanken laut aus. Und dann ganz leise. Singe den Gedanken. Sage ihn gut gelaunt oder streng. Sei neugierig, was passiert.

Koche dir eine Tasse Tee und schau dann noch mal auf den Gedanken: Was nimmst du jetzt wahr?

> Nimm einen Zettel, schreibe einen selbstkritischen Gedanken darauf, und stecke ihn in ein leeres Glas. Klebe ein Etikett mit dem Wort *Selbstkritik* auf das Glas, wie beim Einkochen von Marmelade, vielleicht schreibst du noch das Datum und die Uhrzeit dazu.

Den eigenen Gedanken bewusst, liebevoll und auch mit Humor begegnen zu können, entlastet. Und macht den Blick frei für das unmittelbare Erleben.

Bei einem Meditationsseminar in schöner Natur schreiben wir Stressgedanken auf selbstklebende Zettel und hängen sie in die Apfelbäume. Wir legen uns ins Gras und schauen uns die Gedankenzettel an. Und plötzlich sehen wir noch viel mehr von der wundervollen umgebenden Natur: den Himmel, das Sonnenlicht, die Schmetterlinge. Wir spüren den leichten Wind auf der Haut, die Füße im Gras. Plötzlich ist der Stressgedanke nur noch ein klitzekleiner, unbedeutender Teil der Erfahrung, der vielleicht sogar mit dem Wind wegfliegt.

Dir selbst eine Freundin sein

Im ersten Kapitel war bereits vom liebevollen Blick der anderen die Rede. Diesem Blick, der willkommen heißt, annimmt und ohne Bedingungen wertschätzt. Doch können wir uns selbst auch so akzeptierend und wohlwollend anschauen? Viele Frauen haben nicht gelernt, sich freundlich und liebevoll zu betrachten. Sie gehen eher prüfend streng und selbstkritisch mit ihrem Körper und mit ihrer Innenwelt ins Gericht. Die Selbstunterstützung scheint irgendwie immer an Bedingungen geknüpft zu sein: gut aussehen, Erfolg haben, alles in den Griff kriegen. Erst dann kann es als Belohnung auch Freundlichkeit zu sich selbst geben.

Die *Metta-Meditation* vermittelt etwas radikal anderes. Das Wort Metta stammt aus der altindischen Sprache Pali und wird mit *Herzenswärme, liebevoller Güte oder Freundlichkeit* übersetzt. Die Metta-Meditation, auch Herzmeditation genannt, ist der Schlüssel zu bedingungslosem Wohlwollen dir selbst gegenüber. Gerade weil uns Selbstakzeptanz oft so fremd ist, lohnt es sich, zunächst Zugänge zu Wohlwollen und Freundlichkeit zu entdecken. Diese sind Türen zu unserem Herzen, die sich finden und langsam öffnen lassen.

Finde Zugang zu deinem Herzen

Nimm dir ein leeres großes Blatt Papier und male die Form eines Herzens über die gesamte Fläche. Lass das Innere der Herzform frei, damit du hineinschreiben kannst. In dieser Übung erkundest du Möglichkeiten, freundlich zu dir selbst zu sein. Es geht um wohlwollende, sanfte Türöffner zu deinem Herzen.

Setz dich bequem hin. Mach es dir gemütlich und angenehm in dieser Haltung. Was nimmst du wahr, wenn du es dir bequem machst? Vielleicht ist das Einnehmen einer angenehmen Sitzhaltung schon ein Zugang zu Wohlwollen, dann schreibe das auf.

Wenn du magst, schließe kurz die Augen, und erinnere dich an Alltagssituationen, in denen du freundlich zu dir warst. Vielleicht hast du dir eine Pause gegönnt, hast ein Bad genommen oder dir eine Tasse Tee gekocht. Dann öffne die Augen und notiere kleine Aktivitäten im Alltag, mit denen du freundlich zu dir bist. Schreibe auch auf, wie es sich in deinem Körper anfühlt, wenn du wohlwollend zu dir bist.

Probiere einmal aus, eine Hand auf den Herzbereich zu legen und die Bewegung deines Atems dort zu spüren. Wie fühlt sich das an? Nimm auch mal dein Gesicht in beide Hände, und spüre, wie sich das anfühlt.

Falls diese Gesten und Selbstberührungen für dich Zugänge zu Freundlichkeit mit dir selbst sein können, dann notiere sie in der Herzform auf dem Papier. Gerade wenn du diese Übung vielleicht zum ersten Mal machst, denke daran, dass es nicht darum geht, dich gleich komplett anders zu fühlen, sondern dich dir selbst akzeptierend zuzuwenden.

Wenn du freundlich und liebevoll mit dir sprichst, was sagst du dir dann? Oder was würdest du dir dann sagen, wenn du dich selbst wohlwollend unterstützt? Sprich einige Sätze probehalber mal laut oder leise zu dir selbst. Welche Resonanz spürst du im Körper? Notiere Sätze, mit denen du dich selbst liebevoll unterstützen kannst.

Wenn dir zum Abschluss dieser Übung noch andere Möglichkeiten einfallen, wie du dir selbst freundlich begegnen kannst, dann notiere sie.

Vielleicht hast du dich gleich wohl mit dieser Übung gefühlt, vielleicht ist es dir aber auch schwergefallen, dich darauf einzulassen. Wichtig ist es, dir selbst zu folgen, um herauszufinden, welche Zugänge zu Freundlichkeit für dich am stimmigsten sind. Es braucht dieses Ausprobieren, um das zu finden, was sich für dich authentisch anfühlt. Und dazu ist es sinnvoll, immer wieder deinen Körper zu spüren. Wenn du auf die körperliche Resonanz achtest, dann bleibt das Wohlwollen nicht mehr nur ein abstraktes Konstrukt, sondern wird zu einer unmittelbaren Erfahrung.

Der klinische Psychologe Rick Hanson betont, wie wichtig es ist, das Gute, Wohltuende in sich aufzunehmen und körperlich zu spüren. Dadurch vertieft sich die Erfahrung und wird besser erinnert.[12] Genauso ist es auch mit der Freundlichkeit zu dir selbst. Die Resonanz im Körper zu spüren, verankert die Erfahrung, und du wirst vertrauter mit ihr. Freundlich mit dir umzugehen, wird damit zu einer guten, stärkenden Gewohnheit.

Alle Menschen haben das Bedürfnis nach Sicherheit, Glück und Wohlergehen. Und genau hier setzt die Metta-Meditation an. Sie eröffnet die Möglichkeit, sich selbst alles Gute zu wünschen und sich positiv zu begegnen.

Du kannst die Metta-Meditation jetzt gleich mal selbst ausprobieren. Dazu musst du dich gar nicht anstrengen oder etwas verändern. So wie du jetzt bist, in diesem Moment, bist du liebenswert.

Die Metta-Meditation

Schau dir erneut deine in der vorherigen Übung notierten Zugänge zu Freundlichkeit an. Du kannst sie in dieser Meditation nutzen.

Richte dich bequem im Sitzen ein. Sorge dafür, dass du es angenehm, ruhig und warm hast. Auch das ist schon eine freundliche Selbstzuwendung.

Spüre zunächst den Kontakt zum Boden und lass dich von ihm tragen. Du darfst dich entspannen und den Atem im Körper spüren.

Und nun kannst du einen Zugang zu deinem Herzen wählen.

Lass den Atem auch durch den Herz- und Brustbereich strömen. Wenn du magst, lege eine oder beide Hände auf den Herz-Brustbereich und spüre die Bewegung des Atems dort. Wie fühlt sich diese Berührung an?

Vielleicht erinnerst du dich auch an eine Situation aus den letzten Tagen, in der du dich selbst freundlich unterstützt hast.

Mit welchen Körperempfindungen ist Freundlichkeit zu dir selbst verbunden? Ist es Wärme, Entspanntheit oder ein Gefühl von Weite? Genau so, wie du es empfindest, ist es in Ordnung.

Dann beginnst du, dir die klassischen, überlieferten Metta-Sätze in Stille zu sagen:

○ *Möge ich glücklich sein.*
○ *Möge ich mich sicher und geborgen fühlen.*
○ *Möge ich gesund sein und mich wohl in meinem Körper fühlen.*
○ *Möge ich frei und mit Leichtigkeit leben.*

Probiere aus, ob dir einer dieser Sätze besonders guttut. Wiederhole die Sätze ruhig einige Male in Stille. Lass dir Zeit nachzuspüren, welche Resonanz sie entfalten. Genau so, wie es ist, ist es o.k. Du darfst dich mit allen deinen Seiten und deiner Erfahrung in diesem Moment annehmen.

Erlaube dir, immer wieder deinen Körper zu spüren und neugierig zu sein, wie sich Freundlichkeit zu dir anfühlt.

Dann beende langsam diese Meditation. Strecke dich, öffne die Augen. Und nimm die Freundlichkeit für dich mit in den Tag.

Stell dir vor, du übst diese Meditation einige Wochen lang. Was denkst du, wird das Resultat sein? Eigentlich ist es nicht so erstaunlich, was die Wissenschaft dazu sagt: Wohlwollen uns selbst gegenüber tut gut und wirkt sich positiv auf die Gesundheit aus.

Die Metta-Meditation nutzt die Kraft der positiven Absicht und Ausrichtung. Wenn wir unsere Aufmerksamkeit auf etwas Wohltuendes richten, dann aktivieren wir damit einen positiven Zustand und stärken ihn. Genau das hat die Wissenschaftlerin Barbara Fredrickson in vielen Studien nachgewiesen. Menschen, die noch nie zuvor meditiert haben, lernten in nur sieben Wochen ihren Geist durch die Herzmeditation zu beruhigen. Sie investierten wöchentlich 90 Minuten für das Meditieren. Und bereits ab der dritten Übungswoche erlebten sie mehr positive Gefühle der Freude, Heiterkeit und Verbundenheit, nicht nur in der Meditation, sondern auch im Alltag.[13]

Die Herzmeditation ist zutiefst ressourcenorientiert. Sie basiert auf der Grundannahme, dass das gute Potenzial bereits in uns vorhanden ist. Es schlummert nur und wartet darauf, entdeckt zu werden. In einer buddhistischen Geschichte kommt diese Weisheit gut zum Ausdruck. Sie erzählt davon, wie ein sensationell großer Stein gefunden wird. Obwohl er von außen unscheinbar wirkt, beginnen die Menschen, sein Inneres behutsam freizulegen. Und zum Vorschein kommt ein goldener Buddha. Genauso bringt die Metta-Meditation das Beste in uns zum Vorschein.

Zeit und Raum für Stille

Musik im Fahrstuhl, Verkehrslärm, ständiges Klingeln vom Handy. Menschen, die uns erreichen wollen. Viele Gespräche und eine permanente Informationsflut bestimmen unseren Alltag. Auch in uns selbst herrscht oft Betriebsamkeit, und die antreibenden inneren Stimmen sind laut.

Ruhe und Stille sind etwas Kostbares geworden. Wir haben Sehnsucht danach. Stille heißt nicht unbedingt, dass es gar keine Geräusche gibt. In der Natur empfinden wir den Wind, das Plätschern des Wassers und die Stimmen der Vögel als beruhigend. Auch im Alltag muss es nicht völlig lautlos sein, um Stille zu empfinden. Sie ist ein innerer Zustand, ein Zur-Ruhe-Kommen.

Meditation öffnet diese inneren Räume der Stille. Wir erlauben uns ein Reizfasten. Handy aus oder stumm geschaltet. Tür zu und für einige Zeit nicht erreichbar sein. Stille lässt uns zu uns kommen, statt immer außer uns zu sein. Meditation gewährt uns eine solche ruhige Auszeit am Tag. Wir lauschen nach innen, nehmen uns wahr und hören uns zu. Dabei müssen wir nicht gleich auf Gedanken und

Gefühle reagieren. Stille schafft Gelassenheit, erst mal lassen, loslassen, sein lassen.

Regelmäßiger Kontakt mit Stille macht sie uns vertrauter. Wir erkennen: *Ruhe und Stille sind in uns.* Finden zu unserer eigenen inneren Mitte. Spüren, dass wir zufrieden sein können, ohne etwas erreichen oder tun zu müssen. Bekommen Zugang zur nährenden Kraft des Verweilens, des Wartens und einfach Daseins. Auch leise, wenig verlautbare innere Stimmen und Bedürfnisse sind dann hörbarer, trauen sich, sich zu melden. Das ist kostbar für die eigene Selbstfürsorge und Entwicklung.

Eine Gruppe von fünf Psychotherapeutinnen kommt einmal monatlich zu mir, um Achtsamkeitsübungen und Meditation für sich selbst zu erfahren und dann auch im Alltag zu üben. Sie fühlen sich dadurch gestärkt und lassen die Erfahrungen auch in ihre Arbeit einfließen. Wir vereinbaren ein besonderes Übungstreffen in Stille. Vier Stunden lang meditieren wir, ohne zu sprechen, ohne etwas zu fragen, aufzuschreiben, zu lesen, ohne Handy. Ich gebe die Struktur des Übens vor. Wir üben im Sitzen, im Gehen, machen achtsames Yoga und spüren den Körper im Liegen. Einige der Übungen leite ich an, andere erfolgen gänzlich im Schweigen. Wir trinken Tee in der Pause und essen Obst. Alles in Stille. Zum Schluss gibt es die Möglichkeit, über die Erfahrungen zu sprechen. Eine der Teilnehmerinnen sagt: »Das war einfach waaaahnsinnig erholsam.« Wir müssen alle lachen, viel mehr gibt es nicht zu sagen. Wir haben von der stärkenden Kraft der Stille gekostet.

Es braucht im Leben wie in der Natur den Wechsel zwischen Tätigkeit und Ruhe. Auch für das Schreiben eines Buches sind diese Phasen des Loslassens und der stillen Meditation wichtig. Oft melden sich dann kreative Ideen, Bilder, Wörter, Überschriften und Übungen. Deshalb mache ich jetzt eine Pause für das Meditieren in Stille. Vielleicht gönnst du dir auch einfach fünfzehn Minuten Ruhe und spürst deinen Atem. Stilles Innehalten besitzt eine große Heilkraft. Zu einem Achtsamkeitskurs gehört meist auch ein Tag der Stille. Dieser Übungstag findet an einem Wochenende statt und gewährt die Möglichkeit, die bereits gelernten Meditationen im Wechsel über mehrere Stunden zu üben. Stille heißt auch hier, auf das Sprechen bewusst zu verzichten. Das Schweigen ermöglicht es, ganz bei sich zu sein. Kein Small Talk, kein Antworten-Müssen. Viele Frauen sind in Familie und Beruf starke Kommunikatorinnen. Sie haben gelernt, sich um die Belange der anderen zu kümmern und stellen Verbindungen her. Sie hören zu, sie klären in Konflikten, sie fragen, ob sich alle wohlfühlen.

Der Tag der Stille erlaubt es nun, diese Gewohnheiten loszulassen und sich nur um sich selbst zu kümmern und nach innen zu lauschen. Manchmal gibt es ein regelrechtes Unbehagen vor dem Tag der Stille. Sorgen melden sich:»Kann ich das überhaupt?«, »Werde ich das Bedürfnis haben zu sprechen?«,»Fühle ich mich dann allein gelassen?«

Diese Befürchtungen sind berechtigt: In der Stille zu sein, kommt einer Konfrontation mit sich selbst gleich. Aber wenn wir diese Selbstbegegnung wagen, werden wir beschenkt und gestärkt. Trotz des Schweigens fühlen die Teilnehmerinnen sich meist verbunden und von der Gruppe getragen. Das gemeinsame Meditieren steckt uns wechselseitig mit Ruhe an. Ein Raum für Präsenz und Erholung entsteht. Viele Teilnehmerinnen kommen durch einen Tag der Achtsamkeit richtig auf den Geschmack. Sie fühlen, dass sie ein Bedürfnis nach Rückzug, Selbstfürsorge und Stille haben. Der Tag der Stille wird als eine Auszeit der besonderen Art empfunden, die Lust auf mehr macht.

Teilnehmerinnen erleben den Tag der Stille:

»Mir ist das Schweigen nicht schwergefallen.«

»Ich habe mich getragen gefühlt von der Gruppe. Verbunden in Stille.«

»Ich kann zufrieden sein, ohne mich immer um andere zu kümmern.«

»Es ist eine Last von mir abgefallen. Ich schaue sonst immer nach den anderen. Und viel zu viel nach außen. Jetzt war ich einfach mal bei mir.«

»Ich habe mich frei gefühlt, unbeobachtet. Einfach in Ordnung.«

»Das ist wie ein Urlaub im Alltag.«

»Ich wusste gar nicht, wie sehr ich Stille brauche.«

Einige Frauen fühlen sich durch den Tag der Stille so gestärkt, dass sie mehr davon wollen. Sie melden sich an für ein sogenanntes Schweigeretreat. Meist in der Natur, an einem ruhigen, schönen Ort wird ein Eintauchen in Meditation und Stille möglich.

Vielleicht fühlst du dich jetzt inspiriert, dir bewusst Zeiten der Stille zu schaffen. Suche dir Plätze, Orte und Räume zum ruhigen Verweilen. Oft reichen schon einige Momente, um in Verbindung mit dir zu kommen. Danach wirst du gestärkt und heiter wieder in den Alltag zurückkehren.

Üben macht die Meisterin

Das Praktizieren von Meditation ist ein Übungsweg. Wie bei dem Erlernen einer Fremdsprache oder eines Instrumentes ist dafür ein bewusstes Vorgehen hilfreich. Es geht nicht nur um die Inhalte, sondern auch um das Wissen, wie ich diese am besten erwerbe, erinnere und anwende. Der Wissenschaftler Anders Ericsson hat sich intensiv mit der Kunst des bewussten Lernens beschäftigt und dazu erfahrene Ärzte und Ärztinnen, Musikerinnen und Sportler interviewt.

Seine Forschungsergebnisse zeigen, dass Lernen dann besonders erfolgreich ist, wenn es bewusst und absichtsvoll geschieht. Dabei ist es wichtig, immer wieder das Üben selbst zu reflektieren und neu auszurichten. Meist sind dafür erfahrene Lehrende eine gute Unterstützung. Sie sind nicht nur Expertinnen ihres Fachs, sondern wissen auch, wie sie die Inhalte gut an Lernende vermitteln können.[14] Was heißt das nun für das Üben von Meditation? Auch Meditation erfordert ein bewusstes Lernen. Zunächst wollen die Ziele und die Motivation für das Meditieren festgelegt werden. Diese Ausrichtung hilft auch dabei, die passenden Meditationen auszuwählen. Vielleicht möchtest du ruhiger und gelassener werden, dann eignet sich besonders die Atemmeditation. Auch die Metta-Meditation fördert Ruhe, und gleichzeitig macht sie uns mit positiven Zuständen und Wohlwollen vertraut. Das Üben der 7-Punkte-Meditation fördert die Körperwahrnehmung und die Einfühlung in sich selbst.

Wenn Klarheit über die Methode besteht, gilt es, einen Übungsplan aufzustellen, der in den Alltag passt. Es hat sich bewährt, die Übungszeit in einen Kalender einzutragen, damit die Meditation zu einer Verabredung mit dir selbst wird, die du in keinem Fall ausfallen lassen möchtest. Am Anfang reichen einige Minuten, damit du eine kontinuierliche Praxis aufbaust und dich nicht überforderst.

Meiner Erfahrung nach fällt es Frauen oft schwer, sich die Zeit für Rückzug zu nehmen. Besonders wenn sie in Familien leben und Kinder haben, erlauben sie es sich erst dann zu meditieren, wenn alle anderen versorgt sind und alles getan ist. Dann kann es sein, dass es nie den Raum und die Zeit für Meditation gibt.

Vielleicht beginnst du mit zehnminütigen Meditationen und steigerst langsam deine Übungszeit. Wichtig ist, dass die Perfektion sich nicht durch die Hintertür einschleicht. Stelle keine überhöhten Ansprüche an dich, die du durch die Meditation erreichen musst. Die Herausforderungen kommen nämlich von ganz allein, sie sind immer Teil des Lernens. Als klassische Hindernisse beim Meditieren gelten Unruhe, Unlust, Zweifel, Gier und Müdigkeit. Das ist ganz normal. Um mit diesen Hindernissen gut umzugehen, hilft das angeleitete Üben in einer Gruppe. Vielen Frauen fällt das Meditieren mit anderen leichter, weil sie sich dann mehr einlassen und nicht den eigenen Ausflüchten nachgeben. Außerdem ermöglicht das gemeinsame Üben, die Herausforderungen nicht zu persönlich nehmen zu müssen. Es wird deutlich, dass alle mit Hürden konfrontiert sind. Auch eine erfahrene Anleitung ist durchaus sinnvoll. Die Meditationslehrerin kann ein inspirierendes Vorbild sein. Sie steht bei Schwierigkeiten beratend zur Seite und motiviert freundlich dranzubleiben. Ich hatte das Glück auf meinem Meditationsweg, viele großartige Lehrende zu haben, Männer wie Frauen. Immer wieder war es für mich wichtig und sehr inspirierend, weibliche Meditationslehrerinnen zu erleben. Das hat mich auf meinem eigenen Lernweg und später auch beim Unterrichten bestärkt.

Eine meiner ersten Lehrerinnen war Sylvia Wetzel. Sie hat schon vor vielen Jahren ein sehr lesenswertes Buch über Frauen im Buddhismus geschrieben.[15] Die Diskriminierungen, die Frauen in buddhistischen Kontexten auch im Westen erleben, spart sie dabei nicht aus. Und sie betont, dass Frauen bei der Meditation weibliche Vorbilder brauchen, mit denen sie sich identifizieren können. Durch Sylvia Wetzel lernte ich auch die weibliche Buddhafigur *Tara, die Befreierin,* kennen. Der buddhistischen Legende nach stellte ihr ein Mönch in Aussicht, bald in einem männlichen Körper wiedergeboren zu werden. Doch Tara erwiderte entschlossen, dass sie von nun an gelobe, bis zu ihrer Erleuchtung immer als Frau zu erscheinen. Zack, wie mutig und entschlossen. Tara verkörpert: Großzügigkeit, tatkräftiges Mitgefühl und einen glasklaren Verstand. Eine tolle Inspirationsquelle auch für deine Meditationspraxis.

Es braucht zum Üben nicht nur die passenden Methoden, sondern auch die richtige Einstellung. Disziplin, aber auch Freundlichkeit, Geduld und Neugier wirken dabei gut zusammen. Nicht zuletzt sorgen Humor und eine spielerische Haltung dafür, das Meditieren ernst, aber nicht zu ernst zu nehmen. Überfordere dich nicht. Mogle dich aber auch nicht um die Selbstbegegnung und die Selbstfürsorge herum.

Üben, üben, üben macht die Meisterin. Apropos Meisterin, du wirst auf diesem Übungsweg deine eigene innere Meisterin entdecken: dich selbst.

Schlüssel für den Alltag

Wir haben gesehen, wie oft wir in Hamsterrädern und Gedankenspiralen stecken und in der Zukunft oder Vergangenheit leben. Deshalb lautet der wichtigste Impuls für den Alltag: *Komme im Hier und Jetzt an und nimm dich bewusst wahr.*

Übe dich darin, immer wieder innezuhalten und dich zu spüren. Werde dir dabei deiner Körperempfindungen, deiner Gedanken, deiner Gefühle und deiner Verhaltensimpulse bewusst.

Freundlichkeit zu dir selbst ist ein Schlüssel, der dich durch das gesamte Buch und mehr und mehr auch im Alltag begleiten kann.

Wähle dir aus den Meditationsübungen dieses Kapitels zunächst eine aus und übe sie für vier Wochen. Vielleicht möchtest du dann in einem Achtsamkeitskurs unter Anleitung auch mit anderen meditieren.

Tür
Drei

Fühle dich in deinem Körper zu Hause

Den Kampf mit dem eigenen Körper beenden

Freibad heißt der neue Film (2022) von Doris Dörrie, der bekannten Autorin und Regisseurin. Er spielt in einem Freibad für Frauen. Dort taxieren, zeigen und bekämpfen sich Frauen diversen Alters und unterschiedlichster Herkunft in Bikini, Burkini oder oben ohne. In der gleichnamigen Graphic Novel sagt eine der Hauptprotagonistinnen zum Schluss:»Meistens fühlt es sich gut an, du zu sein, weil nur du du bist. Und ich ich. Du bist die Einzige, die du bist. Also solltest du so viel wie möglich du sein.«[1]

Doch im Kampf mit dem eigenen Körper wollen Frauen oft anders sein, als sie sind. Sie möchten einem Ideal entsprechen.

Die Regisseurin Doris Dörrie wird in einem Interview gefragt, ob sie selbst jemals zufrieden mit ihrer Figur gewesen sei. Darauf antwortet sie für mich überraschend:»Nein, ich war noch nie zufrieden. Ich schwanke zwischen einer Idealvorstellung und dem Gefühl, es beinahe erreichen zu können.« Auch mit über 60 geistere ihr noch die Vorstellung im Kopf herum, irgendwann den perfekten Körper zu haben.[2]

Warum sind sogar gestandene und selbstbewusste Frauen so unzufrieden mit dem eigenen Körper? Diese Frage hat mich schon in meiner Diplomarbeit beschäftigt. Ich untersuchte die Körperzufriedenheit von jungen Frauen mit Bulimie und verglich sie mit normal essenden Studentinnen.[3] Es war erschreckend, wie groß die

Unzufriedenheit der essgestörten jungen Frauen mit ihrem Körper war. Doch auch in der Kontrollgruppe war keine Frau völlig zufrieden mit dem eigenen Körper. In langen Interviews mit den Probandinnen suchte ich nach Ursachen für diese Unzufriedenheit. Sie benannten abwertende Kommentare wichtiger Bezugspersonen, Vergleiche mit Müttern, Schwestern und Freundinnen und Frauenbildern aus den Medien als auslösende Faktoren. Bei einigen Frauen waren es die erlebten Grenzverletzungen, Missbrauchserfahrungen, die dazu führten, den Körper sehr kritisch und abwertend einzuschätzen, ihn abzulehnen, ihn kontrollieren und manipulieren zu wollen. Die Studentinnen, die keine Essstörung hatten und zufrieden mit ihrem Körper waren, berichteten viele positive Körpererfahrungen, Unterstützung und Anerkennung durch wichtige Bezugspersonen und Partner. Auch machten sie ihr Selbstbewusstsein nicht von ihrem Gewicht abhängig und konnten emotionale Turbulenzen anders meistern als mit Hungern und Essanfällen.[4]

Wenn emotional wichtige Personen unser Aussehen, unseren Körper bewerten, dann vergessen wir das oft unser Leben lang nicht mehr. Frauen berichten, wie verletzend und prägend sie Kommentare und Bewertungen ihres Körpers besonders durch die Familie empfunden haben.

Die 54-jährige Angelika kommt erschöpft zum Coaching. Sie leidet unter psychosomatischen Symptomen, spürt Schmerzen im Körper und leidet an Magen-Darm-Problemen. Sie sagt: »*Ich war die Einzige in der Familie, die nicht sportlich und drahtig war. Meine Eltern vermittelten mir:* ›*Du bist nicht attraktiv, aber klug.*‹ *Das hat bei mir dazu geführt, meinen Körper abzulehnen und mich unsicher zu fühlen.*«

Weil die Sätze von nahen geliebten Menschen uns emotional stark berühren, werden sie so gut erinnert und bestimmen unsere Einstellungen und unser Verhalten mit. Natürlich sind auch Kommentare von Großeltern, Verwandten, von Trainern und Trainerinnen und Gleichaltrigen, Arbeitskollegen und von Partnern und Partnerinnen prägend.

Die 15-jährige Mona begeistert sich für rhythmische Sportgymnastik. Sie mag die Musik, die Bewegung und den Zusammenhalt in der Gruppe. Doch die strenge Trainerin sagt oft zur Gruppe:»Ihr seid zu fett. Reißt euch zusammen.« Monas ältere Schwester greift beherzt ein, stellt sich schützend vor ihre Schwester. Sie konfrontiert die Trainerin:»Solche Botschaften schädigen. Das geht so nicht. Sie haben hier eine Verantwortung.« Aber Monas Eltern schweigen und werden nicht aktiv.

Sexistische, abwertende, aggressive Kommentare begegnen Frauen auch in der Öffentlichkeit: auf der Straße, im Büro, in den sozialen Medien. Ihre Grenzen werden nicht respektiert. Abwertende Botschaften verletzen, beschämen und verunsichern.

Die bekannte britische Psychotherapeutin Susie Orbach hat das *Frauen Therapie Zentrum* in London gegründet und therapierte unter anderem Lady Di. Sie setzt sich seit Jahrzehnten für die Selbstbestimmung von Frauen ein und fordert, dass in den Medien die Vielfalt von Frauen, und damit auch von Frauenkörpern, repräsentiert werden solle. Auch sie betont, wie sehr Frauen massiven Angriffen ausgesetzt sind: Körperhass, sexuelle Gewalt, Gewalt, sexuelle Belästigung, Genitalverstümmelung. Es wird Krieg gegen weibliche Körper geführt. Susie Orbach beschreibt in ihrem Buch *Bodies. Im Kampf mit dem Körper,* wie sehr auch die Medien den Hass gegen den eigenen Körper anheizen.[5] Sie propagieren perfekte, irreale Körper, denen Frauen durch Diäten und Schönheitsoperationen entsprechen wollen. Doch durch die ständige Arbeit am Körper verstärken sich Körperunsicherheit und psychisches Leiden nur noch mehr. Eigentlich sollte der eigene Körper ein Ort der Sicherheit und Geborgenheit, ein Zuhause sein. Stattdessen wird er zum Schauplatz von Kampf und Optimierung.

Dieser Trend zur Perfektionierung des eigenen Körpers ist auch in Deutschland zu beobachten. An erster Stelle der Schönheitsoperationen liegt die Lidstraffung, an zweiter Stelle kommt die Brustvergrößerung und dann die Lippenkorrektur. Mit einem Anteil von 85 Prozent entscheiden sich hauptsächlich Frauen für einen operativen Eingriff. Meist sind es jüngere Frauen zwischen 18 und 30 Jahren, die sich einer Schönheitsoperation unterziehen, aber zunehmend legen sich auch ältere Frauen unter das Messer.[6] Mich bedrücken diese Optimierungstrends, sie machen mich traurig und wütend zugleich. Wie geht es dir damit?

Die Manipulation des eigenen Körpers durch Diäten und Schönheitsoperationen verspricht Kontrolle und Selbstbestimmung. Doch der ständige selbstkritische Blick und die Perfektionierungsversuche führen ganz im Gegenteil letztlich nur in Abhängigkeit und gefährden die physische und psychische Gesundheit. Der Körper ist dann kein Ausdruck der eigenen Individualität, sondern ein Abziehbild eines vermeintlichen Ideals.

Ganz gewiss ist es wichtig, gegen die strukturelle Diskriminierung von Frauen vorzugehen und auch die Darstellung von Frauenkörpern in den Medien und der Werbung zu verändern.

Doch auch individuell können wir uns dafür entscheiden, den Krieg gegen den eigenen Körper zu beenden. Und stattdessen mit ihm eine lebenslange Freundschaft schließen. Ein erster Schritt in die richtige Richtung ist das Erkennen und Entlarven der schädigenden Strategien auch bei uns selbst: ständiges Vergleichen mit anderen, abwertende Äußerungen über den eigenen Körper, häufige Selbstüberprüfung in Spiegeln und Schaufenstern, schädigende

Manipulation von Gewicht und Aussehen. Schluss damit! Beginne, liebevoller mit dem eigenen Körper zu sein und ihn mit Wertschätzung zu bewohnen.

In der folgenden Übung kannst du zunächst deine Hände bewertend anschauen und sie dann einfühlsam spüren. Probiere selbst aus, welchen Unterschied das macht.

Vom Bewerten zum Spüren

Die folgende Übung ist ein Experiment. Probiere es aus, und sei neugierig, welche Erfahrungen du dabei machst.

Nimm eine bequeme Sitzhaltung ein, vielleicht an einem Tisch, damit du deine Hände darauf ablegen kannst. Schau dir zunächst bewusst bewertend deine Hände an. Was magst du nicht an deinen Händen? Was ist nicht optimal? Lass innere Vorstellungen von perfekten Händen auftauchen und vergleiche deine Hände damit.

Vielleicht magst du sogar einige abwertende Sätze über deine Hände formulieren. Was erlebst du, wenn du das machst?

Dann beende diesen Teil der Übung. Stehe kurz auf und schüttle den negativen äußeren Blick ab. Schüttle ihn von den Händen ab und auch von deinem gesamten Körper.

Jetzt mach es dir im Sitzen bequem, um deine Hände spürend wahrzunehmen. Schließe deine Augen, und fühle, wo deine Hände liegen. Was berühren deine Hände? Einfach wahrnehmen, wie warm oder kalt deine Hände sind. Freundlich die Finger spüren und die Daumen, die Handinnenflächen und Handrücken fühlen. Deine Hände sind genau so, wie sie sind, o.k.

Nun lege beide Hände ineinander und spüre den Kontakt der Hände miteinander. Vielleicht magst du deine Hände sanft aneinanderreiben, sie ertastend erkunden. Wie fühlt sich das an?

Spüre deine Hände mit einer wertschätzenden Haltung. Mach dir bewusst, was sie jeden Tag für dich tun. Vielleicht magst du einige Worte der Dankbarkeit an deine Hände richten.

Dann sitz noch einige Momente einfach da und lass den Atem durch den Körper strömen.

In diesem Kapitel geht es nicht nur um das Erlernen wohltuender Körperübungen. Mindestens genauso wichtig ist die innere Haltung, mit der wir uns dem Körper zuwenden. Hilfreiche innere Einstellungen für das Ausprobieren der Übungen sind: Freundlichkeit, Neugier und Offenheit.

Besonders betonen möchte ich auch die Dankbarkeit. Sich dankbar dem eigenen Körper zuzuwenden, heißt, sich immer wieder bewusst zu werden, was der Körper für uns tut, was er uns ermöglicht. Diese Wertschätzung zeigt sich natürlich auch darin, wie wir mit unserem Körper umgehen. Wir achten dann liebevoller auf die Ressourcen des Körpers und beuten sie nicht aus. Sondern schenken dem Körper genug Pausen, Entspannung, Schlaf, aber auch Bewegung und Berührung.

Wie wäre es, wenn Frauen nicht alle paar Sekunden überprüften, ob alles an ihrem Aussehen stimmt, sondern stattdessen dem eigenen Körper danken könnten. Wow – wie wohl würden wir uns fühlen in unserer Haut!

Embodiment

Ich bin in die Berge an einen schönen See gereist, um hier zu schreiben. Gerade beschäftige ich mich mit den Themen Meditation und Körpererfahrung. Wie passend an diesem schönen Ort. Jeden Morgen sehe ich eine junge Frau, die sich hier mit ihrem Partner und den zwei kleinen Söhnen erholt. Bevor die Familie auf den Beinen ist, nimmt sie sich Zeit für Yogaübungen direkt am Seeufer. Ihre Bewegungen wirken kraftvoll und dynamisch. Abschließend sitzt sie einfach nur da und ruht in sich selbst.

Die Vermieterin, wahrscheinlich ist sie Anfang 70, sehe ich bei Wind und Wetter morgens und meistens auch noch ein zweites Mal am Tag in den kühlen See steigen. Sie schwimmt nicht lange, aber sie sieht sehr glücklich dabei aus, eins mit der Natur. Wenn ich sie treffe, sprechen wir immer darüber, wie wunderbar es ist, in diesem See, umgeben von den Bergen, zu schwimmen. Denn auch ich tauche mehrmals am Tag in den See ein, lasse mich vom Wasser tragen, schaue in die Weite des Himmels und auf die mich umgebenden Berge. Ich fühle mich dann verbunden, glücklich, lebendig.

Was geschieht dort am und im See mit uns? Wir treten in Verbindung mit der umgebenden Natur, wir bewegen uns in ihr, wir werden Teil von ihr. Wir spüren Glücksmomente der Einheit von Körper und Geist. Wir fühlen uns wohl im Körper und sehen ihn nicht als Problemzone, die es zu verändern gilt. Wir sind im Flow, ganz anwesend in diesem Moment, eins mit dem, was wir tun und erleben.

Das Wohlfühlen im eigenen Körper ist kein Luxus, sondern eine tragende Säule des Selbstbewusstseins. Darauf weisen auch die bekannten Psychotherapeutinnen Friederike Potreck-Rose und Gitta Jacob in ihrem Buch über den Aufbau von Selbstwertgefühl hin.[7]

Aber oft wird gerade diese körperliche Ebene vergessen, wenn es um Selbstvertrauen und Selbstakzeptanz geht. Im Coaching sind Frauen manchmal überrascht, wenn ich den Körper stark miteinbeziehe. Sie denken, die eigene Weiterentwicklung müsse über den Verstand gehen, über Erkenntnisse. Das ist natürlich nicht falsch, aber wir unterschätzen, welchen Einfluss unser Körper auf das Denken, Fühlen und Handeln hat. Und wir vergessen auch, wie umgekehrt unsere innere Haltung, unsere Vorstellungen und Gedanken auf den Körper wirken. Alltagsprachlich heißt es, der Körper sei der Spiegel der Seele. Letztlich spiegelt sich aber der Körper auch in der Seele. Es findet ein permanentes Wechselspiel zwischen Körperempfindungen, Gefühlen, Gedanken und Verhalten statt.

Genau diese Zusammenhänge greift die Forschungsrichtung auf, die sich mit *Embodiment,* also mit *Verkörperung,* beschäftigt. Sie geht davon aus, dass Gehirn, Geist und Psyche immer in Beziehung zum körperlichen Erleben stehen. Wobei der Körper wiederrum eingebettet in die ihn umgebende Umwelt ist.[8] Alle Erfahrungsebenen stehen also in ständiger Wechselwirkung miteinander und beeinflussen sich wechselseitig.

Dazu lassen sich interessante Studien finden. So konnte gezeigt werden, dass Körperbewegungen unsere Einstellungen beeinflussen können. Während Studierende einen Vortrag über die Erhöhung von Studiengebühren hörten, sollten einige nicken, die andere Gruppe wurde instruiert, den Kopf zu schütteln. Die nickenden Studierenden stimmten der Anhebung des Beitrags signifikant stärker zu als die kopfschüttelnde Gruppe.[9]

Johannes Michalak von der Universität Witten Herdecke konnte in verschiedenen Studien nachweisen, dass Gehmuster und Körperhaltungen Einfluss auf die Stimmung haben. Alltagsmessungen zeigten, dass depressive Menschen gebeugter und weniger dynamisch als gesunde Studienteilnehmende gehen. Wird das Gangbild lebendiger, ist mit einer Stimmungsverbesserung zu rechnen.[10] Diese Befunde sind natürlich für die Psychotherapie bei Depressionen und Ängsten, aber auch für das Coaching interessant. Durch bestimmte Körperhaltungen und Bewegungen lassen sich gezielt positive Entwicklungen anstoßen.

Wichtig sind dabei immer die individuelle Erkundung und Stimmigkeit der Verkörperung. Eine interessante Studie zeigte, dass das Einnehmen von Power-Posen bei Angehörigen von ostasiatischen Kulturen das Gefühl von Kraft sogar schwächte, anstatt es zu stärken. Die Forschungsgruppe führt den Effekt auf ein Wertesystem zurück, bei dem das Einfügen in die Gemeinschaft entscheidend ist, nicht die individuelle Power.[11]

Trotzdem lohnt es sich, Körper- und Bewegungsübungen kennenzulernen, die sich bewährt haben. Sie sollten nur individuell angepasst und gegebenenfalls modifiziert werden. Letztlich kannst nur du selbst herausfinden, was für dich stimmig ist und sich stärkend anfühlt. Die Methoden wollen also erprobt, individualisiert und selbst verkörpert werden.

Wie wir gesehen haben, wirken Körperhaltungen auf Einstellungen und die Stimmung. Es geht aber auch andersherum. Vorstellungsbilder, also geistige Phänomene, wirken auf unser körperliches Befinden ein. Diesen Zusammenhang können wir hier schnell selbst erforschen. Wenn wir uns eine Zitrone bildlich vorstellen, uns ihren Geruch und ihren Geschmack imaginieren, dann können wir Speichelfluss spüren, und vielleicht verzieht sich sogar das Gesicht, weil wir an die Säure der Zitrone denken.

Diese Realitätsnähe von Imaginationen lässt sich auch stärkend nutzen. So kann ich meine Stimmung und auch meine Körperempfindungen positiv verändern, wenn ich an den schönen See denke und ihn mir ganz lebendig vorstelle. Dann ist es ein wenig so, als wäre ich dort. Weil positive Vorstellungsbilder so wirksam sind, werden sie in der Traumatherapie, in der Psychotherapie, in der Sportpsychologie und natürlich auch im Coaching genutzt. Das Imaginieren von inneren helfenden Figuren, beruhigenden Plätzen in der Natur oder einem Erfolg bei einem sportlichen Wettkampf stärkt Ressourcen und ermutigt.

Jetzt kannst du wieder selbst aktiv werden und Freude verkörpern. Das ist verlockend, da mache ich gleich mit.

Freude verkörpern

Nimm eine Haltung ein, die für dich Freude verkörpert. Lass dir etwas Zeit, verschiedene Haltungen auszuprobieren. Vielleicht möchtest du die Arme jubelnd in die Höhe strecken. Vielleicht möchtest du hüpfen.

Dein Gesicht drückt Freude aus. Du lässt ein Lächeln oder Lachen entstehen.

Nutze auch Erinnerungen. Wann hast du dich das letzte Mal gefreut, wie hat sich das im Körper angefühlt?

Stell dir vor, du läufst eine Ehrenrunde im Stadion, weil du gewonnen hast. Wie drückst du deine Freude aus? Wie zeigt das Publikum seine Begeisterung?

Lass andere positive Bilder entstehen. Ein Kind, das sich freut. Ein Hund kommt freudig auf dich zu.

Spüre immer wieder, welche Resonanz du in deinem Körper spürst und was für dich eine stimmige Verkörperung von Freude ist.

Ich habe in diesem Kapitel Übungen zusammengestellt, die weibliche Bedürfnisse berücksichtigen und Frauen guttun. Sie sind vielfach erprobt. Es geht um Entspannung, Selbstumarmung, achtsame Bewegung, das Spüren des Raumes und das Setzen von Grenzen, das Wahrnehmen des Bauchgefühls und um Freude beim Tanzen. Dabei ist mir die Vielfalt aus ruhigen, meditativen Körperübungen und ausgelassenen, expressiven Methoden wichtig. Im Zentrum steht das Stärken von Ressourcen.

Der Weg ist das Ziel. Das heißt, wir müssen nicht warten, bis wir das Ziel erreicht haben. Ein Ankommen im eigenen Körper ist glücklicherweise in jedem Moment möglich.

Ganz relaxed

Erwartungen und Ansprüche zu erfüllen, hat immer mit Anspannung zu tun. Sich selbst zu folgen und mit sich selbst im Einklang zu sein, fühlt sich entspannt an.

Interessanterweise kann der Körper sich selbst regulieren und somit für Behaglichkeit und Geborgenheit sorgen. Aber dazu braucht er unsere Erlaubnis und Unterstützung. Wir können dem Körper dabei helfen, sich auszuruhen und zu lockern. Gähnen, seufzen, brummen, sich strecken, lachen und schütteln sind in unserem Selbstentspannungsrepertoire enthalten, aber kulturell überformt. So ist Gähnen mit offenem Mund unhöflich. Und wir versuchen, es in der Öffentlichkeit zu unterdrücken und uns die Hand vor den Mund zu halten.

Hier gebe ich nun dir und mir die Erlaubnis, herzhaft zu gähnen. Zusammen ist es noch einfacher, weil das Gähnen ansteckend ist.

Herzhaftes Gähnen

Manchmal reicht es ja schon, das Wort Gähnen zu denken oder zu lesen, und schon beginnt das Gähnen.

Strecke mal im Sitzen die Arme über den Kopf, weit nach oben, öffne den Mund, und beginne zu gähnen. Wenn du dich dehnst und räkelst, lädst du ein Gähnen ein.

Wie fühlt sich das an? Der ganze Körper kann beginnen, zu gähnen.

Du kannst aber auch einfach so tun, als ob du gähnst. Probiere das mal aus. Stelle dir ein Gähnen vor und lasse dabei ein Gähnen entstehen.

Spiele mit dem Dehnen, Räkeln und Gähnen. Achte darauf, was dir guttut und was du im Körper spürst.

Wie fühlst du dich nach dieser Übung?

Diese und noch viele andere kleine Übungen hat die Psychologin Cornelia Hammer in einem Buch über *Zapchen* zusammengestellt.[12] Darin nennt sie eine ganze Liste von Vorteilen, die das Gähnen mit sich bringt. Gähnen führt zu Wachheit und Zentrierung, es optimiert die Gehirntätigkeit und den Stoffwechsel, und es mindert Stress. Das sind doch genug Gründe, um gleich noch mal herzhaft zu gähnen.

Zapchen ist eine körperbezogene Übungsmethode, die Erkenntnisse aus der Psychosomatik mit traditionellen Methoden aus dem tibetanischen Buddhismus verbindet. Der Körper wird dabei als Ursprung von *Well-Being* erlebbar. Das können wir uns noch mal auf der Zunge zergehen lassen. Unser Körper ist die Quelle unseres Wohlbefindens. Cornelia Hammer widmet ihr heiteres, kluges

Buch ihren Töchtern. Die lustvolle, entspannte und kindlich spielerische Art, mit dem Körper und mit unserem ganzen Selbst umzugehen, ist absolut inspirierend für Frauen jeden Alters. Immer wieder wird im Zapchen angeregt:»Gönn dir doch ein kleines Nickerchen.« Wunderbar, wenn das jetzt bei dir geht. Oder du lässt dich von mir einladen, die Summ-Medizin kennenzulernen.

Das Summen gilt als eine der sanftesten Formen der Körperwahrnehmung. Es wirkt wie eine innere Massage. Lass es uns gemeinsam ausprobieren:

Die Summ-Massage

Am einfachsten ist das im Liegen, du kannst aber auch im Sitzen üben. Lege bitte eine Hand auf den Brustbereich.

Lass einen Summton entstehen. Es eignen sich *Hmmmm* oder auch Vokale wie *A, U* oder *O*. Experimentiere damit.

Das Summen kann eher nach innen gerichtet sein als nach außen. Fühle die Vibration im Körper. Du darfst dich entspannen.

Du kannst auch eine Hand sanft auf den Halsbereich legen und die Vibration dort spüren.

Lass das Summen dabei noch anstrengungsloser, noch lustvoller werden.

Wie geht es dir jetzt?

Das Summen lässt sich auch durch den gesamten Körper schicken oder gezielt zu bestimmten Bereichen oder Organen. Die Schallwellen breiten sich schnell im Körper aus und können beruhigen, Verspannungen auflösen, regenerieren und zu einem tiefen, entspannten Wohlgefühl führen.

Wir *besummen* oft Kinder, wiegen sie in den Schlaf, beruhigen sie durch Töne und Lieder. Doch uns selbst enthalten wir diese Summ-Medizin vor. Also Schluss mit dem Verzicht, gönnen wir uns diese heilsame innere Musik.

Während ich diesen Abschnitt schreibe, probiere ich das Gähnen und das Summen immer wieder selbst aus und gerate in eine leichte, beschwingte Stimmung. Wie geht es dir?

Summen, Brummen und Gähnen sind auch wunderbar, um die eigene Stimme zu erproben. Mädchen werden durch Erziehung und Kultur immer wieder dazu angehalten, leise zu sprechen, mädchenhaft, piepsig, zurückhaltend.

Die Journalistin Aline Abboud, die die Tagesthemen moderiert, ermutigt Frauen dazu, ihre eigene Stimme zu schulen und zu finden. Ihr selbst habe das Singen im Chor und auch Gesangsstunden dabei geholfen.[13]

Auch die Sängerin und Stimmtrainerin Uta Christina Georg ermutigt Frauen, ihre eigene Stimme zu finden, und betont, wie wichtig dabei die Körperwahrnehmung ist. Für eine wirksame Kommunikation macht ihren Angaben zur Folge der Inhalt nur 7 Prozent aus, die Stimme ist zu 38 Prozent an der Wirkung beteiligt und die Körpersprache zu erstaunlichen 55 Prozent. Die Stimmtrainerin macht öfter die Erfahrung, dass Frauen zu hoch sprechen, aber interessanterweise auch manchmal zu tief, weil sie sich zu sehr anstrengen, wie Männer zu sprechen. Außerdem fällt Uta Christina Georg immer wieder auf, dass Frauen sich körperlich und stimmlich zu wenig Raum nehmen.[14]

Deine Stimme ist ein wichtiger, unverwechselbarer Teil von dir. Schenke ihr Aufmerksamkeit und gib ihr Raum.

Deine Stimme im Raum

Vielleicht magst du, bevor du weiterliest, deine Stimme hörbar werden lassen: *lallala, brr, grrr, oh, u* – lauter und leiser, probiere aus, wie deine Stimme sich entspannen kann. Wie sie klingt, sich verändert.

Es geht nicht darum, »schön« zu klingen, sondern deine Stimme hörbar zu machen.

Spüre die Vibration deiner Stimme im Körper. Versuche einmal, den Raum auszufüllen mit deiner Stimme.

Get in touch

In der Coronapandemie konnten wir erleben, wie schmerzlich es ist, auf Berührung und auf körperliche Nähe zu verzichten. Kein Händeschütteln, keine Umarmung bei der Begrüßung.

Um uns sicher und geborgen zu fühlen, brauchen wir aber Berührung. Der experimentelle Psychologe Martin Grunwald erforscht die Bedeutung des Tastsinnes an dem von ihm gegründeten Haptik-Labor in Leipzig. Er meint, der Tastsinn sei für das Überleben des Menschen wichtiger als sehen, riechen, hören und schmecken. Der Mensch ist laut Grunwald ein Berührungswesen, ein *Homo hapticus*.[15] Forschungen zeigen, dass die Selbstberührung schon im Mutterleib beginnt. Der Fötus beruhigt sich durch Berührung im Gesicht, selbst wenn das Stresslevel der Mutter steigt. Es wird vermutet, dass die Selbststimulation zu physiologischen Veränderungen des Fötus führt. Die Berührung regt die Ausschüttung des Bindungshormons Oxytocin an und verlangsamt die Herzfrequenz.

Als ich von diesen Forschungsbefunden gelesen habe, war ich sehr berührt: Ich stellte mir diesen kleinen Fötus vor, der lernt, sich selbst zu beruhigen. Doch nicht nur Babys im Mutterleib entspannen sich durch eine Selbstberührung. Auch Erwachsene berühren sich im Lauf eines Tages 400- bis 800-mal. Diese menschliche Beruhigungsstrategie machen wir uns für die folgende Übung zunutze.[16]

Die freundliche Selbstberührung

Probiere aus, wie eine tröstende, freundliche Selbstberührung für dich aussehen kann. Vielleicht magst du mit einer Hand oder auch mit beiden den Herz- und Brustbereich berühren und den Atem dort spüren. Wie fühlt sich das an?

Dann lege eine Hand an den Hinterkopf. Empfindest du diese Berührung als Halt gebend und beruhigend?

Vielleicht tut dir auch eine Selbstumarmung gut. Überkreuze die Arme und umarme dich selbst. Halte etwas inne, und spüre, wie diese Berührung für dich wirkt.

Lege nun beide Hände zusammen in den Schoß. Wie fühlt sich der Kontakt der Hände an?

Wähle die Selbstberührung, die für dich am besten passt, die dich beruhigt und stärkt.

Baue die Selbstberührung bewusst in deinen Alltag ein, lass sie zu einer wohltuenden Gewohnheit werden.

Körper und Geist reagieren auf die Selbstberührung und entspannen sich. Es entsteht ein Gefühl von Sicherheit und Geborgenheit. Besonders in Situationen von Angst und Belastung ist diese Selbstunterstützung sehr wohltuend.

Die 35-jährige Claudia verliert sich immer wieder in sorgenvollen Grübeleien und Angstszenarien. Sie umarmt sich dann und spürt sich selbst und den eigenen Körper wieder mehr. Durch die Selbstumarmung entspannt sie sich und ihr Atem wird ruhiger. Auch kleine Berührungen der Hände, die im Alltag anderen gar nicht auffallen, beruhigen Claudia.

Meditation in Bewegung

Bevor ich vor vielen Jahren Meditation gelernt habe, war mein Königsweg zu mir selbst die Bewegung: Schwimmen, Tanzen, Laufen. Das ist auch immer noch so. Doch die aktivierende Kraft der Bewegung und die Ruhe und Bewusstheit der Meditation ergänzen sich ganz wunderbar. Meditative Bewegungsformen wie Qigong oder Yoga nutzen die ruhige Kraft der Achtsamkeit.

Meditativ und achtsam in Bewegung zu sein, ermöglicht:

* ganz präsent zu sein,
* Bewegung geschehen zu lassen,
* das Zusammenspiel von Körper und Geist zu erleben,
* Heilsames, Wohltuendes zu stärken,
* mit deinen Energien zu haushalten,
* deine Grenzen zu achten,
* allen Körperempfindungen freundlich zu begegnen,
* Dauer und Stärke zu dosieren,
* zu wählen, was dir guttut!

Diese achtsame Haltung lässt sich mit jeder Form der Bewegung verbinden. Beim Yoga und Qigong leuchtet das gleich ein. Aber Achtsamkeit bereichert auch Klettern, Laufen, Wandern, Schwimmen, Boxen und Tanz. Sie ermöglicht eine bewusste Wahrnehmung des Körpers, lässt die Grenzen spüren und beugt damit Verletzungen vor.

Achtsamkeit in Bewegung heißt, freundlich mit sich zu sein, sich durchaus auch zu fordern, aber nicht zu überfordern. Damit wird ein bedürfnisorientierter Zugang zu Bewegung und Sport möglich. Die innere Haltung ist dann nicht verbissen, sondern wohlwollend und interessiert. Nicht das Ergebnis steht im Vordergrund, zentral ist das Erleben der Bewegung: Wir lernen den Körper in Bewegung zu genießen. Das meint nicht, Anstrengungen zu meiden, sondern bewusster mit körperlichen Herausforderungen umzugehen – lustvoller und liebevoller! Achtsame Bewegung lässt dich lebendig fühlen. Als Einstieg eignen sich Übungen, die langsamer durchgeführt werden, um die vielfältigen Empfindungen dabei überhaupt spüren zu können. Ich stelle dir jetzt eine Übung aus dem tibetischen Heilyoga Kum Nye vor. Bei dieser Form der Bewegungsmeditation entstehen die Bewegungen aus der Ruhe heraus und münden auch wieder in die Stille. Die Aufmerksamkeit richtet sich dabei auf die Empfindungen, die im Körper angeregt werden. Also: äußere Perfektion, ade! Begrüße die Individualität des Körpers!

Die Energiekugel

Nimm eine stabile, aufrechte Haltung im Stehen ein. Lass dir etwas Zeit, den Kontakt der Füße mit dem Boden zu spüren. Die Fußgelenke und die Knie können durchlässig sein. Finde einen stabilen und entspannten Stand.

Richte deine Aufmerksamkeit sanft auf die Atembewegung im Bauchbereich. Lass die Atmung ein- und ausströmen.

Die Hände legen sich vor deinem Bauch übereinander, ohne dass sie sich berühren. Die Handflächen zeigen nach oben.

Die Arme und Hände heben sich nun in einer fließenden, runden Bewegung vor dem Körper. Wenn die Hände sich nach oben bewegen, drehen sich die Handflächen nach außen. Du bestimmst, wie weit die Arme nach oben schweben. Vielleicht bis über den Kopf. Lass dir Zeit.

Dann können die Arme langsam zu den Seiten sinken. Die Handflächen sollen sich wieder einander zuwenden, als umarme man eine riesige Kugel. Experimentiere mit Langsamkeit, um die vielen Körperempfindungen spüren zu können. Der Atem und die Bewegung fließen und geschehen von selbst.

Wenn die Hände wieder vor dem Bauch ruhen, lass die Bewegung einfach weiter fließen und wiederhole den Ablauf mehrere Male.

Du kannst dir eine Energiekugel vorstellen, die du umarmst oder die dich umgibt.

Dann lass die Bewegung allmählich ausklingen. Verweile noch etwas im Stehen oder mache es dir in einem meditativen Sitz bequem. Bleib neugierig, wie die Bewegung im Körper nachwirkt.

Die Energiekugel aktiviert und beruhigt gleichermaßen. Das Heben der Arme wird oft als energetisierend erlebt und das Sinken der Arme als beruhigend. Eine wohltuende Kombination. Dabei werden viele unterschiedliche Körperempfindungen angeregt: Leichtigkeit und Schwere, Enge und Weite, Anspannung und Entspannung. Gegensätzliches ist im Wechsel erfahrbar.

Wie wirkt diese Übung? Die Energiekugel fördert die Öffnung des Brustkorbs und löst Spannungen in den Armen und Schultern. Matthias Steurich, der viele Jahre tibetisches Heilyoga im deutschsprachigen Raum unterrichtete und von dem auch ich lernen konnte, hat diese Übung in fast jedem seiner Seminare angeleitet.[17] Nach der Bewegung folgte immer ein Nachspüren in Ruhe auf dem Meditationskissen. Die Verbindung von achtsamer, ruhiger Bewegung und Meditation möchte ich hier wärmstens empfehlen. Die Bewegung bringt aus dem Denken heraus und hinein in ein unmittelbares Spüren der Körperempfindungen. Während der Sitzmeditation verweilt die Aufmerksamkeit weiter bei den körperlichen Empfindungen, und der Geist kann noch mehr zur Ruhe kommen.

Beim Praktizieren der Energiekugel-Übung in der Frauengruppe entsteht oft eine ruhige und gleichzeitig kraftvolle Atmosphäre im Raum. In der eigenen Mitte anzukommen, hat Power. Diese Kraft und Ausstrahlung gewinnen wir, wenn wir im Körper wirklich anwesend sind.

Raum einnehmen, Grenzen schützen

Dein Körper ist ein Raum, ein Zuhause, das du bewohnst. Der Körper gewährt Platz für die Organe, Muskeln und hat Atemräume, die sich bewegen. Es gibt Resonanzräume der eigenen Stimme. Verdauungsräume, Platz für dein Bauchgefühl. Und dein Körper bewegt sich in Räumen. In der Natur, am Meer, in den Bergen, in der Stadt.

Wir verorten uns mit unserem Körper. Wir suchen und finden unseren Platz. Auf einer Party meidest du vielleicht die Mitte der Tanzfläche, lehnst dich an eine Wand, gehst nur ganz kurz in die Küche, fühlst dich neben einer Freundin auf einem großen Sofa wohl. Durch unsere Bewegung und unser Verhalten im Raum setzen wir Signale. Wir zeigen oder verstecken uns. Wir senden Appelle: Komm näher oder bleib mir vom Hals. Der Körper signalisiert Bedürfnisse nach Nähe oder Abgrenzung. Die Fähigkeit, uns im Raum zu bewegen und zu orientieren, bleibt oft unbewusst. Wir wissen, ob wir durch eine Tür passen oder den Kopf einziehen müssen. Automatisch stellen wir unser Bewegungsverhalten darauf ein.

Der Tänzer, Choreograf und Tanztheoretiker Rudolf von Laban hat mit der nach ihm benannten *Labanotation* ein Beschreibungssystem für Bewegung entwickelt. Damit inspirierte er den modernen Ausdruckstanz und die Tanztherapie. Sein Begriff der *Kinesphäre* verweist auf den ständigen Raumbezug des menschlichen Körpers. Wir können uns diese Kinesphäre als unsere persönliche Schutzhülle vorstellen, die unseren Körper umgibt. Sie ist eine Erweiterung des Körpers und bewegt sich immer mit. Vielleicht erscheint dir das erst mal zu abstrakt. In der folgenden Übung kannst du deinen Körperraum selbst erkunden. [18]

Die Kinesphäre – dein Körperraum

Finde im Stehen eine stabile Position. Und spüre den Kontakt der Füße mit dem Boden. Nun strecke beide Arme seitlich aus, und nimm wahr, wie weit beide Arme in den Raum hineinreichen.

Bewege die ausgestreckten Arme in alle Richtungen. Sei neugierig und erkunde mit deinen Armen den Raum um dich herum.

Mal streckst du die Arme weit aus, mal bewegst du sie näher am Körper. So erspürst du den Raum vor dir, zu den Seiten, über, unter und hinter dir.

Komme dann wieder zur Ruhe, lass die Arme neben dem Körper hängen.

Spüre nach. Hat sich etwas an deiner Körperwahrnehmung verändert? Nimmst du den Raum um dich herum anders wahr?

Wie stellst du dir diesen umgebenden Raum vor? Ist er durchsichtig? Durchflutet von einem angenehmen Licht? Ist der Raum geschützt durch eine bewegliche Membran? Lass für dich passende Bilder auftauchen, und spüre, welche Resonanzen sie im Körper bewirken. Wähle das, was für dich stimmig und angenehm ist.

Diese Übung wirkt oft Wunder. Viele Frauen sind berührt davon, sich selbst Platz zuzugestehen. Sie erleben den Raum um sich herum als Erweiterung. Neue Möglichkeiten entstehen. Deinen dich umgebenden Raum kannst du überall mit hinnehmen, und du wirst bemerken, dass das einen Unterschied macht. Je klarer du deine Körpergrenzen und die dich umgebende Kinesphäre spürst, desto selbstbewusster kannst du dich bewegen. Grenzüberschreitungen und -verletzungen können frühzeitiger wahrgenommen werden. Das ist die Voraussetzung, um den persönlichen Raum zu schützen und Nähe und Distanz selbst zu bestimmen.

Die 40-jährige Laura tut sich schwer damit, ihre eigenen Bedürfnisse zu spüren und zu vertreten. Sie möchte sich beruflich neu ausrichten, unterstützt aber stattdessen ihren Mann und vergisst sich selbst. Doch allmählich nimmt sie das Eigene mehr in den Blick. Sie kommt ganz aufgeregt zu unserem Gespräch:»Ich war mit meiner Familie draußen im Schnee bei wunderbarem Sonnenschein. Jemand hatte ein riesiges Herz in den Schnee gemalt. Ich wusste plötzlich, da will ich ganz alleine drin stehen. Ich habe mich kraftvoll bei mir und gleichzeitig so verbunden gefühlt. Ich war glücklich!«

Mädchen lernen schon früh, nicht so viel Raum einzunehmen, sich nicht schmutzig zu machen, leise zu sein und zurückhaltend, beim Balancieren kein Risiko einzugehen. Alles Botschaften, die eine eher defensive Beziehung zum Raum vermitteln. Frauen sind oft sehr gut darin, anderen Raum zu gewähren, zu öffnen und zu schaffen – für sich selbst aber nicht. Ihnen selbst wird es nicht so leicht gemacht, den Raum einzunehmen, den sie zur Entfaltung brauchen. Immer wieder werden sie damit konfrontiert, dass ihre Grenzen nicht respektiert werden. Es wird von ihnen erwartet, dass sie sich zurücknehmen, zurückhalten, wenig Raum einnehmen oder sich mit einem Platz im Hintergrund begnügen.

Die 23-jährige Yael schließt ihr Kunststudium mit einer tollen Installation ab. Bei der Präsentation der Abschlussarbeiten bemerkt sie: »Die männlichen Studenten haben sich zentrale Plätze für ihre Objekte gewählt. Wir Frauen sind eher hinten und am Rand zu finden.«

Die 55-jährige Christine ist in einem sehr konservativen Milieu aufgewachsen. Die pauschale Botschaft war: »Du kannst das nicht. Fall nicht auf. Halte dich zurück.« Noch als erwachsene Frau bemerkt Christine, dass sie sich auf Tagungen ganz nach hinten setzt. Sie geht immer an den Rand der Räume, versucht, sich zu verstecken, unsichtbar zu machen. Dabei ist Christine schon immer sehr klug und kreativ gewesen. Im Coaching arbeiten wir zusammen daran, wie sie sich aus der Deckung trauen kann. Sie möchte ein Buch schreiben und sich selbstbewusster fühlen, wenn sie vor anderen steht und Vorträge hält. Sie will auch ihrem Kleidungsstil mehr Ausdruck verleihen und modisch mehr wagen.

Unsere Bewegung im Raum hängt damit zusammen, wie wohl wir uns in unserem Körper fühlen. Ob wir uns trauen, sichtbar und hörbar zu werden. Das selbstverständliche Einnehmen unseres Körperraums wirkt nach innen beruhigend und stärkend und nach außen präsent und selbstbewusst.

Körperübungen wie die *Energiekugel* und die *7-Punkte-Meditation* schulen unsere Körperwahrnehmung. Sie helfen dabei, den eigenen Körper besser zu fühlen, Grenzen klarer wahrzunehmen und zu markieren und uns selbstbewusster im Raum zu bewegen. Das Spüren der Körpergrenze ist wichtig, um den eigenen Raum schützen zu können. Das Abklopfen des eigenen Körpers, eine Selbstmassage, den

Körper großflächig an eine Wand anzulehnen, bringt uns in Kontakt mit dieser Körpergrenze. Wir lernen dann auch im Alltag, Grenzen klarer zu spüren, zu schützen und auch nach außen zu setzen.

Die Kulturjournalistin Marie Hecht erklärt die Berliner U-Bahn zu einem Ort ihrer feministischen Rebellion.[19] Zunächst beobachtet sie nur, welche Plätze sie in der U-Bahn wählt und wie sie sich verhält, wenn andere Menschen, häufig Männer, ihren persönlichen Raum nicht respektieren. Dann beginnt sie mit neuen Verhaltensweisen zu experimentieren. Sie nimmt in der U-Bahn mehr Platz ein, stellt beide Füße auf den Boden, sie bleibt bei der eigenen Körperwahrnehmung und weicht nicht gleich anderen aus. Das ist nicht immer angenehm und erzeugt Spannungen – besonders an Tagen, an denen sie sich verletzlicher fühlt. Doch Marie Hecht möchte selbstverständlicher Raum einnehmen können. Wenn sie andere Frauen beobachtet, die sich Raum nehmen, freut sie sich darüber und fühlt sich darin bestärkt, ihr selbstbestimmtes Raumverhalten fortzusetzen.

Diese Alltagsexperimente können auch uns anregen, den eigenen Umgang mit Raum bewusster zu erkunden. Die nachfolgenden Reflexionen helfen dir, dein Verhalten im Raum freier zu gestalten.

Raum einnehmen – Raum schützen

- Wie kannst du deine Körpergrenzen mehr spüren (Selbstberührung, Massage, Abklopfen ...)?
- Wie möchtest du deine Körpergrenzen schützen?
- Finde Gesten und Bewegungen der Abgrenzung für dich. Erlaube dir zunächst, größere Bewegungen zu machen und dann auch kleine Gesten der Grenzziehung zu finden. Übe diese Bewegungen.

○ Wenn du Räume betrittst, wie verhältst du dich? Wo gehst du hin? Wo fühlst du dich wohl im Raum?

○ Welche Botschaften vermittelst du durch dein Raumverhalten? Möchtest du andere Botschaften senden? Wie kannst du das machen?

Bauchgefühl

Wir brauchen die Wahrnehmung unseres Körpers auch, um gute Entscheidungen zu treffen. Du kennst bestimmt die folgende Situation: Du hast mehrere Optionen und grübelst darüber nach, welche wohl die bessere ist? Oft ist es ratsam, dann auch auf die Signale des Körpers zu hören.

Der portugiesische Neurowissenschaftler António Damásio weist darauf hin, wie wichtig körperliche und emotionale Empfindungen für Entscheidungsprozesse sind. Er geht davon aus, dass Erfahrungen zusammen mit angenehmen oder unangenehmen Körperempfindungen assoziiert und im Gedächtnis abgespeichert werden. Taucht dann später eine ähnliche Situation auf, werden die gespeicherten körperlich-emotionalen Empfindungen erneut aktiviert. Diese objektiv messbaren körperlichen Signale nennt Damásio *somatische Marker*. Sie sind eine Art körperliches Erinnerungsmuster. Und sie helfen dabei, eine Situation schnell zu bewerten und Entscheidungen zu treffen.[20]

Das folgende Beispiel zeigt, wie sinnvoll die Einbeziehung des Körpers in Entscheidungsprozessen sein kann.

Die 42-jährige Lehrerin Anna möchte die Schule wechseln. Sie hat zwei Schulen zur Auswahl und möchte nun eine gute, für sie passende Entscheidung treffen. Das Aufstellen einer Pro-und-Kontra-Liste hat ihr die Vor- und Nachteile jeder Schule vor Augen geführt. Trotzdem weiß sie nicht, wie sie sich entscheiden soll. In der Coachingsitzung stellen wir für beide Schulen je einen Stuhl im Raum auf. Anna setzt sich abwechselnd auf die Stühle und achtet auf die Bilder und Vorstellungen, die auftauchen, und auch auf ihre Körperempfindungen. Sie ist erstaunt, dass sie ganz klare Hinweise ihres Körpers bekommt, welche Schule sie wählen möchte. Nach der Sitzung lässt sie sich noch etwas Zeit und trifft dann ihre Entscheidung. Jetzt, nach einem Jahr an der neuen Schule, fühlt sich Anna dort immer noch sehr wohl. Sie kann ihre pädagogischen Ideen kreativ umsetzen und ist begeistert von Schulleiterin und Kollegium.

Die Psychologin Maja Storch und ihr Team am Institut für Selbstmanagement und Motivation in Zürich nutzen die Arbeit mit *Embodiment* und *somatischen Markern* in Weiterbildungen und Coachingprozessen und forschen auch zu deren Wirkungen. Das Auftauchen von positiven somatischen Markern ist für Maja Storch ein klarer Hinweis auf Träume, Ziele und tiefe Absichten, die vom Innersten der Person unterstützt werden.[21]

Diese Erkenntnisse sind auch für unser Thema sehr bedeutsam. Du selbst zu sein, braucht die körperliche Resonanz. Achte auf die körperlichen Hinweise, die dir zeigen, wofür dein Herz schlägt. Das wird dir auch dabei helfen, Entscheidungen zu treffen, die wirklich stimmig für dich sind.

Die 40-jährige Lena möchte in der Natur leben. Sie hat mehrere Orte zur Auswahl, fühlt sich jedoch davon überfordert, sich zu entscheiden. Wir sprechen zunächst über die verschiedenen Optionen. Ich frage:»Gibt es eine Landschaft, für die Ihr Herz besonders schlägt? Spüren Sie ein paar Sekunden in Ihren Körper. Wie fühlen sich die verschiedenen Möglichkeiten dort an?« Lena ist überrascht.

»Wenn ich ehrlich bin, ist meine Wahl schon klar. Mein Herz und mein Körper sagen ganz deutlich Ja zu einem Ort. Das fühlt sich gut an.«

Wir brauchen für eine gelingende Entscheidungsfindung beides, ein reflexives Abwägen von Argumenten und ein emotional-körperliches Spüren. Wenn wir mit Kopf, Herz und Körper zu einer Entscheidung kommen, dann können wir viel selbstbewusster und entschiedener handeln.

Jetzt ist es aber Zeit, dass wir uns gemeinsam auf die Tanzfläche begeben.

Let's dance

Ein Sommerfest auf dem Land. Die Gäste haben sich auf dem schönen alten Innenhof schon am Büfett gestärkt und ein erstes Glas Wein getrunken. Die Liveband spielt sich ein und dann geht es los: Tanzen unter freiem Himmel. Die Frauen sind eindeutig in der Überzahl. Sie bewegen sich mit Partner oder Partnerin oder auch allein. Glückliche Gesichter, Lachen, der Körper im Rhythmus, im Einklang mit der Musik oder in Übereinstimmung mit dem eigenen Groove. Kein Wunder, dass Tanzen glücklich macht, es ist eine der ältesten Ausdrucksformen des Menschen.

Vielleicht wippst du jetzt schon mit den Füßen und würdest am liebsten gleich selbst aufspringen und tanzen. Oder du denkst bereits darüber nach, die nächsten Seiten zu überschlagen, weil Tanzen nicht dein Ding ist. Es lohnt sich in jedem Fall, noch etwas dabeizubleiben.

Bereits prähistorische Felsmalereien zeigen: Tanzen gehört zum Menschsein. Das Tanzen diente schon immer dazu, Gefühle auszudrücken, in Gemeinschaft zu feiern und Rituale zu begehen, die Naturelemente nachzuahmen und Heilung zu ermöglichen. Endlich ist das Tanzen auch in der Wissenschaft salonfähig. Die Psychologin und Neurowissenschaftlerin Julia Christensen und der Kognitionswissenschaftler Dong-Seon Chang tanzen beide mit Leidenschaft. So geht auch ihr Buch *Tanzen ist die beste Medizin* sowohl in den Kopf als auch in die Beine. Die von ihnen zusammengetragenen Forschungsergebnisse zeigen die vielfältigen positiven Wirkungen des Tanzens.[22] Demnach verbessert tänzerische Bewegung die Haltung und den Gleichgewichtssinn und stärkt das Immunsystem. Auf der emotionalen Ebene hilft Tanz, den Körper genauer wahrzunehmen, Emotionen zu erkennen und auszudrücken. Natürlich verbindet uns das Tanzen auch mit anderen und stärkt ein Wirgefühl. Tanzen macht außerdem auch schlau: Die Imitationsfähigkeit wird gestärkt, und die Aufmerksamkeits- und Reaktionsfähigkeit verbessert sich durch tänzerische Bewegung. Tanzen soll sogar einer Demenzentwicklung entgegenwirken.

Mich begleitet das Tanzen seit meiner Kindheit. Ich liebte schon früh Musik und fing einfach an, mich danach zu bewegen. Ballettunterricht hatte ich nicht und musste bis zu meiner Jugendzeit warten, um Jazztanz in der Schule zu lernen. Bis heute habe ich unzählige Tanzformen ausprobiert: Standard, Swing, argentinischen Tango, Salsa, afrikanischen Tanz, Ausdruckstanz, Tanztherapie und Tanzimprovisation. Das freie, improvisierende Tanzen, das Kreativität und Ausdruck stärkt, ist letztlich mein Zuhause geworden. Lange Zeit habe ich einfach aus Lebensfreude getanzt und weil ich im Tanz Zugang zu meinen Gefühlen finden konnte. Wenn ich wirklich wissen möchte, wie es mir geht, dann tanze ich. Außerdem ermöglicht mir das Tanzen, Gefühle und Erfahrungen auszudrücken, loszuwerden und zu wandeln. Peter Lovatt leitet seit 2008 in London das erste Labor für Tanzpsychologie. Er bestätigt, dass

Tanzimprovisation kreativer macht und uns ermöglicht, zu fühlen und diese Gefühle auch auszudrücken.[23]

Dem kann ich nur zustimmen. Als Psychologin und Achtsamkeitstrainerin bin ich viel mit dem Leid anderer Menschen konfrontiert. Das Tanzen ist neben der Meditation meine Form der Selbstfürsorge. Es hilft mir, Belastendes loszulassen, wieder zu mir zu finden, mich zu entspannen und meine Kraft zu spüren. Tanzen ist für mich Lebendigkeit und Lebensfreude.

Es hat sich irgendwann von selbst ergeben, dass der Tanz auch in meine Arbeit eingeflossen ist. In der Begleitung von jungen essgestörten Mädchen erkannte ich, dass freies, ressourcenorientiertes Tanzen dabei hilft, wieder Zugang zu seinen Gefühlen zu finden und sich auch wohlzufühlen im eigenen Körper.

In vielen Kliniken ist Tanztherapie mittlerweile ein fester Bestandteil des Angebots. Leider werden tänzerische Methoden in Seminaren und im Coaching immer noch zu selten genutzt. Obwohl das Tanzen eine der ältesten menschlichen Ausdrucksformen ist und mittlerweile auch wissenschaftlich erforscht wird, wird es immer noch belächelt und zu Unrecht in eine esoterische Ecke geschoben. Über die Jahre habe ich eine eigene Form entwickelt, Ressourcen im Einzelsetting und auch in Gruppen durch freien Tanz zu stärken.

Ich werde nie vergessen, wie ich einer Gruppe von Unternehmerinnen in einem Seminar zu emotionaler Führung vorschlug, mit mir zu tanzen. Im gemeinsamen Tanz wollte ich Ressourcen im Körper erfahrbar machen und verankern. Ich traf zunächst auf Skepsis und Zurückhaltung, dann auf Begeisterung und lachende Gesichter. Wir erprobten Entspannung mithilfe eines Schütteltanzes. Schauten gemeinsam auf das Meer, das wir von der Seminarterrasse aus sehen konnten und tanzten Weite und Sehnsucht. Rund um den Swimming-

pool erfasste uns dann die Kraft der Leichtigkeit und Schönheit. Bei allen folgenden Seminaren war das gemeinsame Tanzen ein fester Bestandteil und wurde von den Teilnehmerinnen regelrecht eingefordert.

Durch Vorstellungsbilder, vielfältige Musik und einfach zu erlernende Gesten ermutige ich, unterschiedliche Kräfte im Tanz zu erkunden. Dabei ist das Improvisieren zentral. Es erlaubt, Pläne und Erwartungen loszulassen, und lädt zum Ausprobieren ein. Raum für Neues und Überraschendes kann entstehen, wenn du der eigenen Intuition folgst. Am besten probieren wir das jetzt hier gemeinsam aus. Es braucht keinerlei Vorerfahrung. Wenn du für dich zu Hause tanzt, bist du unbeobachtet und kannst frei wählen, wie stark oder sanft du dich bewegen möchtest. Also: Let's dance!

Mentorinnen bitten zum Tanz

Weibliche Mentorinnen fordern uns zum Tanz auf. Jede zeigt durch Gesten und Bewegungen besondere Fähigkeiten und lädt dazu ein, Ressourcen zu stärken. Wir werden dabei ermutigt, unseren eigenen stimmigen Tanz zu entdecken.

Zunächst erscheint die **Kraft der Regeneration.** Sie nimmt uns mit in einen schönen Wald und zeigt uns die regenerierende Schüttelmedizin. Das Musikstück *Lolo* von Aja Addy begleitet uns dabei.

Du verlagerst das Gewicht abwechselnd von einem Fuß auf den anderen und spürst den Kontakt zum Boden. Wiederhole das einige Male. Dann lässt du beide Füße auf dem Boden ankommen, verwurzelst sie. Wie ein Baum stehst du, gut verbunden mit dem Boden, nach oben aufgerichtet. Du spürst deinen Atem im Bauch und Brustbereich.

Unsere Mentorin hat die heilsame Kraft der Schüttelmedizin dabei, sie lädt dich ein, zunächst die Hände und Arme zu schütteln, dann die Schultern. Das Schütteln erfasst den gesamten Körper, den Rücken, das Becken, die Beine, der Kopf schüttelt sich mit.

Du kannst wählen, ob du sanfter oder stärker schütteln möchtest. Lass den Atem fließen und vielleicht wird er auch hörbar. Wenn du magst, schüttle etwas ab, in alle Richtungen um dich herum. Losschütteln, abschütteln, und spüre, wie sich das in deinem Körper anfühlt.

Deine Mentorin hat auch eine extra für dich gesammelte Kräutermischung dabei. Forme beide Hände zu einer Schale und schüttle die heilsame Medizin darin. Dann nimmst du sie ein und verteilst sie durch die Schüttelbewegungen im Körper. Lass sie dorthin gelangen, wo sie dir besonders guttut.

Dann komm langsam zur Ruhe und spüre in deinem Körper nach. Was nimmst du wahr? Was hat sich verändert? Wie geht es dir emotional?

In welchen Situationen kann dich diese Tanzmentorin besonders unterstützen? Wie ermutigt sie dich? Gibt es eine kleine Geste, die du mit in den Alltag nehmen kannst? Welches innere Bild erinnert dich an die Kraft der Regeneration?

Dann lädt dich die **Kraft der Grenzsetzung** ein zum Tanz. Im Hintergrund beginnt die Musik *Roll downs* von Fat Coda Studios zu spielen. Deine tanzende Mentorin ermutigt dich, die Fersen abwechselnd auf den Boden zu setzen und dir Kraft aus der Erde zu holen. Du winkelst die Arme an und ballst die Hände zu Fäusten. Du spürst deine Kraft und zeigst sie auch nach außen.

Nun werden deine Arme zu Windmühlenflügeln und fliegen kreisend weit in den Raum hinein. Du stampfst auf, mal mit den Fersen, mal mit dem ganzen Fuß, du spürst deine Kraft, vielleicht in der Körpermitte, im unteren Bauchraum.

Mit deinen ausgestreckten Armen markierst du den Raum um dich herum. Du setzt Grenzen, machst ganz deutlich:»Dies ist mein Platz.« Du kannst dich mit deiner Kraft und mit deinem Raum in jede Richtung bewegen. Wie eine Königin, die ihre eigene Heimat mit sich trägt, kraftvoll und selbstbewusst. Lass langsam die Bewegungen ausklingen, und spüre nach, was du im Körper wahrnimmst, wie es dir emotional geht.

In welchen Situationen kann dich diese Tanzmentorin stärken? Was stellt sie dir zur Verfügung? Wozu ermutigt sie dich? Welche kleine Geste kannst du mit in den Alltag nehmen? Welches innere Bild erinnert dich an die Kraft der Grenzsetzerin?

Jetzt nimmt dich eine andere Tanzmentorin an die Hand. Die **Kraft der Leichtigkeit** lädt dich ein. Sie liebt die Geschmeidigkeit des Wassers, sie mag Wasserfälle und Flüsse. Und dieses Wasserelement erklingt auch in dem Lied *La Petite Cascade* von René Aubry, und du beginnst, deine Handgelenke sanft zu kreisen, und deine Füße bewegen sich schwingend und mit Leichtigkeit durch den Raum.

Deine Hüften wiegen sich. Anstrengung ist passé, der Fluss der Bewegung trägt dich. Wie Wasser fließt Leichtigkeit durch deinen Körper.

Diese Tanzmentorin vermittelt dir, dass du ganz viele Stärken und Fähigkeiten hast. Du hast einen inneren Reichtum, den du genießen und ausdrücken kannst.

Du findest den Zugang zu deinen Kraftquellen ganz leicht und spielerisch. Anstrengungslos mit Selbstvertrauen. Und weil das so viel

Freude macht und guttut, trägt dich das Lied *My body is my house* von René Aubry durch den Raum. Du bewegst dich so, wie es dir gefällt, wie es dir guttut.

Die weibliche Stimme flüstert dir zu: »Dein Körper ist dein Haus.« Du tanzt und spielst mit Bewegungen. Du schüttelst es aus dem Handgelenk und die Füße nehmen dich einfach mit. Es ist alles da, eine innere Fülle, die unerschöpflich ist. Du bewegst dich so, wie es Freude macht. Genieße es einfach!

Wobei kann dich die Tanzmentorin der Leichtigkeit unterstützen? Welche Geste erinnert dich an deine innere Ressourcenquelle? Nimm es mit in deinen Alltag, auch Dinge einfach aus dem Handgelenk zu schütteln. Und die Tanzmentorin flüstert dir immer wieder zu: »Dein Körper ist dein Haus.«

Kraft der Grenzsetzung

Kraft der Regeneration

Kraft der Leichtigkeit

Als ich eine schwierige Arbeitssituation mit einer herausfordernden Vorgesetzten hatte, halfen mir diese drei Tanzmentorinnen. Ich konnte Belastendes abschütteln und abstreifen. Meinen eigenen Raum fühlte ich schützend um mich herum und so konnte ich besser Grenzen setzen. Die Mentorin der Leichtigkeit ermöglichte es mir, meine Kreativität und spielerische Seite auch inmitten von Anstrengung zu spüren.

Bei meiner tanztherapeutischen Arbeit stelle ich zwölf tanzende Mentorinnen mit unterschiedlichen Fähigkeiten vor.[24] Eine Kraft ermutigt zu Klarheit und Entschiedenheit, die andere erinnert an die Weisheit und Großherzigkeit des Alters, die nächste bringt den Wind der Veränderung, und eine weitere stärkt die Kraft der Intuition. Sie ergänzen sich, ermutigen zu Neuem und erinnern an Vernachlässigtes.

Es ist ein lustvolles, neugieriges Erkunden und Erweitern der eigenen Möglichkeiten. Dabei werden verschiedene Zugänge zu den eigenen Stärken genutzt. Bewegung und Körperhaltungen inspirieren, Musik gibt Impulse, und Vorstellungsbilder helfen dabei, Ressourcen zu spüren und auszudrücken. Viele Frauen in unterschiedlichsten Lebensphasen und -situationen fühlen sich durch das freie Tanzen gestärkt. Hier kann etwas erprobt und ausprobiert werden, was im Leben vielleicht noch unvertraut ist oder Angst macht.

Die tanzenden Mentorinnen laden ein, in unterschiedliche Rollen zu schlüpfen und sie zu erkunden. Doch eigentlich ist die Vielfalt bereits in dir vorhanden. Manchmal warten die inneren Kräfte nur darauf, endlich spürbar und sichtbar werden zu dürfen. Und allmählich werden sie dann zu verlässlichen Begleiterinnen im Alltag.

Eine Seminarteilnehmerin drückte diese Vertrautheit treffend aus: »Die tanzenden Kräfte begleiten mich überallhin. Ich kann auch unbemerkt von anderen, nur in Gedanken tanzen.«

Schlüssel für den Alltag

Statt mit deinem Körper zu kämpfen, beginne Freundschaft mit ihm zu schließen.

Für deinen Alltag bedeutet das, immer wieder kurz innezuhalten und deinem Körper freundlich Aufmerksamkeit zu schenken.

Erkenne schädigende, körperfeindliche Verhaltensweisen und lasse sie los.

Nimm Raum ein und achte deine Körpergrenzen.

Höre auf deinen Körper und achte seine Bedürfnisse.

Wenn du etwas Angenehmes erlebst, intensiviere es dadurch, dass du die Resonanz im Körper spürst.

Tanze!

Tür
Vier

Lebe deine innere Vielfalt

Die dreizehn Gesichter der Cate Blanchett

Unser Pass zeigt von uns nur ein Foto mit einem meist nicht so interessanten Gesichtsausdruck. Doch unsere Persönlichkeit hat unterschiedliche Gesichter, die je nach Lebenslage und Situation sichtbar werden.

Das macht das Kunstprojekt *Manifesto* (2015) des Berliner Künstlers Julian Rosefeldt auf eine sehr kreative Weise deutlich. Die australische Oscar-Preisträgerin Cate Blanchett schlüpft in dieser Filminstallation in dreizehn verschiedene Rollen und trägt Manifeste über Kunst vor. Sie tritt auf als Kranführerin, fluchende Musikerin, konservative Mutter, Außenkorrespondentin im Dauerregen, extravagante Choreografin, Galeristin, distinguierte Trauerrednerin, Labormitarbeiterin, Puppenspielerin, adrette Nachrichtensprecherin, verwahrloster Obdachloser, Lehrerin und Börsenmaklerin. Mal spricht sie betrunken, mal träumend oder beschimpfend über Kunst. Es ist faszinierend, wie sie all diese unterschiedlichen Rollen verkörpert und das Thema aus sehr verschiedenen Perspektiven beleuchtet.

Lassen wir uns von dieser Kreativität anstecken: Ich bitte dich, nun selbst folgendes Gedankenexperiment zu machen.

Deine innere Vielstimmigkeit

Stell dir mal vor, du bist selbst eine Cate Blanchett, vielleicht ohne Oscartitel, aber nicht minder vielseitig. Und auch du wirst jetzt gebeten, an einem Kunstprojekt teilzunehmen und in der Öffentlichkeit aufzutreten.

Das ruft innere Stimmen von dir auf den Plan. Die Abenteurerin wittert sofort eine spannende Herausforderung und gibt dir den Rat: »Klar machst du da mit.«

Da kontert aber deine innere Kritikerin und äußert Skepsis: »Das kannst du nicht. Dafür bist du nicht begabt genug.« In diesen Tenor stimmt auch dein inneres unsicheres Kind ein und äußert: »Ich habe Angst. Mach's nicht!«

Die Angepasste hat sich bisher brav zurückgehalten, doch jetzt sagt sie: »Also, wenn du so nett gefragt wirst, dann musst du das machen. Ich hoffe nur, es wird nicht zu ausgeflippt.«

Und zum Schluss meldet sich die Genießerin zu Wort: »Kunst! Das ist doch eine schöne Seite des Lebens. Mach mit und genieße es.«

Wahrscheinlich fühlst du dich von den inneren Stimmen hin- und hergerissen. Deshalb brauchst du eine innere Leitung, die das Stimmengewirr ordnet und einen wohlklingenden Chor daraus macht.

Die Dirigentin! Sie ist freundlich und beherzt, kann gut zuhören, Grenzen setzen oder auch ermutigen, lauter zu singen. Sie trifft dann auch die Entscheidung, ob du das Angebot annimmst.

Die Kritikerin

Die Angepasste

Die Abenteurerin

Die Genießerin

Das unsichere Kind

Erkennst du dich in diesem Gedankenexperiment wieder? Vielleicht würden sich bei dir andere innere Stimmen melden. Aber es ist davon auszugehen, dass in so einer Situation verschiedene, vielleicht sogar widersprüchliche innere Seiten in Schwingung versetzt werden.

Das Prinzip der inneren Vielstimmigkeit ist so überzeugend, weil es unserer Alltagserfahrung entspricht. Frauen lernen dadurch, die unterschiedlichen Stimmen in sich zu erkennen. Und begreifen die innere Zerrissenheit und innere Konflikthaftigkeit nicht länger als persönlichen Mangel, sondern als menschliche Grundsituation. Das entlastet und schafft Raum, bewusst mit den Gegensätzen und Spannungen des Inneren umzugehen. Verschiedene psychologische Modelle versuchen, diese innere Erfahrungswelt abzubilden.

Du bist viele

Die innere Vielstimmigkeit beschäftigt seit vielen Jahrzehnten auch die Psychologie. So wurden Modelle und Methoden entwickelt, um die Arbeit mit Persönlichkeitsanteilen anschaulich und anwendungsorientiert zu gestalten. Der systemische Therapeut Peter Uwe Hesse hat einige dieser Ansätze überblicksartig dargestellt.[1] Ich möchte hier beispielhaft auf einige Modelle eingehen, weil sie dabei helfen, die innere Vielstimmigkeit der Persönlichkeit besser zu verstehen.

Die Familientherapeutin Virginia Satir geht davon aus, dass jede Person viele Gesichter hat, mit denen sie Situationen und anderen Menschen begegnet. Das passt doch zu Cate Blanchetts Wandelbarkeit und der »Deine innere Vielstimmigkeit«-Übung von vorhin. Sie plädiert dafür, die unterschiedlichen Facetten, die zu uns gehören, kennenzulernen und anzunehmen. Einige Anteile unserer Persönlichkeit geben uns Energie, während andere eher kraftzehrend wirken. Um alle Seiten der Persönlichkeit zu einer kooperativen Zusammenarbeit zu bewegen, braucht es eine leitende innere Instanz. Satir nennt diese das *Selbst*. Sie nutzt mit ihren Klientinnen kreative Rollenspiele, um die inneren Stimmen sichtbar und erfahrbar zu machen. Eine ihrer witzigen Ideen ist die einer *Parts Party*, ein Fest, auf dem sich die unterschiedlichen Teile der Persönlichkeit begegnen.[2]

Der amerikanische Familientherapeut Richard Schwartz postuliert, dass wir nicht nur eine äußere Familie haben, sondern auch eine innere. Er hat das Modell des *Inner Family Systems* entwickelt, hier treten die inneren Anteile als inneres Familiensystem auf. Dabei agieren die inneren Anteile wie Persönlichkeiten mit eigenen Emotionen, Denkweisen und Botschaften. Dass es dabei wie in äußeren Familien zu Meinungsverschiedenheiten und Konflikten kommt, ist klar. Deshalb gibt es auch in diesem Modell ein Selbst als innere Leitung, das mit allen Stimmen wertschätzend kommuniziert und innere Extreme und lähmende Kämpfe auflöst.[3] Dieses Modell passt gut zu unseren bisherigen Überlegungen zur Bedeutung von Familiensystemen und familiären Botschaften.

Der Kommunikationspsychologe Friedemann Schulz von Thun benutzt die Metapher des *inneren Teams* und meint, dass die inneren Anteile wie Teammitglieder zusammen oder eben auch gegeneinander arbeiten. Sie treten wie auf einer inneren Bühne auf. Einige melden sich lautstark zu Wort und stehen im Vordergrund, andere bleiben leise und halten sich unauffällig im Hintergrund. Schulz von Thun stellt die Kommunikation in den Mittelpunkt seines Ansatzes.[4] Die Anteile sind die Akteure unserer inneren Selbstgespräche. Jeder von ihnen hat eine Botschaft und vertritt diese auch auf eine besondere Art und Weise. Damit die Kommunikation im Inneren gut gelingt und Konflikte gemeistert werden, moderiert und führt die innere Teamchefin die verschiedenen Stimmen. Sie kann wie eine Trainerin, eine Dirigentin oder auch eine Regisseurin agieren und die einzelnen Stimmen zu einer für die Gesamtpersönlichkeit stimmigen Kooperation bringen. Diese Klärung der inneren Selbstgespräche ist die Voraussetzung für eine überzeugende Kommunikation nach außen. Dazu schauen wir uns ein Beispiel an.

Die 35-jährige Julia arbeitet engagiert in einem sozialen Projekt. Sie möchte in vier Wochen eine schon lange geplante Auszeit nehmen und verreisen. Doch plötzlich gibt es im Projekt personelle Engpässe. Julia sieht sich verpflichtet auszuhelfen, aber sie möchte auch nicht auf ihre Reise verzichten. Sie fühlt sich innerlich zerrissen und emotional belastet durch die Situation. So kommt sie zum Coaching.

Ich ermutige sie, alle inneren Stimmen hörbar zu machen, und ich schreibe die Botschaften der Anteile an das Flipchart. Da taucht eine

Seite auf, die erschöpft ist und Ruhe einfordert, ein anderer Persön-
lichkeitsteil plädiert dafür, sich für das Projekt gerade jetzt einzuset-
zen. Ein abwertender Teil nennt sie eine »Egoistin«, wenn sie in die-
ser Situation verreise. Und noch weitere Stimmen füllen das große
Blatt. Julia fühlt sich entlastet, weil sie alles aussprechen darf und
durch das Aufschreiben eine gute Distanz bekommt. So kann sie von
außen auf das innere Wirrwarr schauen und die unterschiedlichen
Stimmen ordnen.

Letztlich kommt sie zu der Entscheidung, in den verbleibenden
vier Wochen ihr Projekt weiter zu unterstützen und dann zu verrei-
sen. Erst nach diesem inneren Klärungsprozess kann sie mit ihrem
Arbeitsteam sprechen. Interessanterweise war niemand davon aus-
gegangen, dass Julia auf ihre Auszeit verzichtet.

Das Konzept der inneren Vielstimmigkeit ist im Coaching und
auch für das Selbstcoaching unverzichtbar.

Ich möchte hier einige Grundannahmen der Arbeit mit inneren Persönlichkeitsanteilen zusammenfassen, mit denen wir auch
im Folgenden weiterarbeiten:

- Die Persönlichkeit besteht aus inneren Anteilen.
- Als Synonyme für diese inneren Anteile verwende ich die
  Begriffe *Persönlichkeitsanteile, innere Seiten, innere Stimmen.*
- Ein Anteil verhält sich wie eine eigenständige Persönlichkeit,
  fühlt, denkt und artikuliert sich auf spezifische Art und Weise.
- Es kann helfen, sich die inneren Persönlichkeitsanteile bildlich
  vorzustellen, wie Figuren in einem Theaterstück.
- Die inneren Stimmen treten für unterschiedliche Bedürfnisse
  der Gesamtperson ein und vermitteln diese durch Botschaften.
- Die Stimmen wirken zusammen wie in einem Chor. Es gibt
  dabei Kooperationen, Kämpfe und Konflikte.

- Es braucht eine innere Leitung, um eine wertschätzende Kommunikation im Inneren zu fördern. Ich nenne sie im Folgenden die *Dirigentin*.
- Kreative und spielerische Übungen helfen, die inneren Seiten erfahrbar zu machen und Entwicklung anzustoßen.

Das Motto des Buches *Sei du selbst* wird in diesem Kapitel noch etwas erweitert und verfeinert. Im Sinne der Arbeit mit den inneren Anteilen kann es lauten: *Du kannst erst du selbst sein, wenn du die vielen Facetten von dir kennst und gut zu leiten weißt.*

Wie innere Stimmen entstehen

Die Bildung von verschiedenen Persönlichkeitsanteilen ist ein ganz normaler Prozess der psychischen Entwicklung. Er entsteht durch den Kontakt mit den Erwartungen und Anforderungen der Umwelt.

Im Laufe des Lebens hat jede Frau bestimmte Entwicklungsaufgaben zu meistern, und dafür braucht es unterschiedliche Fähigkeiten. So ist der Säugling noch sehr abhängig von der Versorgung und Zuwendung der Bezugspersonen und lernt erst allmählich, sich selbst zu beruhigen. Hier wird übrigens schon die Basis für unsere selbstfürsorglichen inneren Anteile gelegt. Aber dazu später. Das kleine Mädchen erweitert seinen Radius und gewinnt an Autonomie. Je nachdem, wie die Umwelt darauf reagiert, entwickelt sich vielleicht in dieser Zeit bereits ein braver innerer Teil und dient schon früh der Anpassung an die Erwartung anderer. Aber auch innere Wildfänge, Trotzköpfe und innere glückliche kindliche Anteile entwickeln sich in dieser Phase.

Die Schulzeit stellt neue Anforderungen an das Mädchen. Freundschaften werden wichtiger, und es gilt, sich auch leistungsmäßig zu beweisen. Vielleicht bildet sich hier ein schüchterner innerer Teil heraus, der Angst hat, sich zu melden und Fehler zu machen. Oder auch eine mutige Seite, die sich mit ihren Fähigkeiten zeigen möchte. Eine innere Kritikerin entsteht und greift die Bewertungen von Eltern und Lehrpersonen auf. Auch innere antreibende Stimmen werden lauter und fordern, sich mehr anzustrengen.

In der Pubertät geht es dann um eine zunehmende Ablösung vom Elternhaus, die manchmal mit starken Konflikten und Protesten einhergeht. Bei Jugendlichen werden selbstkritische innere Stimmen lauter, die sich auf das eigene Aussehen, das Gewicht beziehen. Möglicherweise entwickelt sich in dieser Zeit auch eine innere Rebellin, die sich gegen Erwartungen auflehnt und eigene Standpunkte vertritt.

Es bleibt eine lebenslange Aufgabe, die unterschiedlichen inneren Anteile auszudifferenzieren, zu verstehen und klug zu moderieren.

Die inneren Teile haben also die Funktion, flexibel auf neue Situationen und Herausforderungen antworten zu können. Nur mit einem inneren Faulpelz komme ich im Leben genauso wenig weiter wie mit ausschließlich antreibenden, perfektionistischen Stimmen. Es braucht die innere Vielfalt, um die verschiedenen Entwicklungsaufgaben zu meistern. Die inneren Stimmen treten dabei für unterschiedliche menschliche Bedürfnisse ein. Sie sorgen dafür, dass wir uns sicher fühlen, und wohl, dass wir Spaß haben und erfolgreich sind, dass wir uns anderen nah fühlen, aber auch unser Autonomiebestreben ausleben können. Ganz klar, dass es bei diesen unterschiedlichen Bedürfnissen zu inneren Konflikten kommt.

Wir können uns einen Persönlichkeitsanteil als ein inneres Schema vorstellen. Dieses Erfahrungsmuster bildet sich besonders in emotional aufgeladenen Situationen und verfestigt sich durch Wiederholung. In spezifischen Momenten, durch bestimmte Auslöser getriggert, wird dieser Teil erneut aktiviert. Je öfter innere Seiten zum Klingen gebracht werden, desto automatisierter verläuft der Prozess. Es sind also Lernprozesse, die die inneren Anteile entstehen lassen. Das Lernen erfolgt zum Beispiel durch die Beobachtung und Nachahmung anderer Menschen. Ein Mädchen, das eine selbstfürsorgliche Mutter hat, kann sich das Wohlwollen und die Entspannungsfähigkeiten von ihr abschauen. Sie beginnt, auch gerne zu baden und in der Hängematte zu liegen. Das Vorbild der Mutter wandert nach innen und entwickelt sich zu einem eigenen selbstfürsorglichen Teil.

Innere Stimmen entwickeln sich auch durch die Übernahme von Botschaften und Erwartungen. Die Aufträge, Verbote, Ermutigungen und Ideale werden verinnerlicht und damit zu einem Teil unserer Persönlichkeit. Frauen lernen, sich mit den gesellschaftlichen und familiären Bildern und Glaubenssätzen zu identifizieren und sie für sich zu übernehmen. Die Zuschreibungen von außen prägen dann später die inneren Selbstgespräche und das Selbstbild.

Die 45-jährige Christine tut sich schwer damit, Entscheidungen zu fällen. Sie möchte mit ihrer Partnerin zusammenziehen, doch sie ist sich nicht sicher, ob das ein stimmiger Schritt ist. Sie hört innerlich immer noch die abwertenden Kommentare ihrer Mutter: »*Du immer mit deinen verrückten Entscheidungen – das wird nicht gut gehen!*«*,* »*Diese Kleidung steht dir nicht*«*,* »*Kein Wunder, dass das nicht klappt*«*. Im Coaching wird Christine bewusst, wie sehr sie die abwertenden Botschaften der Mutter verinnerlicht hat.* »*Ich rede schon selbst so mit mir. Manchmal ist die innere Kritikerin so destruktiv, dass ich selbst erschrecke.*«

Die abwertenden Kommentare der Mutter sind nach innen gewandert und wirken dort als kritische und strenge Stimmen weiter. Das, was wir wiederholt hören, besonders von wichtigen Personen, erinnern und verinnerlichen wir. Die Botschaften werden Teil von uns, auch wenn wir das oft nicht bewusst entschieden haben und gar nicht wollen. Wir übernehmen Zuschreibungen und können uns so sehr mit ihnen identifizieren, dass wir sie nicht mehr als fremd, sondern als festen Teil unserer Persönlichkeit erleben.

Lernen findet natürlich auch durch Feedback statt. Das, wofür wir belohnt werden und womit wir Erfolg haben, wiederholen wir. Wird mutiges Verhalten von den Bezugspersonen bestärkt, kann sich ein solcher couragierter Persönlichkeitsanteil im inneren Team etablieren. Aber es gibt auch ein Feedback aus dem eigenen Inneren. Wenn ein perfektionistischer Teil zu einer extremen Vorbereitung von Präsentationen aufruft, beschützt er damit vielleicht eine unsichere innere Seite. Das reduziert Angst und bestärkt die innere Perfektionistin, weiterhin sehr aktiv zu sein.

Deine inneren Stimmen nehmen Gestalt an

Die inneren Selbstgespräche klingen oft wirr und chaotisch. Die Stimmen sprechen durcheinander. Botschaften schießen wie Pingpongbälle durch den Kopf. Grübeleien drehen sich im Kreis. Oder es fühlt sich an wie ein innerer Nebel, in dem sich keine Stimme klar fassen lässt. Manchmal spüren wir einen Kloß im Hals. Oder ein aufregendes Kribbeln im Körper, das Energie gibt. Dies können alles Hinweise auf innere Persönlichkeitsanteile sein.

Damit wir in einen bewussten Dialog mit den inneren Stimmen treten können, müssen wir sie zunächst wahrnehmen und voneinander unterscheiden lernen. Dann wird auch im Alltag klarer, welche Stimmen da eigentlich im Inneren zu uns sprechen und auf welche Bedürfnisse sie hinweisen. Wir erkennen, dass der innere

Antreiber uns Druck macht, die Genießerin für ein Wannenbad plädiert oder das unsichere innere Kind will, dass wir einen Rückzieher machen. Oft verrät unsere Sprache, dass Anteile im Inneren gerade besonders aktiv sind. Formulierungen wie »Ich weiß auch nicht, was mich da geritten hat«, »Das ist, als wäre ich fremdgesteuert«, »Ich fühle mich hin- und hergerissen« verweisen darauf, dass innere Stimmen autonom agieren, wir sie aber noch nicht klar zu fassen kriegen. Dann stellt sich die Frage: Wer spricht da eigentlich im Inneren?

Es hat sich bewährt, der inneren Stimme eine Gestalt zu verleihen und sie sich wie eine Figur auf einer Bühne vorzustellen. Im psychologischen Fachjargon heißt das *externalisieren*. Das bedeutet, wir bringen eine innere Erfahrung nach außen und geben ihr eine Form. Das hilft, eine gute Distanz zum inneren Erleben zu bekommen und klarer zu sehen. Außerdem ist es einfacher, mit einem Persönlichkeitsanteil, der uns wie eine Person gegenübertritt, zu sprechen als mit einer unkonkreten inneren Stimme.

Lass dich von deiner Vorstellungskraft inspirieren. Vertraue da auf deine Impulse und spiele mit Möglichkeiten. Die inneren Stimmen nehmen die Gestalt an, die du für passend hältst. Gerade diese kreative Herangehensweise macht Spaß und lässt dich aktiv werden. Die innere Kritikerin ist vielleicht schwarz gekleidet und schaut sehr streng. Der ermutigende Persönlichkeitsteil agiert wie eine Cheerleaderin oder stärkende Trainerin, die dir vom Spielfeldrand gut zuspricht.

Wenn die Figur eine Gestalt bekommen hat, ist es einfacher, mit ihr in einen Dialog zu treten. Gib der Stimme einen Namen, um sie ansprechen zu können. Der Name sollte zum Aussehen des Anteils passen und zu seiner Funktion beziehungsweise Botschaft. Höre der inneren Stimme deshalb zu: Welche Hinweise vermittelt sie dir?

Manchmal formuliert sie ganz klare Aufträge oder warnt vor etwas. Sei auch neugierig, was die Botschaft und das Auftreten des inneren Anteils bei dir auslöst. In der folgenden Übung kannst du spielerisch Teile von dir entdecken.

Name	Aussehen	Botschaft	Was löst der Teil bei dir aus?
Kritikerin	Schwarz gekleidet, streng, erhobener Zeigefinger	Du bist nicht gut genug! Da hast du etwas falsch gemacht!	Traurigkeit, Anspannung im Körper, Stress. Anstrengung, es besser zu machen
Abenteuerin	Outdoor-Kleidung, Hut, Rucksack	Sei mutig! Gehe Risiken ein! Probiere es aus!	Freude, Neugier, motiviert, Körper richtet sich auf, Kribbeln im Körper, Lächeln im Gesicht
Braves Mädchen	Zöpfe, Hände auf dem Rücken, angestrengtes Lächeln	Mach, was man dir sagt! Erfülle die Erwartungen! Ordne dich unter!	Zurückhaltung, flacher Atem, sich kleinmachen und fühlen

Deine Persönlichkeitsanteile nehmen Gestalt an

Lege dir auch eine Tabelle an, und trage deine Anteile ein, die bei der Übung die innere Bühne betreten.

Stelle dir die nachfolgenden Situationen lebhaft vor, und registriere, welche inneren Stimmen dabei aktiviert werden. Es kann sein, dass sich bei einer Situation nur ein Anteil meldet – oder aber auch mehrere. Lass dir Zeit und sei neugierig. Es gibt dabei kein Richtig oder Falsch, vielmehr geht es darum, wie du es erlebst.

- Eine Präsentation ist dir nicht so gut gelungen.
- Du möchtest etwas für dich tun, aber du wirst von einem Familienmitglied unterbrochen und um Unterstützung gebeten.
- Du hast einen wichtigen Termin vergessen.
- Du tust etwas, was du richtig gerne machst (tanzen, klettern, lesen ...).
- Du hast einen schönen Abend mit einer Freundin verbracht.
- Jemand bittet dich um einen Gefallen, du hast aber wenig Zeit.
- Ein Kommentar einer Kollegin hat dich sehr verletzt.
- Morgen beginnt dein langer Sommerurlaub.
- Du stehst einer sehr dominanten Person gegenüber.
- Dir gelingt etwas richtig gut.

Schau dir jetzt bitte die Tabelle an. Gibt es Persönlichkeitsteile, die in verschiedenen Situationen auftauchen? Welche Stimmen sind dir vertraut, welche überraschen dich?

Welche Anteile magst du? Und welche nicht so sehr?

Welche dieser Stimmen möchtest du bewusster wahrnehmen?

Besonders in einer emotional berührenden Situation ist es hilfreich, nach innen zu lauschen und wahrzunehmen, welche Teile sich melden. Das ist immer wieder ein hilfreiches Tool für dein Selbstcoaching und zur Klärung deiner inneren Erfahrung.

Das Selbst am Dirigentinnenpult

Jetzt wird es ganz still und alle halten den Atem an. Volle Konzentration bitte! Die Dirigentin kommt.

Im Konzertsaal ist es immer ein besonderer Moment, wenn die Dirigentin auftritt. In deutschen Orchestern sind zwar nur drei oder vier von 130 Stellen am Pult von einer Frau besetzt. Immerhin gibt es sie aber mittlerweile: die Dirigentinnen! Wir sehen sie nur noch zu selten. Die Musikwissenschaftlerin Anke Steinbeck zeigt in ihrem Buch *Jenseits vom Mythos Maestro*, wie Frauen selbstbewusst das Dirigentinnenpult einnehmen und mit alten Rollenklischees aufräumen.[5] Auch deshalb habe ich mich dazu entschieden, die Leitung des inneren Teams, des inneren Chores mit einer Dirigentin zu besetzen. Sie betritt jetzt den Saal, selbstbewusst und energetisch lächelt sie deinem inneren Chor zu. Sie wird deine innere Vielstimmigkeit souverän und liebevoll leiten.

Nahezu jedes psychologische Teilekonzept postuliert eine innere Leitung, auch *innere Mitte*, das *Selbst* oder eben *Dirigentin* genannt. Ob es dieses Selbst gibt und, wenn ja, wie es sich beschreiben lässt, beschäftigt die Philosophie, Psychologie und die Neurowissenschaften.

Der Hirnforscher Wolf Singer und der buddhistische Mönch Matthieu Ricard versuchen in lesenswerten Dialogen, dieses Selbst zu erkunden. Sie sind sich darin einig, dass es dieses Selbst als feste Instanz und Entität gar nicht gibt. Vielmehr gehen beide Autoren davon aus, dass nur ein »dynamischer Fluss von Erfahrungen« existiert. Diese ständige Veränderung des inneren Erlebens ist auch das, was in der Meditation zu beobachten ist.[6]

Jetzt bist du vielleicht verwirrt: Gibt es nun eine innere Leitung, ein inneres Selbst oder nicht? Wolf Singer und Matthieu Ricard sagen Nein. Psychologie, Medizin und Religion finden auf diese Frage sehr unterschiedliche Antworten.

Für die Arbeit mit den inneren Persönlichkeitsanteilen ist es von Vorteil, einfach davon auszugehen, es gäbe diese innere Leitung. Eine pragmatische, hilfreiche Lösung. Und wenn wir nicht vergessen, dass es ein Konstrukt ist und nicht die unumstößliche Wahrheit, dann lässt sich wunderbar damit arbeiten.

Also nehmen wir ganz pragmatisch an, dass die innere Dirigentin kein Persönlichkeitsteil ist, sondern eine spürende und beobachtende Instanz. Denn eine innere Stimme bildet immer nur eine Perspektive auf die Erfahrung ab und hat damit quasi einen Tunnelblick. Eine innere Kritikerin schaut streng und wertend. Die Genießerin hat vielleicht eine Entspannungsbrille auf und sieht nur die Wellnessseite. Die Dirigentin aber kann alle unterschiedlichen Seiten wahrnehmen und sich einen Überblick verschaffen.

Wenn du dich verbunden mit dieser inneren Leitung fühlst, dann hast du den Eindruck »Das bin ich«. Aus der Perspektive der Dirigentin lässt sich mit Ruhe erkennen, was geschieht.

Ingeborg und Thomas Dietz beschreiben in ihrem Coachingbuch *Selbst in Führung* noch weitere *selbstnahe Qualitäten*: Die innere Mitte kann schwierige innere Stimmen wahrnehmen, sie ist neugierig und wertschätzend gegenüber allen Persönlichkeitsteilen, emotional mitfühlend und hat kreative und kluge Ideen, was ein nächster Schritt sein könnte.[7] Die Dirigentin verkörpert also einen bewussten, einfühlsamen und weisen Zugang zu deinem Inneren. Sie kann Mehrdeutigkeiten und innere Spannungszustände zulassen und wohlwollend mit ihnen umgehen.

Denke noch mal an die vielen Methoden aus den vorangegangenen Kapiteln zurück. Sie alle helfen dir dabei, eine Verbindung zu deiner inneren Mitte und ihren Ressourcen herzustellen. Und damit beantworten wir auch gleich die Frage, wie lässt sich die innere Dirigentin stärken und schulen? Die Antwort lautet: durch Meditation, achtsame Körperarbeit, Reflexionen, Schreibübungen und Gespräche mit einem einfühlsamen Gegenüber.

Die 22-jährige Britta gerät im Studium schnell unter Druck. Wenn sie Angst hat, einer Aufgabe nicht gewachsen zu sein, zieht sie sich zurück und lässt Abgabetermine einfach verstreichen. Eine kindliche Stimme sagt verzagt:»Ich schaffe das nicht«, die innere fordernde Stimme meint aber:»Du musst dich mehr anstrengen.« Eine innere Pattsituation entsteht. Durch den Rückzug wird der innere Konflikt nicht wirklich gelöst, sondern nur vermieden. Britta lernt allmählich, sich durch Yoga und Meditation zu beruhigen und besser wahrzunehmen. Im Coaching lernt sie, ihre inneren Stimmen zu identifizieren und diese auch im Alltag besser zu erkennen. Britta sagt:»Ich fühle mich erwachsener. Auf Suaheli heißt erwachsen sein, ein ganzer Mensch zu sein. So fühle ich mich jetzt.«

Achtsamkeitsübungen und Meditation helfen dabei, mehr Kontakt zur inneren Mitte herzustellen. Aus dieser ruhigen, bewussten Position der Dirigentin lassen sich die unterschiedlichen, zum Teil aufgewühlten Stimmen erkennen, ohne sich in ihnen zu verlieren.

Eine kleine Gruppe befreundeter Psychotherapeutinnen kommt regelmäßig wöchentlich zu einem Achtsamkeitstraining zu mir. Seit einigen Tagen sind wir mit dem Krieg in der Ukraine und seinen Auswirkungen konfrontiert. Jede Teilnehmerin spricht kurz darüber, wie es ihr geht und was sie braucht. Eine Kollegin äußert Ängste, eine an-

dere ist traurig und berichtet von den Belastungen in ihrer Arbeit. Auch innere Spannungen werden deutlich. Eine Teilnehmerin sagt: »Ich höre eine innere Stimme, die fordert von mir, mich zusammenzureißen. Aber es gibt auch die Stimme, die mir erlaubt, mich auszuruhen.« In der sich anschließenden Meditation ermutige ich dazu, sich mit der inneren Mitte zu verbinden und der inneren Vielstimmigkeit Raum zu geben. Am Ende des Treffens fühlen sich alle gestärkt. Eine Teilnehmerin sagt: »Ich habe mich verbunden gefühlt mit Weisheit und Wohlwollen, das hat mich sehr berührt. Es hat sich so angefühlt, als habe ich Kontakt zu einer gleichermaßen kraftvollen als auch einfühlsamen inneren Mitte. Es tauchte eine ältere Version von mir auf, die ganz liebevoll auf mich blickte.«*

Dieses Beispiel macht sehr gut deutlich, was es heißt, sich mit der eigenen Dirigentin verbunden zu fühlen. Wir können unterschiedliche, auch herausfordernde Emotionen zulassen, ohne von ihnen überschwemmt zu werden. Innere Spannungen und Gegensätzliches dürfen sich zeigen. Gleichzeitig entsteht ein guter Abstand zu den inneren Erfahrungen, und es wird möglich, die eigenen Bedürfnisse wahrzunehmen.

Die innere Dirigentin ist also keine Powerfrau, die Gefühle überspielt und nur eine perfekte Oberfläche zeigen will. Nein, sie ist eine weise, einfühlsame Kraft, die auch leise und verletzliche Töne zulässt. Den kritischen und perfektionistischen Anteilen kann sie freundlich und bestimmt entgegentreten.

Fehlertoleranz

Wer kennt sie nicht, die ständig nörgelnden, fordernden inneren Kommentare? Die inneren Kritiker und Perfektionistinnen sagen: »Das schaffst du niemals«, »Du musst das ohne Fehler machen«, »Du bist nicht gut genug«, »Streng dich mehr an«. Kommt dir das bekannt vor?

Die inneren urteilenden Botschaften können sich auf den eigenen Körper, den Umgang mit Gefühlen, auf Beziehungen oder berufliche Schritte beziehen. Der Tonfall, mit dem sie gesprochen werden, ist meist streng, barsch und abwertend. Oft nähren sie Selbstzweifel, obwohl sie doch für eine gute Performance sorgen wollen.

Die junge Psychologin Kathrin beginnt mit ihrer therapeutischen Tätigkeit. Obwohl sie gut ausgebildet ist und auch in Kliniken schon viel Erfahrung sammeln konnte, meldet sich eine gnadenlose innere Kritikerin: »Das ist nicht der richtige Beruf für dich«, »Du bist nicht gut genug«. Diese innere abwertende Stimme nimmt ihr Kraft und verunsichert. Gleichzeitig identifiziert sich Kathrin auch mit einer überstarken, perfektionistischen Stimme, die von ihr fordert: »Streng dich mehr an«, »Mach keine Fehler«. Die inneren Stimmen führen dazu, dass Kathrin sich über die Maßen auf ihre Arbeit vorbereitet. Sie verkrampft und ist nicht mehr offen für die zwischenmenschliche Begegnung mit ihren Klienten und Klientinnen.

Die innere Kritikerin und die Perfektionistin treten oft als Duo auf und singen zusammen. Meist haben sie etwas mit den Bewertungen und Ansprüchen der Herkunftsfamilie zu tun. So ist es auch bei Kathrin. Besonders ihr Vater, ein erfolgreicher Arzt, hat immer sehr viel von seiner einzigen Tochter erwartet. Wenn diese dann erfolgreich war, wurde das aber gar nicht groß gewürdigt, sondern als selbstverständlich angesehen.

Doch so wie alle anderen inneren Persönlichkeitsanteile auch, haben die innere Kritikerin und die Perfektionistin wichtige Funktionen.

Schauen wir uns zunächst die Kritikerin an. Sie möchte vor Versagen und Angriffen von außen bewahren. Sie ist keine Feindin im Inneren, aber sie muss verstanden und gemäßigt werden. Es überrascht vielleicht, aber wenn man genauer hinschaut, beschützt die innere Kritikerin oft innere ängstliche Teile und möchte sie vor der Beschämung durch Versagen bewahren.

Gegen eine gesunde Selbstkritik ist nichts einzuwenden. Doch manchmal vergreift sich die Kritikerin im Ton. Sie spricht dann mit uns, als wären wir dumme, unmündige Wesen, und wiederholt ständig die gleiche Leier. Dann schädigt sie uns, ist uns nicht mehr nützlich. Deshalb ist es hilfreich, sie mal zu einem wertschätzenden Gespräch einzuladen und sie näher kennenzulernen. Dabei helfen dir hier einige anregende Fragen zur Reflexion.

Die Kritikerin ist nur ein Teil von dir

Stell dir vor, wie deine innere Kritikerin aussieht.

- Wie ist sie gekleidet, wie bewegt sie sich?
- Woran merkst du, dass die Kritikerin aktiviert ist?
- Was teilt sie dir mit? Notiere die Botschaften deiner Kritikerin.
- Welche positive Absicht könnte die Kritikerin verfolgen? Was tut sie für dich? Für welche Bedürfnisse tritt sie ein?
- Stell dir vor, deine Kritikerin kündigt, was würde geschehen?

- Was würde passieren, wenn du deine innere Kritikerin bittest, freundlicher mit dir umzugehen?
- Mit welchem anderen Persönlichkeitsanteil möchtest du die Kritikerin bekannt machen? Wie könnten die beiden zusammenarbeiten?

Innere kritische und perfektionistische Anteile stellen sich gerne an dein Dirigentinnenpult und spielen Chefin. Diesen Platz sollten sie möglichst schnell räumen, denn sie haben keine Führungskompetenzen und sehen die Welt zu einseitig. Welche weiteren Kniffe gibt es, um mit diesen bewertenden Stimmen gut umzugehen?

Bewährte Tipps und Tricks zum Umgang mit inneren Kritikerinnen und Perfektionistinnen:

- Identifiziere dich nicht mit den Stimmen, sie sind nur ein Teil von dir.
- Mache dir bewusst, von wem du Botschaften übernommen hast.
- Vielleicht möchtest du die gesamte Botschaft oder einen Teil davon symbolisch an den Sender zurückgeben.
- Verändere die absoluten »Du sollst …«- und »Du musst immer …«-Botschaften und füge »manchmal«, »wenn es passt«, »wenn ich mich dafür entscheide« ein.
- Setze eine der Stimmen auf einen Stuhl und sprich in deiner Vorstellung mit ihr.
- Beobachte im Alltag, wann sich diese Stimmen melden und was sie von dir möchten.
- Begegne diesen Seiten mit Humor.
- Schaffe dir Lebensbereiche, in denen diese Stimmen keinen Zutritt haben oder nur im Bademantel.

Nun noch ein genauer Blick auf die innere Perfektionistin: Sie ist dafür zuständig, dass keine Fehler geschehen und alle Erwartungen, deine eigenen und die der anderen, zu 150 Prozent erfüllt werden. Auf keinen Fall möchte sie Angriffsfläche für Kritik bieten. Auch sie ist also eine Beschützerin deiner ängstlichen und unsicheren Teile. Sie sorgt dafür, dass du Anerkennung bekommst und dich zugehörig fühlst.

Die 32-jährige Rachel hat von ihrem angolanischen Vater den Selbstanspruch übernommen, immer doppelt so viel leisten zu müssen wie alle anderen. Es geht darum, möglichst unangreifbar zu sein und nicht aufzufallen. Rachel nimmt an einem Seminar bei mir teil und lernt ihre inneren Stimmen kennen. »*Meine innere Perfektionistin findet in allen Situationen das Haar in der Suppe. Das macht mich unzufrieden, das ist quälend*«, *sagt sie. Ich bitte Rachel, für einige ihrer Anteile je einen Stuhl im Raum zu platzieren. Sie stellt einen Stuhl für die Perfektionistin auf und direkt daneben einen für die Kritikerin. Dann setzt sie sich auf einen Stuhl gegenüber. Sofort sagt sie:* »*Da fehlt etwas. Da fehlt ein liebevoller Anteil.*« *Und diese unterstützende, wohlwollende Stimme setzt sie zwischen die beiden anderen. Gleich verändert sich Rachels Gesicht, sie beginnt zu lächeln.* »*Ja, das ist wichtig, die freundliche Stimme will ich in der Mitte haben. Dann kann ich auch die Perfektionistin und Kritikerin mehr wertschätzen und vor allem begrenzen.*«

Genauso wie wir eine gemäßigte selbstkritische Seite brauchen, so ist auch gegen eine Perfektionistin, die genau hinschaut, aber es nicht übertreibt, nichts einzuwenden. Es kommt also aufs richtige Maß an. Wer möchte schon Bücher lesen, die nicht richtig geschrieben, lektoriert und korrigiert werden? Und trotzdem geht die Welt nicht unter, wenn sich doch mal ein Fehler einschleicht.

Die Psychologinnen Christine Altstötter-Gleich und Fay Geisler unterscheiden einen *positiven* von einem *negativen* Perfektionismus.[8] Der *positive, gesunde* Perfektionismus geht zwar auch mit hohen Ansprüchen an sich selbst einher, wird jedoch von Begeisterung und Lust am Erfolg begleitet. Diese Ambitioniertheit ist also auf das Gelingende ausgerichtet, macht zufrieden und hilft, Ziele zu erreichen. Wer aber von einem *negativen, neurotischen* Perfektionismus angetrieben wird, der versucht Ängsten und Schamgefühlen zu entkommen, ist also auf der Flucht und sieht nur Defizite, Fehler und Sorgen. Es geht dann ständig darum, Negatives zu vermeiden, statt Positives zu erreichen.

So ist es gar nicht unbedingt nötig, die ambitionierten Ziele und Ansprüche zu verringern. Sondern sich dafür zu interessieren, was die innere Perfektionistin antreibt. Angst? Oder die Freude am Erfolg und Gelingen? Es lohnt sich also, in einen bewussten Dialog mit der inneren Perfektionistin zu treten. Schreib ihr doch mal einen Brief. Du wirst überrascht sein, was dir einfällt und was du erkennst.

Lass dich von diesem Beispiel inspirieren.

Brief an die innere Perfektionistin

Liebe Perfektionistin,
dieser Brief ist längst überfällig. Wie lange kennen wir uns? Hast du dich in der Grundschulzeit das erste Mal gemeldet oder schon früher? Ich war immer sehr gut in der Schule. Irgendwann hatte ich dann Angst, Fehler zu machen. Es musste immer eine Eins sein. Wahrscheinlich hast du deine Ängste und Ansprüche von meiner Mutter übernommen. Sie konnte ihre beruflichen Träume nicht erfüllen, deshalb sollte ich das tun. Du bist wie eine innere strenge mütterliche Seite von mir.

Während ich das schreibe, spüre ich deine gute Absicht. Das berührt mich. Du hast mir immer geholfen, genau hinzuschauen, mich anzustrengen. Du hast versucht, mich vor meinen inneren Selbstzweifeln und Ängsten zu bewahren. Dafür danke ich dir! Du hast viel für mich getan. Oft hast du mir geholfen, bei der Sache zu bleiben. Zu meinen Erfolgen hast du eine Menge beigetragen. Manchmal hast du es aber auch übertrieben mit deiner Genauigkeit und von mir gefordert, über meine Grenzen zu gehen. Das war nicht immer gut. Ich habe zu wenig Pausen gemacht, ich war in vielen Situationen zu angespannt.

Deshalb möchte ich nun einiges verändern. Ich möchte mich mit dir befreunden, dir zuhören, dich aber auch begrenzen, wenn du zu extrem wirst. In Zukunft möchte ich dich mehr mit meiner spielerischen Seite bekannt machen. Ihr könntet ein gutes Duo werden. Du schaust ganz genau hin, und meine kreative, spielerische Seite erweitert den Blick. Sie hat nicht so viel Angst vor Fehlern. Ich möchte mehr Fehlerfreundlichkeit zulassen. Aus Fehlern habe ich so viel gelernt. Ab und zu werde ich mir auch erlauben, dir eine Auszeit zu gönnen. Auch du darfst dich mal in die Hängematte legen und nichts tun. Und ich freue mich darauf, dass wir uns beide in Zukunft noch mehr entspannen und vertrauen. Ich möchte mit dir zusammen auch lachen können.

Auf gute weitere Zusammenarbeit! Deine Anne

Und jetzt du! Schreibe deiner inneren Perfektionistin einen Brief.

Dein Brief an deine innere Perfektionistin

Folgende Aspekte können dir helfen, den Brief zu schreiben.

- Stell dir deine Perfektionistin als Person vor.
- Seit wann ist sie in deinem Leben?
- Hast du diese Seite von jemand anderem übernommen?
- Was hat deine Perfektionistin für dich getan? Benenne es genau und schätze sie dafür wert.
- Vor welchen Ängsten, Unsicherheiten und Selbstzweifeln hat dich die Perfektionistin beschützt?
- Hat sie dir geholfen, dich für etwas zu begeistern, dabeizubleiben und etwas zu erreichen? Wie kannst du ihr dafür danken?

Achte auf Gefühle, die sich beim Schreiben zeigen. Und drücke diese Gefühle im Brief aus.

Was möchtest du im Umgang mit deiner Perfektionistin verändern?

Welche andere innere Seite möchtest du mit der Perfektionistin bekannt machen?

Wirf einen Blick in die Zukunft, welche Veränderung wünschst du dir in der Beziehung zu deiner Perfektionistin?

Innere Kritikerinnen und Perfektionistinnen lassen sich in jedem Lebensalter begrenzen oder weiterentwickeln. Dafür ist es nie zu spät.

Die 74-jährige Renate ist berentet und unterrichtet schon lange kreativen Tanz. Sie möchte aber noch mehr von ihrem Wissen weitergeben und Mentorin für jüngere Tanztherapeutinnen sein. Deshalb arbeitet sie an einer neuen Webseite, um sich mit ihren Angeboten mehr zu zeigen. Dabei werden alte einengende Stimmen laut: »*Du bist nicht gut genug*«, »*Wer bist du schon, um Tanz zu unterrichten?*«. *Ihr strenger Vater sprach früher so zu ihr, er hielt das Tanzen für eine brotlose Kunst und konnte das Talent der Tochter weder sehen noch würdigen oder gar fördern. Renate schreibt die einengenden väterlichen Botschaften auf Zettel und gibt sie symbolisch an den Vater zurück. Es ist enorm, wie viel kraftvoller und selbstbewusster Renate sich jetzt nach außen zeigen kann.*

Wenn wir uns mit der inneren Kritikerin und der Perfektionistin befassen, dann begegnen wir unweigerlich den eigenen Ängsten und verletzlichen Seiten. Es lohnt sich, sie kennenzulernen. Da diese inneren Stimmen etwas zurückhaltend und vorsichtig sind, brauchen sie jetzt Ermutigung, um sich zu zeigen.

Der Kinderchor

Hinter der Kritikerin und der Perfektionistin verstecken sich die unsicheren, verletzten und belasteten kindlichen Anteile. Sie sind es nämlich, die so viel Angst haben, etwas falsch zu machen, und sich fürchten, dass etwas Schlimmes passiert, wenn sie sich nicht richtig verhalten. Diese Stimmen sind wie in der Vergangenheit eingefroren. Sie sind Erinnerungsspuren von kindlichen, längst vergangenen Erfahrungen.

Diese kindlichen Muster werden in unserem Erwachsenenleben durch bestimmte Auslöser, die an die früheren Situationen erinnern, wieder aktiviert. Sie führen dann zu starken emotionalen und körperlichen Reaktionen, den *somatischen Markern*, den körperlichen Erinnerungsspuren, von denen ich im letzten Kapitel gesprochen habe. Oft erkennen wir die »alten kindlichen« Reaktionen auch daran, dass sie nicht situationsadäquat, sondern zu extrem sind.

Wie sieht das im Alltag aus? Du wirst gefragt, ob du einen Vortrag halten willst, und plötzlich meldet sich eine fast panische Stimme in dir, und dir ist ganz flau im Magen. Oder auf einem Fest hast du, obwohl du viele Menschen dort kennst, plötzlich Sorge, eine Außenseiterin zu sein, du fühlst dich extrem einsam und irgendwie blockiert. Dein Partner fährt für ein Wochenende mit seinen Sportsfreunden weg, und du fühlst dich niedergeschlagen, einsam und irgendwie hilflos.

Wenn wir in einer Alltagssituation stark emotional werden, ja vielleicht sogar überreagieren, dann ist oft eine innere kindliche, bedürftige Stimme beteiligt. Ein Auslöser, ein Trigger im Außen berührt eine verletzte Seite und bringt einen alten Schmerz zum Klingen.

Ich stelle mir das wie einen Fahrstuhl vor, mit dem wir in Sekundenschnelle von unserem Erwachsenenalter in jüngere Lebensphasen rauschen. Plötzlich finden wir uns in einer sehr unsicheren kindlichen Etage wieder. Oder wir steigen im Stockwerk des einsamen inneren Teenagers aus.

Jede von uns hat diese inneren jüngeren Stimmen in sich. Oft tragen diese Seiten eine alte Last, einen alten Schmerz. Sie singen Lieder von Vernachlässigung, Ablehnung, Überforderung, Einsamkeit und Ohnmachtsgefühlen. Sie weisen darauf hin, welche Bedürfnisse in der Herkunftsfamilie nicht gesehen und erfüllt wurden. Vielleicht durften wir als Mädchen nicht wild sein und unsere Sehnsucht nach Abenteuer wurde unterdrückt. Vielleicht wurde zu oft von uns verlangt, brav zu sein und uns anzupassen. Der Zorn durfte nicht sein oder eine kreative Seite machte den Eltern Angst. Vielleicht wurde zu viel Wert auf Leistung gelegt und der Wunsch nach Spiel und Spaß hatte nicht genug Raum.

Die inneren verletzten, übersehenen Anteile stecken in der Vergangenheit fest. Sie reagieren automatisch aus der Erinnerung heraus. Auch wenn wir längst erwachsen sind, fühlen diese Seiten kindlich und haben keine erwachsenen Kompetenzen. Deshalb ist es so wichtig, die kindlichen und jugendlichen Stimmen zu kennen. Erneut ist die Dirigentin gefragt. Denn ein Kind, auch ein inneres, kannst du nur dann beruhigen, wenn du selbst als Erwachsene in einem guten Zustand bist. Dafür ist es entscheidend, in die Gegenwart zu kommen, dich zu beruhigen und mit dem Fahrstuhl wieder in dein Erwachsenenalter zu fahren. Von dort aus kannst du die verletzten Stimmen erkennen, verstehen und auch versorgen.

Die 35-jährige Laura ist in einer Familie aufgewachsen, in der Leistung und Status oberste Priorität haben. Verletzliche Seiten hatten keinen Platz. Die kleine Laura hörte oft den Satz:»Stell dich nicht so an.« Man ging auch krank zur Arbeit oder in die Schule. Noch als Erwachsene übersieht Laura ihre eigenen Grenzen, und die Selbstfürsorge bleibt immer wieder auf der Strecke. Sie negiert eigene Bedürfnisse nach Entspannung und Spaß. Durch Achtsamkeitsübungen und Coachingstunden lernt sie, ihren kindlichen Stimmen mehr zuzuhören und die kritischen Teile ihrer Persönlichkeit zu begrenzen. Sie achtet stärker auf die eigenen Bedürfnisse und etabliert eine erwachsene Selbstfürsorge.

Es ist sinnvoll, sowohl die kritischen als auch die verletzten kindlichen Seiten kennenzulernen. Aber genauso wichtig ist es, der Versuchung zu widerstehen, sich mit ihnen zu sehr zu identifizieren. Denn sie sind nur Erinnerungsmuster der Vergangenheit und sollten uns nicht komplett vereinnahmen. Für ein erwachsenes Selbstbewusstsein brauchen wir die Qualitäten des Selbst, der inneren Dirigentin. Mit Einfühlungsvermögen kann sie innere kindliche Anteile trösten, beruhigen und auch ermutigen.

Deine verletzten inneren Stimmen

○ Welche Bedürfnisse wurden in deiner Kindheit und Jugend zu wenig gesehen und nicht ausreichend erfüllt?

○ Welche vernachlässigten und verletzten inneren kindlichen und jugendlichen Stimmen kennst du? Und was sagen sie?

○ Wodurch können die alten inneren Verletzungen auch jetzt noch ausgelöst werden?

○ Was brauchen diese inneren Seiten von dir? Wie kannst du sie hören und beruhigen?

○ Wenn du nicht mehr so verletzt, impulsiv, gekränkt reagieren würdest, was wäre dann anders?

Nicht immer ist es möglich, die inneren Verletzungen selbst zu identifizieren und zu versorgen. Wenn du bemerkst, dass dir der Zugang zu kindlichen Seiten verstellt ist oder dass die Gefühle, die sie auslösen, dich überfordern, dann kann es ratsam sein, therapeutische Hilfe zu suchen.

Glücklicherweise haben wir auch Erinnerungen, die von Liebe, Wohlergehen und Geborgenheit erzählen. Es gibt die glücklichen kindlichen Stimmen. Hier einige Beispiele.

»Ich habe nach dem Baden als Achtjährige im Bett gesessen und gelesen und meine Mutter hat meine langen Haare geföhnt. Perfekte Momente von Wohlgefühl und Geborgenheit.«

»Ich sehe mein altes Kinderzimmer vor mir. Ich konnte ganz versunken sein im Spiel. Völlig zufrieden mit mir. Das war wunderbar.«

»Mein Vater hat mich mit raus in die Natur genommen und mir vieles erklärt. Das waren Sternstunden. Ich habe mich so verbunden gefühlt.«

»Als Jugendliche bin ich geritten. Der Pferdestall war mein Zuhause. Auch heute als Erwachsene reite ich noch gerne. Es sind Glücksstunden voller Wildheit und Freiheit.«

»Wir sind als Kinder Schlitten gefahren im Wald. Das war eine Zeit der Selbstvergessenheit. Stundenlang waren wir zusammen, unabhängig von den Erwachsenen, umgeben von einem tief verschneiten Wald.«

»Ich konnte immer zu meinen Eltern gehen. Alle beide haben mich in den Arm genommen und mir Kraft und Zuversicht gegeben. Ich sehe dabei unseren großen Küchentisch vor mir und die gemütlichen Bänke. Ein Ort der Geborgenheit.«

In diesen beglückenden Situationen konnten wir unsere Bedürfnisse nach Spaß, Geborgenheit, Zugehörigkeit und Autonomie leben. Es sind Momente der Unbeschwertheit und des Vertrauens. Sich an diese glücklichen kindlichen Zustände zu erinnern, verbindet uns mit diesen stärkenden Ressourcen, und das gibt Kraft. Deshalb hast du jetzt die Gelegenheit, dich an deine glücklichen kindlichen Sternstunden zu erinnern. Vielleicht magst du dafür alte Fotos anschauen und die auswählen, auf denen du begeistert, zufrieden, glücklich aussiehst. Mach es dir – vielleicht mit einem Tee – auf dem Sofa ganz bequem, und schreibe diese stärkenden Erinnerungen auf.

Glückliche Sternstunden der Kindheit und Jugend

- Was hast du als Kind oder als Jugendliche gern gemacht?
- In welchen Situationen warst du glücklich?
- Wann hast du dich sicher und geborgen gefühlt?
- Mit welchen Personen konntest du das Glück teilen und erleben?
- Wenn du dich jetzt daran erinnerst, wie fühlt es sich an? Was spürst du in deinem Körper?
- Wie kannst du diesen kindlichen glücklichen Seiten genug Platz in deinem aktuellen erwachsenen Leben geben?

Die glücklichen kindlichen Zustände und inneren Stimmen sind wichtig für unsere Resilienz und unsere Gesundheit auch im Erwachsenenalter. Sie wirken wie innere Schätze. Interessanterweise bilden sie auch die Grundlage für die erwachsene Selbstfürsorge. Denn oft mögen wir die Dinge und Aktivitäten, die wir als Kinder gernhatten, auch als Erwachsene noch. Doch häufig wird die kindliche Unbeschwertheit, der Spaß, die Begeisterung im Alltag vergessen. Jetzt ist aber die Zeit gekommen, sich ein Konzert des inneren Selbstfürsorgechores anzuhören.

Der Chor der Selbstfürsorge

Frauen tun sich oft leicht mit der Unterstützung anderer Menschen und schwer mit der Selbstfürsorge. Das liegt an den schon beschriebenen gesellschaftlichen und kulturellen Stereotypen, die verinnerlicht wurden.

Wer steht denn eigentlich im Inneren der eigenen Selbstfürsorge entgegen? Die Perfektionistin und die Kritikerin, die wir ja schon kennen, arbeiten gerne mit der inneren Antreiberin zusammen, die keine Pausen zulässt und ständiges Handeln fordert. Auch die Stimmen, die Fürsorge für andere verlangen, und die verantwortlichen Anteile, die immer denken, sie müssten alles übernehmen, stehen der Selbstfürsorge im Wege. Die Dirigentin kann diese Stimmen identifizieren, ihre Botschaften überprüfen und beherzt Grenzen setzen. Es braucht Lebensbereiche, in denen diese antreibenden Teile pausieren.

Regina ist eine erfolgreiche Wissenschaftlerin, sie ist 50 Jahre alt und leitet ein engagiertes Team. Mit ihren zwei Teenager-Töchtern und ihrem Partner fühlt sie sich sehr wohl. Zu Hause übernimmt sie sofort jede Aufgabe, die ihr ins Auge springt. Regina weiß, was ihr guttut, macht regelmäßig Sport, fährt in die Natur und trifft sich mit Freundinnen. Aber dennoch ist sie plötzlich ausgebrannt und hat keine Energie mehr. In einigen Gesprächen schauen wir uns ihre inneren Persönlichkeitsanteile an. Es wird deutlich, dass ihre innere Antreiberin ständig aktiv ist und gemeinsam mit der verantwortlichen Stimme jede Aufgabe an sich zieht. Diese innere Dynamik ist sehr automatisiert. Regina sagt:»Die Antreiberin gewinnt immer. Mein innerer Faulpelz ist auch da, aber der hat resigniert. Es fällt mir unheimlich schwer, mal nichts zu tun. Erst kommt die Arbeit und dann lange nichts.« Als Kind musste Regina früh erwachsen werden. Sie hat sehr früh Verantwortung für sich übernommen und die Erfahrung gemacht, durch Planen und Leisten Anerkennung zu bekommen. Im Gespräch über ihr inneres Kind wird sie traurig und spürt die Sehnsucht danach, versorgt zu werden und sich auch einmal anzulehnen. Sie lernt, ihre Bedürfnisse mehr zu artikulieren, Pausen zu machen und die antreibenden Stimmen zu begrenzen.

Zu erkennen, welche Stimmen die Selbstfürsorge torpedieren, ist ein wichtiger erster Schritt auf dem Weg zu innerer Balance. Die Dirigentin bringt die Antreiberin und die Perfektionistin mit genießerischen und regenerierenden Stimmen ins Gespräch. Die Antreiberin kann dann ihre Energie einsetzen, um im Sinne der Gesundheit aktiv zu werden. Die perfektionistische Seite lässt sich von der Genießerin zu einem Cocktail einladen. Aus Kampf wird Kooperation. Damit entsteht eine andere innere Musik. Wir brauchen ja beides: Ruhe- und Arbeitsphasen. Erst die Flexibilität, von einem Zustand in einen anderen wechseln zu können, macht resilient.

Dafür braucht es auch die Fähigkeit, Grenzen zu setzen. Eine Stimme in uns, die sich traut Nein zu sagen, die äußert, dass etwas zu viel wird, dass sie etwas nicht will. Sie zieht Grenzen im Inneren, zum Beispiel in Richtung der Antreiberin, und auch nach außen zu anderen Personen.

Zunächst ist die innere Grenzsetzerin vielleicht noch unvertraut, doch es lohnt sich, sie kennenzulernen. Frauen sind oft erstaunt, was sich verändert, wenn sie mit diesem Persönlichkeitsanteil in Kontakt kommen. Immer über die eigenen Grenzen zu gehen oder auch anderen Personen diese Grenzverletzungen zu erlauben, macht ärgerlich. Diesen Ärger gilt es zuzulassen, dann wird er zu einer kraftvollen Energiequelle.

Leider rechtfertigen Frauen Pausen und Grenzsetzungen viel zu oft. Sie zählen auf, was sie alles schon gemacht haben, um ein Innehalten zu legitimieren. Eine Ruhephase ist erst dann erlaubt, wenn das Wichtige getan ist. Selbstfürsorge gilt als egoistisch. Das eigene Wohlergehen kommt meist nach der Fürsorge um andere. Frauen entschuldigen sich für das Nichtstun, anstatt es als ein wichtiges Grundbedürfnis selbstverständlich zu vertreten. Es fällt ihnen schwer, Grenzen zu setzen, ohne viel zu argumentieren oder sich dafür zu entschuldigen.

Die 40-jährige Ulla arbeitet in einem sehr männerdominierten Umfeld. Durch den Kontakt mit ihren inneren Stimmen gelingt es ihr zunehmend besser, Grenzen zu setzen. Sie kommt lachend zu einem Coachinggespräch zu mir:»Es ist unglaublich, welchen Unterschied es macht, wenn ich klar und deutlich sage, was ich will und was ich nicht will. Ich bin freundlich, lasse aber die Erklärungen und Rechtfertigungen einfach weg. Sensationell – ich erreiche meine Ziele und bin nicht mehr so ausgelaugt.«

Die 70-jährige Greta hat gerade eine schwere Krankheit überstanden und wir sprechen über Selbstfürsorge. Plötzlich sagt sie:»Ich habe gar keine Erfahrung mit dem Grenzenziehen und Neinsagen. Da muss ich jetzt erst 70 werden, um das zu tun. Aber es ist niemals zu spät dafür.« Greta stellt sich ihre innere Grenzzieherin als eine starke, kraftvolle Frau vor, die die Arme ausbreitet und den eigenen Raum selbstbewusst nach außen begrenzt. Greta nimmt die Körperhaltung ihrer Grenzsetzerin ein und fühlt sich kraftvoll und innerlich klar. Und sie lächelt verschmitzt. Grenzen zu ziehen, kann also auch Spaß machen.

Neben der Grenzsetzerin kann es hilfreich sein, noch eine Gesundheitsbeauftragte in deinem inneren Chor zu haben. Sie achtet auch auf Grenzen, sie weiß, wie es dir psychisch und körperlich geht und kann Vorschläge für wohltuende Aktivitäten machen.

Nun kannst du dich darauf freuen, deinen eigenen Chor der Selbstfürsorge zum Singen zu bringen. Lass dich überraschen, was an Arien und Songs zu hören sein wird.

Der Chor der Selbstfürsorge

Suche dir einen angenehmen Platz. Vielleicht möchtest du es dir mit Kerzenlicht und entspannender Musik gemütlich machen. Nimm dir dann etwas zum Schreiben zur Hand.

- Was sagt deine innere Genießerin? Was braucht sie, was wünscht sie sich?
- Was sagt die Antreiberin zu Entspannung und Selbstfürsorge? Wie kann sie diese fördern? Wie unterstützend zur Gesundheit beitragen?
- Worauf weist die Grenzsetzerin hin? In welchen Situationen möchte sie mehr Nein sagen?
- Was möchte die Gesundheitsbeauftragte? Welches Verhalten wünscht sie sich und welche Ideen hat sie für die Umsetzung?
- Das abschließende Wort hat die Dirigentin. Was möchte sie beherzigen? Welche Bilanz zieht sie aus dem Gespräch? Wie wünscht sie sich ihren Selbstfürsorgechor? Zum Schluss dankt sie allen inneren Stimmen für ihre Beiträge.

Die Selbstfürsorge ist für die Gesundheit und eine innere Balance unerlässlich. Wichtig ist sie auch für deine Dirigentin. Die innere Leitung wird durch Pausen und Wohltuendes gestärkt. Sie braucht Ruhephasen und Zeiten für Reflexion, damit sie die inneren Stimmen hören und leiten kann. Außerdem schaffen Ruhe und Nichtstun, aber auch Tanzen und Spazierengehen, Raum für Kreativität. Diese Räume der Fantasie erkunden wir jetzt. Wir hören den stärkenden, spielerischen, humorvollen und kreativen Stimmen zu.

Die Gesundheits-beauftragte

Die Grenzsetzerin

Die Genießerin

Die Antreiberin

Kreativität im Zusammenspiel

Was wären Musik, Tanz, Theater – Kunst generell – ohne Viel-stimmigkeit? Die Autorin Bernardine Evaristo erhielt 2019 als erste Schwarze Frau den renommierten Booker Prize. Und zwar für ihr Buch *Mädchen, Frau, etc.*[9]. Sie bezeichnet ihren Roman selbst als »vielstimmiges Loblied auf Schwarze britische Weiblichkeit und non-binäres Leben«.[10] Ihre Frauenfiguren im Alter von 19 bis 93 Jahren kommen jeweils mit ganz eigenen Stimmen, Akzenten und Perspektiven zu Wort. Evaristo sagt selbst, sie hätte dieses Buch gerne ihrem jüngeren Ich zu lesen gegeben. Es ist nicht verwunderlich, dass sie das Spiel mit Stimmen und unterschiedlichen Rollen so beherrscht: Sie studierte *Community Theater Arts* und leitete viele Jahre ein Theater für Schwarze Frauen in London. Die Autorin hat sich ihre eigenwillige, fließende poetische Erzählweise, die unorthodox mit Zeichensetzung umgeht, über viele Jahrzehnte mit einer unglaublichen Beharrlichkeit erschrieben. In ihrem sehr persönlichen Buch *Manifesto. Warum ich niemals aufgebe* schreibt sie: »Sei wild, ungehorsam & kühn in deiner Kreativität, nimm Risiken auf dich, anstatt vorhersehbaren Wegen zu folgen.«[11]

Kunst in all ihren Facetten berührt uns, bringt Seiten und Stimmen in uns zum Klingen, die inspirieren und beglücken. Wir gehen in Resonanz mit den Kunstwerken und lassen uns ermutigen, Ungewohntes, Leises, Wildes und Übersehenes in uns selbst zu erkennen und auch auszudrücken. Kunst überschreitet Grenzen, verbindet Gegensätze und schafft Neues.

Die Auseinandersetzung mit der eigenen inneren Vielstimmigkeit ist auch ein kreativer Prozess. Immer wieder kommen Frauen mit großen Plakaten zu mir, auf denen sie ihre Vielstimmigkeit darstellen. Sie formulieren Dialoge zwischen unterschiedlichen Persönlichkeitsanteilen oder schreiben Briefe an innere Stimmen. Oder sie verkörpern innere Seiten, tanzen sie und erwecken sie damit zum Leben.

Dabei erhält auch Vergessenes oder noch Unbekanntes Aufmerksamkeit. Das, was vielleicht bisher im Inneren und auch im Leben zu kurz kam, bekommt endlich eine Stimme. Wie wäre es zum Beispiel mit einer wilden oder ausgeflippten inneren Stimme? Oder einer inneren Clownin? Als Studentin habe ich selbst viel Theater gespielt und konnte im Stück *Die Clownin* von Gerlind Reinshagen in ganz unterschiedliche Rollen schlüpfen. Besonders befreiend empfand ich es, mich als Clownin zu verkleiden. Wild geschminkt, mit vielen Kleidungsstücken übereinander, einer riesigen karierten Hose mit Hosenträgern, zerzausten Haaren und einer roten Clownsnase genoss ich es, lustig zu sein und andere zum Lachen zu bringen. Seitdem gehört die Clownin zu meinem inneren Chor. In all diesen kreativen Formen zeigen sich Freude, Stolz, Begeisterung und eine unglaubliche schöpferische Kraft.

Die 30-jährige Laura ist zurzeit beruflich stark eingebunden. Immer wieder fühlt sie einen enormen Leistungsdruck. Sie erinnert sich daran, dass sie nach dem Abitur mit 19 sehr unbeschwert gelebt hat. Es gelingt ihr, dieser jüngeren Laura wieder eine Stimme zu geben. Laura sucht Fotos aus dieser Lebensphase heraus und geht nun öfter tanzen. Die unbeschwerte, leichte und spielerische Seite bekommt wieder einen festen Platz in ihrem inneren Chor und ihrem Leben.

Auch ältere und weise liebevolle Stimmen machen unseren inneren Chor komplett. Wir blicken dann von einem älteren Ich, vielleicht als 90-Jährige, auf unser Leben zurück. Diese inneren Ratgeberinnen und Ratgeber können aber auch Tiere oder Pflanzen sein, da sind unserer Kreativität keine Grenzen gesetzt.

Die 45-jährige Bettina ist oft sehr streng mit sich. Sie stellt sich einen alten dicken Baum vor, an den sie sich anlehnen kann und der sie ermutigt. Der weise Baum rät:»Folge dir selbst. Vertraue dir.« Er treibt nicht an, sondern wirkt gelassen und liebevoll. Bettina denkt auch im Alltag an diese Kraft und wird körperlich dadurch ruhiger und sanfter mit sich selbst. Der alte Baum wird zu einem inneren Ort der Zuflucht und Unterstützung.

Lass dich von den Beispielen und Anregungen für den spielerischen Umgang mit deinen inneren Stimmen inspirieren. Höre und vertraue dabei auf deine eigenen Ideen und Impulse.

Kreative Ideen für deinen inneren Chor

- Zeichne deine Stimmen.
- Kreiere eine Collage.
- Welche Stimmen aus Theaterstücken, Büchern, Musik stärken dich?
- Welche ungewöhnlichen Stimmen können deinen inneren Chor bereichern?
- Was kommt zu kurz und möchte mehr gelebt werden?
- Verschaffe diesen Stimmen tänzerisch/körperlich oder stimmlich Ausdruck: tanze, singe!
- Schreibe Texte, verleihe deinen Stimmen Worte.
- Stelle innere Chöre je nach Anlass und Situation kreativ zusammen.
- Nutze deine Fantasie, um dir stärkende Stimmen vorzustellen, diese zu (er)finden.
- Welche deiner inneren Anteile lernen sich auf einer Party kennen? Was geschieht?
- Stell dir eine Musikliste zusammen, die dich stärkt.

Kreativität ist in jedem Moment möglich. Dafür braucht es nur den Mut, die eigenen Grenzen etwas zu erweitern und auszuprobieren und zu spielen. Oder wie Cate Blanchett es in der Rolle einer Kranführerin in *Manifesto* ausdrückt: »Ich bin für eine unordentliche Vitalität … Ich bin für den Reichtum an Bedeutungen.«[12]

Die Kreative

Die Tänzerin

Die Clownin

Schlüssel für den Alltag

In diesem Kapitel konntest du deine innere Vielstimmigkeit kennenlernen. Du bist kritischen und verletzlichen Anteilen, aber auch der Genießerin und der Grenzsetzerin begegnet.

Und du weißt jetzt, dass deine innere Dirigentin selbstbewusst ans Pult treten und die Stimmen zu einem wohlklingenden Chor zusammenbringen kann.

Du kannst dir jederzeit im Alltag bewusst die Ruhe und die Kraft der Dirigentin zu eigen machen und dir einen Überblick über deine Selbstgespräche verschaffen. Dadurch kommunizierst du anschließend klarer nach außen.

Sei dir bewusst, wenn Menschen und Situationen deine verletzlichen Seiten aktivieren, und ruf die Dirigentin zu Hilfe.

Stelle dir eine Liste von selbstfürsorglichen Aktivitäten zusammen und setze täglich etwas davon um. Vertraue deiner Kreativität!

Tür
Fünf

Vertraue deinen Kompetenzen

Die Expertin bist du

Auf dem Weg zu unserer ersten Begegnung bin ich aufgeregt. Gleich treffe ich auf sieben Frauen, die sich sehr gut in ihrem jeweiligen Fachgebiet auskennen. Wir wollen gemeinsam an Themen arbeiten, uns unterstützen und ein Netzwerk bilden.

Ich bin schon sehr gespannt. Dann sitzen wir zusammen, und jede stellt sich mit ihrem Werdegang, ihren Erfahrungen und Kompetenzen vor. Wohlgemerkt handelt es sich um sehr erfahrene Frauen, alle über 40. Je länger ich zuhöre, desto irritierter bin ich. Es fallen immer wieder Sätze wie: »Soll ich beginnen oder willst du? Ich will mich nicht vordrängen. Was soll ich denn in zehn Minuten über mich sagen, so viel Zeit brauche ich nicht. Ich weiß gar nicht, was ich sagen soll. Ich traue es mir nicht zu. Wie viel ihr alle vorzuweisen habt. Ich bin nicht so toll ausgebildet. Vielleicht ist das übertrieben, wenn ich das jetzt sage. Ich weiß nicht, ob ich das kann.«

Mir fällt seit dem Schreiben des Buches so viel mehr im Alltag auf, woran ich mich vielleicht schon gewöhnt hatte oder von dem ich selbst dachte, ich übertreibe mit meiner Wahrnehmung. Es kostet mich etwas Überwindung, meine Beobachtungen den anderen mitzuteilen: »Mir ist aufgefallen, wie wir uns einander vorstellen, wie wir über unsere Kompetenzen sprechen. Wir rechtfertigen uns, machen uns klein und stellen uns als unerfahrener dar, als wir es eigentlich sind. Wir rechtfertigen uns für unsere Kompetenzen und stellen unsere Selbstzweifel stark in den Vordergrund.« Es folgt betretenes Schweigen. Mein Herz klopft. Doch dann entwickelt sich ein sehr einfühlsamer und offener Austausch.

Im Verlaufe unseres ersten Treffens beschließen wir, das Thema Kompetenz mehr in den Blick zu nehmen. Wir entscheiden uns für regelmäßige achtsame Gespräche zu zweit.

Ich kann es schon vorwegnehmen: Diese regelmäßigen Dialoge wurden für uns alle zum Eye Opener. Es entwickelte sich ein derartig stärkender, erkenntnisreicher Prozess, dass ich diese Übung hier wärmstens empfehle.

Kompetenz im Dialog erkunden

Ein achtsamer Dialog ist eine bewusste, strukturierte Form des Austausches. Die Struktur ermöglicht es, beim Sprechen ein Thema zu erkunden, ohne unterbrochen zu werden. Der Sprechenden steht also ungestörter Rederaum zur Verfügung. Die Zuhörende bleibt stumm, kommentiert nicht, fragt nicht, sondern ist präsent und zugewandt. Dies bietet die Möglichkeit, neugierig und im Kontakt mit der gegenwärtigen Erfahrung zu sprechen und zuzuhören. Oft tauchen dabei neue, überraschende Erkenntnisse auf.

Wähle dir eine Partnerin, mit der du diese Übung telefonisch, online oder in Präsenz machen möchtest. Voraussetzung ist, dass ihr euch vertraut und beide daran interessiert seid, das Thema Kompetenz zu erkunden.

Nehmt euch 20 Minuten Zeit. Zehn Minuten sprichst du, zehn Minuten spricht deine Dialogpartnerin. Hier findest du den Ablauf der Übung:

Zunächst verteilt ihr für den ersten Durchgang die Rollen der Sprecherin und der Zuhörerin. Ihr schließt beide für eine Minute die Augen und schweigt. Dann öffnet ihr die Augen wieder.

Die Zuhörende beginnt mit der Frage:»Erzähle mir: Wann hast du deine Kompetenzen in der letzten Zeit gezeigt? Wie ist es dir dabei ergangen? Wann hast du deine Kompetenzen zurückgehalten und welche Erfahrungen hast du damit gemacht?«

Nun hat die Sprechende zehn Minuten Zeit, ihre entsprechenden Erfahrungen zu schildern. Sie kann sich dabei ganz auf sich besinnen, sich spüren, warten, welche Erinnerungen und welche Situationen sich melden. Die Erzählerin darf auch Pausen machen und innehalten. Sie spürt, welche Resonanz im Körper entsteht. Sie ist neugierig darauf, welche Gefühle und Erkenntnisse auftauchen.

Die Zuhörende bleibt in wohlwollender Stille und reagiert nicht. Als Zuhörerin stellt sie der Sprecherin einen Raum zur Selbsterkundung zur Verfügung. Sie kann wahrnehmen, was das Gehörte in ihr auslöst, ohne die Aufmerksamkeit für die Sprecherin zu verlieren.

Nach zehn Minuten schließen beide die Augen und gehen eine Minute in die Stille. Sie lassen das Gesagte und Gehörte los.

Dann werden die Rollen gewechselt. Die Sprecherin wird zur Zuhörerin. Die neue Erzählerin spricht nun über ihre Erfahrungen mit der eigenen Kompetenz.

Nach zehn Minuten tauchen beide wieder in eine einminütige Pause der Stille.

Danach vereinbart ihr den nächsten Termin miteinander.

Schließlich verabschiedet ihr euch voneinander. Es braucht keine weitere Reflexion. Der achtsame Austausch erlaubt, gemeinsam dem Thema Kompetenz Aufmerksamkeit zu schenken, ohne zu diskutieren oder zu kommentieren. Diese besondere, respektvolle Form der Begegnung bietet Freiheit für das eigene Denken, Erleben und Fühlen. Geht bitte vertraulich mit den Informationen um, die ihr bekommen habt.

Ihr könnt diese Übung über mehrere Wochen und Monate fortsetzen – solange ihr Freude daran habt und Neues und Wichtiges für euch entdeckt.

Wie bei anderen Themen auch, so braucht Veränderung zunächst die bewusste Wahrnehmung. Die Dialogübung fördert eine genauere Selbstbeobachtung im Alltag und gibt Raum für Reflexionen. Zu erkennen, wie sich Kompetenz anfühlt, aber auch, wie sich Verunsicherung zeigt, macht dich zur Expertin der eigenen Kompetenz. Schätze deine einzigartige Palette deiner Fähigkeiten wert.

Der achtsame Erfahrungsaustausch stellt Verbundenheit her und respektiert die Individualität. So kann ein gemeinsames und erfahrungsbasiertes Lernen entstehen. Wir spiegeln uns in der anderen, erkennen uns wieder und erfahren einen wohlwollenden Umgang mit Unterschieden.

Die Psychologie der Kompetenz

Was ist Kompetenz eigentlich? Zunächst ein kleiner etymologischer Einblick: Das Wort *Kompetenz* stammt vom lateinischen *competere* ab und bedeutet ursprünglich *zusammentreffen*. Im 19. Jahrhundert entwickelt sich die Wortbedeutung hin zu *Fähigkeit* und *Zuständigkeit*. Der Aspekt des Wettstreits und der Konkurrenz wird im englischen Wort *compete* betont.

Sich mit dem Thema Kompetenz zu beschäftigen, öffnet also ein ganzes Themenfeld: Begabung, Talent, Fähigkeit, Wissen und Können gehören dazu. Aber auch Qualifikation, Sachverstand, Selbstwert, Erfahrung und Erfolg hängen mit Kompetenz zusammen. Beim Anlegen eines Gartens, beim Autofahren, in der Pflege eines Menschen, in der Kindererziehung, beim Erlernen einer Fremdsprache, beim Sport – überall brauchen wir Kompetenzen. Natürlich sind auch im beruflichen Feld Kompetenzen gefragt: soziale, interkulturelle Kompetenzen, Führungskompetenzen, die Fähigkeit, Konflikte zu lösen oder im Team zu arbeiten. Wir haben Potenzial für viele Bereiche, aber es geht darum, wie wir welche dieser Möglichkeiten entfalten und weiterentwickeln. Kompetenz ist nichts Statisches, sondern ein Lernprozess. Dabei stehen Neugier und Interesse meistens am Anfang. Es braucht eine Motivation, die uns antreibt, Kompetenzen zu erwerben. Zu Beginn fühlen wir uns noch unerfahren, doch durch Wissenszuwachs, Wiederholung und auch Anwendung des Gelernten werden wir sicherer und erfahrener.

Meine Freundin Silke hat sich einen wunderbaren Garten geschaffen, durch den ich immer wieder staunend mit ihr spaziere. Neulich sagte sie mir, dass es am Anfang darum ging, ihren Eltern zu beweisen, dass sie einen effizienteren Garten anlegen könne als sie. Doch das ist lange her. Die Leidenschaft für Natur und Pflanzen ist zum eigentlichen Antrieb geworden.

Auch die Möglichkeit, selbst etwas zu schaffen und gestalten zu können, ist für Silke wichtig. Sie hatte immer den Traum vom eigenen Garten – und dann hat Silke zum ersten Mal mit dem Anlegen begonnen. Hat über Böden, Pflanzen, Gewächshäuser und Wiesen Wissen gesammelt, und zwar durch das Studium vieler Bücher, aber auch durch den Kontakt mit anderen Gärtnerinnen. Und, ganz wichtig, durch das Gärtnern selbst. Sie hat ausprobiert, was wo wie wächst, was funktioniert und was nicht. Dabei ist das Gärtnern ein unverzichtbarer Teil ihres Lebens geworden:»Ich will niemandem mehr etwas beweisen wie noch am Anfang. Ich mache das für mich. Der Garten ist meine Wohlfühloase. Morgens gehe ich erst mal kurz dorthin und nach der Arbeit wieder. Der Garten ist auch der Ort meiner Kreativität und Verbundenheit.« Über die Jahre hat sie verschiedene Gärten an unterschiedlichen Standorten angelegt. Und sie ist selbst zur Expertin und Ratgeberin geworden. Ich kann sie jederzeit anrufen, wenn ich Fragen zum Gärtnern habe. Silke antwortet dann ganz entspannt und gibt ihren reichen Wissens- und Erfahrungsschatz gerne weiter.

Mich hat dieses Beispiel selbst motiviert, über meine Kompetenzen nachzudenken. Und mich damit zu beschäftigen, worin ich mich als kompetent erlebe, und zwar sowohl beruflich als auch privat. Woran ich mein Kompetenzerleben festmache und wie ich diese Kompetenzen eigentlich erworben habe. Und das ist stärkend, weil es den Blick auf das Gelingende lenkt, ohne die Schwierigkeiten auf dem Lernweg auszublenden.

Für mich werden an diesem Beispiel die Bestandteile der Kompetenz deutlich, die der Psychologe Michael Paschen so beschreibt: Orientierung und Motivation, Fähigkeiten und Handwerkszeug und Wissen und Erfahrung.[1] Diese Faktoren möchte ich noch etwas genauer beleuchten.

- **Orientierung und Motivation:** Um Kompetenzen zu erwerben, braucht es eine Ausrichtung nach vorne in die Zukunft. Interessen und Werte motivieren, sich für ein Themenfeld zu begeistern. Hierbei muss es gar nicht um ein Leistungsmotiv gehen. Sondern Schönheit, Menschlichkeit, Naturverbundenheit können wichtige Werte sein, die gelebt werden möchten. Ziele. Träume und Sehnsüchte geben uns die Kraft und das Durchhaltevermögen, Kompetenzen zu entwickeln.

- **Fähigkeiten und Handwerkszeug:** Um etwas gut zu können, braucht es den Erwerb von Methoden und Techniken. Zum Gärtnern ist ganz praktisch Gartenwerkzeug notwendig, aber auch die Fähigkeiten, sie richtig einzusetzen. Beim Sprachenlernen braucht es Vokabeln und Grammatik und verschiedene Tools, um diese zu lernen, zu erinnern und anzuwenden. Wie wir bereits schon beim Thema Meditation gesehen haben, erfordert der Erwerb der Fähigkeiten ein systematisches Üben und geduldiges Wiederholen. Kompetent wird letztlich nur, wer auch Durchhaltevermögen hat.
- **Wissen und Erfahrung:** Um kompetent zu sein, braucht es immer ein Wissen über das jeweilige Feld. Es gilt, Zusammenhänge, Fakten und Kenntnisse zu erwerben und auch zu verstehen. Schließlich ist es unerlässlich, all dies auch anzuwenden, um wirklich kompetent zu werden. Etwas nur zu wissen, reicht nicht. Ich bin nicht wirklich eine Gärtnerin, wenn ich nur viele Gartenbücher gelesen habe. Um eine vertiefte Kompetenz in einem Bereich zu entwickeln, braucht es die Umsetzung. Erst durch die flexible, vielfache Anwendung des Wissens sammle ich Erfahrungen und lerne daraus. Diese praktischen Erfahrungen und die Reflexionen, die daraus erwachsen, machen letztlich kompetent. Ganz besonders wichtig ist dabei auch das Lernen aus Rückschritten, vermeintlichen Misserfolgen und Fehlern.

Du bist keine Mogelpackung

Es ist wirklich kein Wunder, dass Frauen sich oft immer noch als inkompetent erleben oder zögern, ihre Kompetenzen zu zeigen. Zu lange wurde Frauen der Zugang zu Bildungsräumen und Qualifikationsmöglichkeiten verweigert. Die fadenscheinigen »Begründungen« aus patriarchaler Perspektive lauteten: Frauen hätten die Kompetenzen dazu nicht. Und außerdem würden sie die Fähigkeiten auch gar nicht benötigen. Sie seien nämlich für Kinder, Küche und Kirche bestimmt. Wenn Frauen dennoch andere Wege gingen, wurden sie extrem kritisch bewertet, angegriffen und bedroht.

Nicole Seifert macht diesen Prozess sehr eindrucksvoll im Bereich der deutschen Literaturwissenschaft deutlich.[2] Die Errungenschaften und Werke fähiger Autorinnen wurden oft einfach vergessen und ihre Leistungen wurden entwertet. Seifert weist darauf hin, dass der Kanon für den Deutschunterricht immer noch viel zu wenig Literatur von Frauen enthält. In einigen Bundesländern tauchen in der Pflichtlektüre Bücher von Juli Zeh und Judith Hermann auf. Das wars. Argumentiert wird dabei oft, es gäbe nicht genug Literatur von Frauen. Und diese Literatur sei letztlich auch nicht so gut wie die von Männern. Nicole Seifert verdeutlicht: Literatur von Frauen wird anders besprochen. Sie wird mehr entwertet, ständig fallen Bemerkungen zum Aussehen der Autorin. Oder Bücher von Frauen werden als *Frauenliteratur* abgetan, die für Männer sowieso uninteressant sei.

So wurden und werden Frauen bestimmte Kompetenzen zugeschrieben, nämlich einfühlsam zu sein, zurückhaltend, fleißig. Andere Fähigkeiten wurden (und dies geschieht auch heute noch) Frauen automatisch aberkannt, wie Durchsetzungsstärke, technische Kompetenzen. Es gibt immer noch berufliche und politische Felder, in denen Frauen keine paritätische Teilhabe haben, in denen sie unfair behandelt oder bezahlt werden.

Viele Studien zeigen, dass Schülerinnen – anders als Schüler – ihre Erfolge in Mathematik nicht auf ihre hohe Begabung zurückführen, für ihre Misserfolge hingegen ihr mangelndes Talent verantwortlich machen. Dieses Phänomen korrespondiert interessanterweise nicht mit ihren tatsächlichen Mathenoten. Trotz einer hohen Qualifizierung sind Frauen immer noch mit der »Gläsernen Decke« konfrontiert, die ihnen einen Aufstieg in oberes Management und bestimmte Männerdomänen verwehrt.

Neue Forschungen beschäftigen sich mit dem »gender-talent stereotype« (GTS) als einen Grund für die Gläserne Decke. Dieses Stereotyp besagt, dass Mädchen und Frauen weniger mit Talent, Brillanz und hervorragenden Fähigkeiten assoziiert werden. Eine Forschung aus den USA beispielsweise zeigt, dass Eltern mehr als doppelt so häufig im Internet recherchieren, ob ihre Söhne genial sind, als bei ihren Töchtern. Auch Lehrpersonen halten Schüler für talentierter, begabter und »genialer«. Und leider schätzen sich auch die Mädchen selbst als weniger begabt ein. Das wirkt sich logischerweise auf die Studienwahl aus. In Bereichen, die stark mit Genie und Talent assoziiert sind, sind die Frauen unterrepräsentiert.

Eine interessante, aktuelle Studie der Universität Paris nutzt die Daten aus *PISA 2018* von einer halben Million 15-jähriger Schülerinnen und Schülern in 72 Ländern.[3] Die Resultate zeigen, dass Mädchen in einem Land mit einem hohen Wert des gender-talent Stereotyp, z. B. Deutschland, einen Misserfolg eher ihrer eigenen Unfähigkeit zuschreiben statt externen Faktoren. Sie identifizieren sich stärker mit der Aussage: »Wenn ich Fehler mache, habe ich Angst, nicht begabt genug zu sein.« Ihre Erfolge bringen die Mädchen jedoch nicht mit ihrem Talent in Verbindung. Die Schülerinnen sind dabei genauso ambitioniert wie ihre männlichen Mitschüler, assoziieren ihre Erfolge aber stärker mit Fleiß und Anstrengung, statt sie auch auf ihr Talent zurückzuführen.

Ich selbst ärgere mich in den letzten Jahren, in denen ich mehrere Bücher geschrieben habe, über die Kommentare von einigen Bekannten:»Du bist aber fleißig.« Manchmal werde ich auch »fleißiges Bienchen« genannt. Unglaublich. Würde man einen Mann, der Fachbücher schreibt, so bezeichnen? Zum Bücherschreiben braucht es viel Disziplin, was sich schon ganz anders anhört als das brave Wort Fleiß. Es zeigt sich darin aber auch Kompetenz, Erfahrung, Weisheit, Kreativität und der Mut, sichtbar zu werden.

Egal, ob ich mit essgestörten, depressiven und ängstlichen Mädchen arbeite oder Führungsfrauen unterstütze, immer wieder begegnet mir die Grundüberzeugung, nicht ausreichend, nicht schön genug, nicht klug und nicht liebenswert genug zu sein. Unabhängig von Erfolgen, Anerkennung und Lebenssituation beschleicht Frauen leicht das Gefühl, eigentlich eine Mogelpackung zu sein. »Wenn die anderen nur wüssten, was ich alles nicht weiß und kann ...«, höre ich oft, viel zu oft. So viele Frauen erleben ein Gefühl des Mangels und ignorieren die Vielfalt und Fülle ihrer Fähigkeiten. Das ist bestimmt kein persönliches Versagen, sondern steht, wie wir gesehen haben, im Zusammenhang mit den sozialen und kulturellen Gegebenheiten. Gleichzeitig können Mädchen und Frauen selbst an ihren Grundüberzeugungen und Verhaltensweisen eine Menge ändern, um selbstbewusster und zufriedener zu sein.

Die 38-jährige Katharina hat in unterschiedlichen Ländern gearbeitet und leitet mittlerweile ein großes Team. Als sie das Coaching bei mir beginnt, zweifelt sie an ihren Führungskompetenzen. Sie schaut nur auf ihre vermeintlichen Fehler, auf die wenigen Konflikte, die sie mit Mitarbeiterinnen und Mitarbeitern hat. Sie grübelt lange über Kritik nach. Und prescht bei erreichten Zielen und Erfolgen schnell weiter, ohne sich selbst wertzuschätzen. Sie weiß um ihre Fähigkeiten, fühlt sie aber nicht. Im Coaching nutzen wir viele Methoden, die ich in diesem

Buch bereits vorgestellt habe: Das Genogramm und die Klärung der familiären Botschaften, Achtsamkeit und Strategien der Selbstfürsorge, das Etablieren der Dirigentin und die Ordnung der inneren Stimmen. Nach der Zusammenarbeit sagt Katharina: »Ich weiß jetzt, dass ich Führungskompetenz habe, und ich spüre diese Fähigkeiten auch im Körper. Ich möchte auch in Zukunft Teams leiten, weil ich es kann und weil ich mich wohlfühle damit. Und nun endlich gelernt habe, mich mehr abzugrenzen und mich auch um mich selbst zu kümmern.«

Zum selben Ergebnis kommen auch die US-amerikanischen Journalistinnen Katty Kay und Claire Shipman. Sie haben viele Interviews mit erfolgreichen Frauen und Wissenschaftlerinnen und Wissenschaftlern geführt, um weibliches Kompetenzerleben zu ergründen.[4] Sie stellen fest, dass es Frauen nicht an Kompetenzen fehlt, sondern an Vertrauen in ihre Fähigkeiten. Ihre Untersuchungen zeigen, dass Frauen Kompetenz oft als zu statisch begreifen und nicht als einen Lernprozess, der Fehler und Misserfolge ganz selbstverständlich miteinschließt. Die Autorinnen ermutigen, neue Gewohnheiten aufzubauen, die das eigene Vertrauen stärken. Sie raten zu Meditation, Körperübungen und empfehlen beherztes Handeln, statt zu grübeln.

Die Psychologin Doris Bischof-Köhler hat viel zur Geschlechterpsychologie geforscht. Sie beschäftigt sich in ihrem Buch *Von Natur aus anders* unter anderem mit der Frage, warum Mädchen und Frauen ihren eigenen Fähigkeiten so wenig vertrauen.[5] Zusammengefasst lauten ihre aus der Forschung abgeleiteten Thesen: Mädchen und Frauen werden wegen ihrer Erfolge oft abgewertet und zurückgewiesen. Wenn Frauen sagen, was sie wollen, und ihre Bedürfnisse äußern, schlägt ihnen oft Aggressivität entgegen. Mädchen vermeiden auch eher Wettbewerbssituationen, in denen sie unterlegen sein könnten. Interessant ist die These, dass Mädchen oft überfordert werden, weil sie sich dem Leistungsdruck, zum Beispiel in der Schule, so sehr anpassen. So entstehen Erwartungen an Mädchen, dass sie immer alles können und richtig machen müssen. Leider lernen Mädchen dadurch nicht, dass Fehler einfach ganz selbstverständlich dazugehören und sogar eine hervorragende Quelle für das Lernen sind.

Einige Forschungsergebnisse, die Doris Bischof-Köhler zitiert, weisen darauf hin, dass Mädchen nicht so gerne wie Jungen ein sicheres Terrain verlassen und Risiken eingehen. Mädchen und Frauen machen auch um ihre Ergebnisse und Erfolge nicht so viel Aufhebens und zeigen sie zu wenig nach außen.

Beziehen wir die genannten Beispiele und Forschungsergebnisse mit ein, dann wundert es nicht, dass Frauen mit folgenden Denk- und Verhaltensmustern kämpfen:

- übertriebene Selbstzweifel
- Versagensangst
- Sorge, als angeberisch oder egoistisch zu gelten
- lähmender Perfektionsanspruch
- Kritik, Fehler und Misserfolge werden als persönliches Versagen gesehen, nicht als Teil der Entwicklung
- starke Orientierung an den Erwartungen anderer
- Zögern und zu viel Grübeln
- defensives Schutzverhalten: zu viel vorbereiten, sich zurückhalten, sich nicht zeigen, gar nicht erst handeln oder etwas beginnen
- Sicherheitsbedürfnis und Bindungsbedürfnis sind oft größer als Neugier und Risikobereitschaft
- Schwierigkeiten damit, Wertschätzung und Anerkennung entgegenzunehmen
- fehlendes Vertrauen in die eigenen Kompetenzen

- Erfolge werden durch äußere Faktoren erklärt, Misserfolge als eigenes Versagen gesehen
- Kompetenzen und Erfolge werden zu wenig gefühlt
- Erfolge werden zu wenig gefeiert und gewürdigt
- Sorge, dass Erfolg unbeliebt und einsam macht

Diese Liste weckt doch spontan den Impuls des Widerstands und ruft zu Veränderung auf!

Virginia Woolf meint: »Was ist eine Frau? Ich versichere Ihnen, ich weiß es nicht. Ich glaube auch nicht, dass Sie es wissen. Ich glaube, dass überhaupt niemand es wissen kann, ehe sie sich nicht in allen Künsten und Professionen ausgedrückt hat, zu denen der Mensch befähigt ist.«[6]

Es lohnt sich, dafür zu kämpfen, dass Frauen zu allen Lebensbereichen gleichermaßen Zugang haben. Dass sie ihre Kompetenzen dort entwickeln können, wo sie es wollen.

Die folgende Übung hilft dir dabei, deine Kompetenzen mit Freude in den Alltag zu bringen.

Kompetenz – was ich denke, fühlen und tun möchte ...

Bitte suche dir aus der Liste ein Zielverhalten aus, das du im Alltag mehr beherzigen und umsetzen möchtest.

- Ich bereite mich auf jede Aufgabe angemessen, aber nicht perfektionistisch vor.
- Ich gehe konstruktiver mit Fehlern und Misserfolgen um.
- Ich nehme auch die kleinen Erfolge und Momente des Gelingens wahr.

- Ich beteilige mich mehr in Gesprächen und Diskussionen.
- Ich schätze mich mehr wert.
- Ich fühle und spüre meine Kompetenzen.
- Ich zeige meine Kompetenzen mehr nach außen.
- Ich mache mir klar, was mein Beitrag an Erfolgen ist.
- Ich möchte mehr wagen und Risiken eingehen.
- Ich denke positiv über mich und meine Fähigkeiten.
- Ich handle mehr und probiere mehr aus.
- Ich erweitere meine Komfortzone und gehe Wagnisse ein.
- Ich feiere meine Erfolge.
- Ich möchte mehr auffallen und wahrgenommen werden.
- Ich weiß ganz genau, was ich kann.
- Ich vertraue auf meine Fähigkeiten, Talente und Kompetenzen.
- Ich übe mich darin, Wertschätzung und Anerkennung entgegenzunehmen.
- Ich suche mir Aufgaben und Bereiche, in denen ich mich weiterentwickeln kann.
- Ich äußere mehr, was ich will und brauche.
- Ich setze klare Grenzen.

Definiere genauer, woran du merkst, dass du dich mehr in Richtung des Ziels bewegst. Was fühlst du, denkst du, wie handelst du dann? Es reicht zunächst, einfach im Alltag wahrzunehmen, wann du etwas mehr von dem gewünschten Verhalten zeigst und welche Erfahrungen du damit machst. Auch kleine Schritte und Veränderungen sind dabei wichtig.

Lass dich nicht entmutigen: Umwege gehören einfach dazu und lassen neue Landschaften entdecken.

Kompetenzen zu haben, reicht nicht aus, wir müssen diese Kompetenzen auch fühlen und ihnen vertrauen. Die eigenen Fähigkeiten zu kennen und sich auf sie verlassen zu können, ist ein wichtiger Teil unseres Selbstwertgefühls.

Kompetenz und Selbstwert

Es ist nur logisch, dass unser Selbstwertgefühl auch mit unseren Kompetenzen zu tun hat. Wenn wir die eigenen Fähigkeiten spüren und auch verlässlich anwenden können, macht das selbstbewusster. Selbstwert ist aber keine feststehende Größe, die da ist oder nicht. Vielmehr setzt sich der Selbstwert, wie die Psychologinnen Friederike Potreck-Rose und Gitta Jacob meinen, aus verschiedenen Aspekten zusammen.[7] Sie entwerfen das Selbstwerthaus, das von vier Säulen gestützt wird.

Zwei dieser tragenden Pfeiler fußen auf zwischenmenschlicher Ebene: Das Eingebundensein in ein soziales Netz und das Erleben der eigenen Kontaktfähigkeit bilden die interpersonellen Säulen. Wir werden diese Aspekte im nächsten Kapitel zum Thema Beziehungen näher beleuchten. Sie berühren insofern das Thema Kompetenz, als Verbundenheit mit anderen und tragfähige Netzwerke unser Kompetenzerleben stärken können.

Die beiden anderen Säulen des Selbstwerthauses sind die intrapersonellen Faktoren Selbstakzeptanz und Selbstvertrauen. Wer sich selbst akzeptiert, das heißt sich annimmt, hat eine positive Grundeinstellung zu sich selbst als Gesamtperson. Es gelingt dann, sich wertzuschätzen, sich wohlzufühlen und zufrieden mit sich sein zu können.

Selbstvertrauen meint laut Friederike Potreck-Rose und Gitta Jacob, eine positive Einstellung zu den eigenen Fähigkeiten und Leistung zu haben. Sich selbst zu vertrauen, heißt demnach, zu wissen, worin die eigenen Kompetenzen bestehen, und sich auch auf diese verlassen zu können. Damit geht die Überzeugung einher, an etwas dranzubleiben und Ziele erfolgreich zu erreichen. Auch die Gewissheit, etwas Neues lernen zu können und neue Aufgaben zu meistern, stärkt unser Selbstvertrauen.

Erkenne und spüre deine Kompetenzen

Werde so konkret wie möglich: Bei welchen Tätigkeiten, in welchen Situationen spürst du deine Kompetenzen? Je genauer du dies beschreibst, umso klarer kannst du sie spüren und fühlen.

- Was kannst du gut?
- Was sind deine Stärken und Fähigkeiten?
- Was begeistert dich? Was macht dir Freude? Wie kannst du diese positiven Gefühle für deine Kompetenzentwicklung nutzen?
- In welchen Situationen erlebst du dich als kompetent?
- Wenn du dich kompetent fühlst, wie nimmst du das im Körper wahr, wie bewegst du dich dann?
- Woran genau merkst du, dass du deinen Kompetenzen vertraust?
- In welchem Bereich möchtest du deine Kompetenzen noch mehr zeigen und wie willst du das tun?

Frauen, die sich als kompetent erleben und zeigen, gehen auch souveräner mit Herausforderungen um. Diese erscheinen dann eher wie Steine auf dem Weg, wie Hürden, die einfach dazugehören und genommen werden wollen. Mit einem soliden gesunden Selbstvertrauen müssen auch unsere Schwächen und Grenzen nicht mehr versteckt werden.

Die eigenen Defizite zu akzeptieren, führt zu einer realistischen Einschätzung der eigenen Kompetenz, ohne darüber das eigene Potenzial zu vergessen. Frauen dürfen sich zugestehen, nicht alles zu können und nicht alles zu müssen. Es gelingt ihnen dann, Erwartungen und Aufträge von anderen zu überprüfen und abzustreifen, wenn sie nicht passen. Ein stabiles Selbstvertrauen ermöglicht auch, mit Kritik gelassener umzugehen. Negative Rückmeldungen hauen dann nicht gleich um. Sie wirken wie ein Feedback, das eine mögliche Lernchance enthält. Sich selbst zu vertrauen, heißt, wählen zu können, die Wahlfreiheit zu haben, etwas zu tun oder auch nicht zu tun.

Oft wissen Frauen um ihre Kompetenzen, tun sich aber schwer, diese ohne Wenn und Aber zu artikulieren. Es scheint immer noch für viele Frauen peinlich zu sein, zu sagen, was sie können. Frauen fühlen sich oft zwischen den intrapersonellen Säulen und den interpersonellen Säulen des Selbstwerthauses hin- und hergerissen. Sie sind oft dazu erzogen, es anderen recht zu machen und sich stark um die Bedürfnisse anderer zu kümmern. Diese soziale Orientierung sehen sie aber durch Wettbewerb und Leistung gefährdet. Deshalb neigen Frauen dazu, ihre Kompetenzen zurückzuhalten, aus Angst, Beziehungen zu verlieren. Sich als kompetent und erfolgreich zu erleben, scheint für viele Frauen oft auf Kosten der zwischenmenschlichen Selbstwertaspekte zu gehen. Nach dem Motto »Wenn ich zu erfolgreich bin, mögen mich andere nicht mehr« oder auch »Wenn ich meine Kompetenzen selbstverständlicher zeige, dann werde ich angegriffen«. Das Selbstwerthaus steht aber erst dann stabil, wenn alle Säulen ausgewogen aufgebaut sind und sich im Gleichgewicht befinden. Die Pfeiler, die meine Beziehung zu mir selbst stärken, sind dabei genauso wichtig wie die Säulen, die mein Beziehungsnetz ermöglichen.

Wie Selbstbestimmung gelingt

Viele Frauen fühlen sich immer wieder zwischen ihren Bedürfnissen nach Autonomie, Kompetenz und Bindung hin- und hergerissen. Alle Bedürfnisse sind gleichermaßen wichtig. Doch oft gewinnt die Bindungsseite auf Kosten der eigenen Entwicklung. Das folgende Beispiel zeigt, wie eine Balance von Autonomie, Kompetenz und Verbundenheit aussehen kann.

Die 40-jährige Charlotte ist beruflich als Fotografin tätig. Vor vielen Jahren hat sie sich, durch ein Coaching bestärkt, dazu entschieden, eine Therapieausbildung zu machen. Zu Beginn hatte sie Angst, auf zwei Standbeinen wackelig zu stehen und damit womöglich in keinem Bereich richtig kompetent zu sein. Doch mittlerweile ist sie sowohl im Feld der Fotografie als auch im therapeutischen Bereich fest verwurzelt. Nun wird sie als Referentin für ein Therapieinstitut angefragt und soll ihr Profil und ihr Angebot schärfen. Doch plötzlich beschleichen sie alte Zweifel: »Kann ich das wirklich? Kann ich den Erwartungen genügen?« In der gemeinsamen Coachingsitzung gelingt es, die nagenden Stimmen als »olle Kamellen« zu entlarven.

Wir müssen beide lachen. Und damit wird der Weg frei für eine kreative Selbstverortung. In wenigen Minuten ist ein Flipchart vollgeschrieben mit Charlottes Kompetenzen und den Themen, die sie gerne unterrichten möchte. Es wird sichtbar, wie sehr sie sowohl von ihren fotografischen als auch von ihren psychologischen Kompetenzen profitiert. Beide Bereiche haben sich auf eine wunderbare Weise wechselseitig bereichert und ergänzt. Sie strahlt und sagt: »Ich bin so zufrieden. Das hat Spaß gemacht.« Charlotte hat in dieser Stunde sowohl ihre Kompetenz als auch ihre Autonomie gespürt. *Dabei bleibt ihr Bedürfnis nach Zugehörigkeit nicht auf der Strecke. Sie fühlt, dass sie zum Team dazugehört und von Kolleginnen gesehen und wertgeschätzt wird. Sie kann ihre Autonomie und Kompetenz leben, ohne die Bindungsseite zu vernachlässigen.*

Die australischen Psychologieprofessoren Richard Ryan und Edward Deci gehen davon aus, dass die Erfüllung der drei Grundbedürfnisse Bindung, Kompetenz und Autonomie ganz entscheidend für unsere Entwicklung und unser Wohlergehen ist. Um das Zusammenspiel dieser Aspekte zu veranschaulichen, haben sie die *Selbstbestimmungstheorie* entwickelt.[8] Ihr Modell basiert auf unzähligen Studien und ist gleichzeitig sehr anwendungsbezogen. Das macht es natürlich auch für weibliche Selbstbestimmung sehr interessant.

Im Zentrum steht die Autonomie. Sie wird als die Fähigkeit definiert, durch den eigenen Willen bestimmt zu handeln. Demnach bedeutet Autonomie nicht, wie oft missverständlich angenommen wird, unabhängig von anderen oder auch unbedingt gegen andere zu handeln, sondern selbstbestimmt zu sein. Das braucht eine Erläuterung, um plausibel zu werden: Wenn ich diesem Modell gemäß autonom mein Urlaubsziel festlegen will, kann ich andere Menschen fragen, mich durch Reiselektüre schlaumachen und meine Bedürfnisse sogar auch mit denen meiner Partnerin abstimmen. Meine Autonomie liegt hier in der selbstbestimmten, bewussten Wahl. Diese kann die Interessen der anderen sehr wohl berücksichtigen, opfert aber die eigenen Bedürfnisse nicht.

Laut Ryan und Deci wird Männern oft mehr Autonomie zugeschrieben und auch zugestanden. Während den Frauen häufiger der Bindungsbereich zugewiesen wird. Doch die Wissenschaftler machen sehr deutlich, wie wichtig die Autonomie auch für die weibliche Selbstermächtigung ist. Diese Autonomie steht nämlich in Übereinstimmung mit den eigenen Werten und Zielen. Autonom im Sinne des Modells zu agieren, heißt, nicht unreflektiert externe Erwartungen zu übernehmen, sondern sie zu überprüfen und gegebenenfalls abzulehnen. Ausbalanciert wird die Autonomie durch das Bedürfnis nach Kompetenz und Bindung. Kompetenz meint auch in diesem Modell, sich als wirksam und erfolgreich zu erleben. Die Neugier und der Wunsch, sich weiterzuentwickeln, gehören genauso dazu wie die Zufriedenheit, etwas zu schaffen.

Auch in der Selbstbestimmungstheorie wird betont, wie wichtig es ist, sich Kompetenz zu eigen zu machen, um sich mit ihr wohlzufühlen. Sie wird dann als selbstverständlicher Teil der eigenen Persönlichkeit erlebt und nicht ständig infrage gestellt.

Außerdem darf das Gefühl, sich verbunden zu fühlen, nicht dabei verloren gehen. Für die eigene Entwicklung ist es wichtig, sich zugehörig und gut aufgehoben zu wissen. Wir brauchen Menschen, denen wir etwas bedeuten und die für uns wichtig sind.

In der nachfolgenden Übung möchte ich dir ermöglichen, dich mit allen drei Kraftquellen – mit Kompetenz, Bindung und Autonomie –, gleichzeitig zu verbinden. Freu dich auf einen Selbstwertbooster.

Der Baum der Selbstbestimmung

Mach es dir im Sitzen bequem und spüre den stabilen Kontakt mit der Sitzfläche. Deine Wirbelsäule kann sich selbstermächtigend zu deiner wahren Größe aufrichten. Und dann lass Entspannung in den Augen, den Kiefergelenken und den Schultern zu. Diese Haltung ist wunderbar, um dich mit deinen Selbstbestimmungskräften zu verbinden. Du sitzt stabil und aufrecht wie ein Baum, gut verwurzelt. Und durch die Wurzeln nimmst du Kraft auf und lässt dich stärken.

Du startest mit den Wurzeln der Kompetenz. Lass vor deinem inneren Auge eine Situation auftauchen, in der du dich als kompetent erlebst. Was genau tust du? Wie fühlst du deine Kompetenz in deinem Körper? Bist du entspannt, kraftvoll oder ganz gelassen und heiter? Verbinde dich mit dem Gefühl der Kompetenz. Was sagst du dir dann innerlich? Probiere Sätze aus wie:

○ »Das kann ich.«
○ »Ich vertraue meinen Fähigkeiten.«
○ »Ich schaffe es.«

Wie fühlt es sich an, so mit dir zu sprechen? Sei immer wieder neugierig, wie du Kompetenz erlebst und spürst. Fühle die Verbindung zur Wurzelkraft *Kompetenz*. Lass dich von ihr stärken.

Und nun nimmst du Verbindung zur Kraft der Autonomie auf. Wann hattest du in der letzten Zeit das Gefühl, selbstbestimmt zu entscheiden und zu handeln? Lass eine Situation auftauchen, in der dir das gelungen ist. Du erlebst dich als frei. Du verfügst über dein Leben. Du fühlst dich im Einklang mit deinen Werten. Du spürst, dass du wählen kannst, was zu dir passt. Wie fühlt sich das im Körper an, selbstbestimmt handeln zu können, authentisch, in Übereinstimmung mit deinen Überzeugungen? Was sagst du dann zu dir?

○ »Ich bin frei und leicht.«
○ »Ich bestimme selbst.«
○ »Ich folge mir selbst.«
○ »Ich wähle selbst aus.«

Probiere aus, was für dich passt. Welche stärkenden Bilder und Empfindungen tauchen auf?

Und während dich die Wurzeln der Kompetenz und der Autonomie weiter stärken, verbindest du dich mit der dritten Kraft: der Verbundenheit. Vielleicht taucht eine Situation auf, in der du diese Verbundenheit mit anderen Menschen klar gespürt hast. Sie sehen dich, nehmen dich mit deinen Fähigkeiten wahr und auch mit deinen Grenzen. Sie unterstützen dich. Du erlebst dich als bedeutsam, du bist ein Teil einer Gemeinschaft. Nimm diese Kraft der Bindung und Zugehörigkeit auf. Wie fühlt sie sich im Körper an? Was sagst du zu dir selbst?

- »Ich fühle mich liebevoll eingebunden.«
- »Ich gehöre dazu.«
- »Ich bin wichtig.«

Nun fühlst du dich wie ein starker, gut verwurzelter Baum, würdevoll aufgerichtet. Die Wurzeln stärken deine Kompetenz, deine Autonomie und deine Verbundenheit.

Wiederhole diese Übung regelmäßig. Mache dich vertraut mit den drei Wurzelkräften, die dich gleichzeitig stärken. Aus diesen Wurzeln heraus wirst du wachsen und viele Früchte ernten. Du reifst und wirst dich an deiner eigenen Ernte erfreuen.

Als ich diese Übung mit einer Gruppe von Frauen durchführte, waren alle begeistert. Sie malten ihren eigenen Selbstwertbaum und lernten, sich immer wieder mit den stärkenden Wurzeln zu verbinden. Außerdem achteten sie auch mehr darauf, das Gelingende, die Früchte ihrer Kompetenzen, zu bemerken und zu zeigen

Erfolge feiern

Damit deine Fähigkeiten ein ganz selbstverständlicher Teil von dir werden, braucht es regelmäßige wertschätzende Rituale. Täglich die eigenen Kompetenzen zu fühlen und sich an ihnen zu erfreuen, stärkt das Vertrauen in sie. Es geht dabei gar nicht nur um große Erfolge oder immense Entwicklungsschritte. Letztlich gibt es täglich viele Momente, in denen die eigenen Kompetenzen sichtbar und spürbar werden können. Diese bewusst wahrzunehmen und wertzuschätzen, gleicht dem Anlegen eines Kraftreservoirs. Einer Quelle, aus der sich schöpfen lässt, wenn es auch mal nicht so gut läuft. Die täglichen Ressourcen zu übersehen, wäre grob fahrlässig. Wer die kleinen Erfolge nicht würdigt, dem entgeht täglich etwas! Und der übersieht oft auch die großen Meilensteine der Entwicklung.

Ich erlebe immer wieder, dass Frauen ihre Erfolge, ob beruflich oder privat, nicht genügend würdigen und feiern. Und das, obwohl sie die Geburtstage und Lebensübergänge der Freunde, Freundinnen und Familie niemals vergessen würden und tolle Feste für sie ausrichten.

Das Feiern von eigenen Entwicklungsschritten ist deshalb so wichtig, weil es ermöglicht, innezuhalten und einen Lebensabschnitt, ein erreichtes Ziel und die damit verbundenen Anstrengungen zu würdigen. Ohne Wertschätzung kann sich auch keine Zufriedenheit einstellen. Stattdessen geht es dann möglicherweise gleich rastlos weiter zum nächsten Ziel. Erfolg zu haben und eine Aufgabe zu meistern, heißt aber auch anzukommen und bietet die Gelegenheit, sich zu freuen und dies mit anderen zu teilen. Ein Ritual des Feierns gibt Kraft für die nächsten Schritte.

Das Schreiben hat mir schon immer Spaß gemacht. Ich werde nie vergessen, wie ich das Erscheinen meines ersten Beitrages für ein Fachbuch gefeiert habe. Mit guten Freunden und Freundinnen, leckerem Essen. Jede und jeder brachte ein Symbol für Wachstum mit und sagte etwas dazu. Das hat Spaß gemacht und war stärkend. Als ich die Veröffentlichung meines zweiten Fachbuches feierte, erhielt ich viele Blumensträuße und Pflanztöpfe. Es war mitten im Sommer, und ich saß vorne, umringt von diesen wunderbaren Blumen und Menschen und sprach über den Entstehungsprozess des Buches. Witzigerweise spielten Abbildungen von Blumen, Pflanzen und Bäumen eine wichtige

Rolle in meinem Buch und in meinem Vortrag. Ich sprach über das Herausfordernde und Beglückende des Schreibens. Ich war zufrieden und fühlte mich verbunden mit mir selbst und mit den anderen. Das Fest ging bis tief in die Nacht, wir saßen und redeten, hörten Musik. Durch das Feiern war es möglich, das Buch loszulassen und mich einem neuen Schreibprozess zuzuwenden. Ich fühlte mich sehr darin bestärkt, dieses Buch, das du jetzt in Händen hältst, zu schreiben.

Rituale des Würdigens und Feierns finden sich in allen Kulturen: Sie stärken sowohl die eigene Entwicklung als auch die Gemeinschaft. Doch für individuelle Übergänge des Erfolgs stehen oft keine fertigen Rituale zur Verfügung. Sie müssen selbst entwickelt werden.

Die heilsamen Wirkungen von Ritualen sind sowohl in der Ethnologie als auch in der Psychologie vielfach beschrieben. Sie helfen, Veränderungen zu markieren und auch anzustoßen. Und zeigen, wer wir sind, wie wir uns verändern und wer wir in Zukunft sein wollen. Weil das Feiern meist in Gemeinschaft mit anderen stattfindet, werden diese Veränderungsschritte öffentlich gemacht und miteinander geteilt. Festliche Reden und Symbole, Musik und Tanz berühren emotional und helfen, Gefühle auszudrücken. Damit gravieren sich positive Rituale stärkend in die Erinnerung ein. Und werden rückblickend zu wichtigen Meilensteinen des eigenen Lebens.

Sich als kompetent zu erleben, sich mit dem eigenen Potenzial zu zeigen und es auch mit anderen zu feiern, ist sehr kraftvoll. Die Form des Rituals darf natürlich zu dir, dem Anlass und deiner Lebenssituation passen. Du wählst dabei selbst, was für dich stimmig ist.

Erfolge würdigen, zeigen und feiern

○ Welchen Erfolg möchtest du gerne würdigen, feiern und sichtbar machen?

○ Was soll ein Ritual bewirken? Willst du ein Projekt gut abschließen und das Ergebnis würdigen? Geht es darum, dich bei dir und anderen Menschen zu bedanken? Möchtest du andere an deinem Lernprozess teilhaben lassen und etwas von deinen Erfahrungen weitergeben? Willst du dich in deiner Kraft und Kompetenz zeigen?

○ Oder geht es auch einfach darum, ein schönes Fest zu feiern?

○ Mit wem möchtest du feiern?

○ Welcher Ort und welcher zeitliche Rahmen sind geeignet?

○ Willst du eine Rede halten? Etwas präsentieren und vorstellen?

○ Möchtest du andere aktiv einbeziehen? Sollen sie Symbole mitbringen, eine Geschichte oder Fotos beisteuern?

○ Was macht dir Freude, wie kannst du die Freude ausdrücken?

○ Wie kann eine feierliche Atmosphäre entstehen?

○ Wie möchtest du durch Musik, Essen, Blumen und Tanzen auch die Sinne ansprechen?

Das würdigende Ritual wirkt auf der persönlichen und zwischenmenschlichen Ebene. Es zeigt deine Kompetenzen, deinen Mut, deine Verbundenheit – und es inspiriert! Wertschätzende Rituale, täglich im Kleinen oder auch im größeren Stil, schaffen Vertrauen, Stärke und Zuversicht. All dies wird dann besonders gebraucht, wenn es mal nicht so gut läuft und alte Selbstzweifel aufkommen.

Ohne Schlamm kein Lotos

Während Männer, wenn sich ihre Jeans nicht schließen lässt, denken, dass sich etwas an der Hose verändert hat, und sich über die blöde Hose ärgern, sind Frauen sofort davon überzeugt, dass sie zugenommen haben, und ärgern sich über sich selbst. Diese kontrastierende Situation zitiert Valerie Young in ihrem Buch *Secret thoughts of successful women*[9] und zeigt anhand vieler Beispiele, dass Frauen anders mit Kritik und Misserfolgen umgehen als Männer. Männer schreiben sich Erfolge selbstverständlicher selbst zu, während sie ein Scheitern eher mit externen Faktoren begründen. Frauen scheinen es genau andersherum zu machen. Erfolge sehen sie eher als Glück und Zufall. Aber die Rückschläge, Niederlagen und Kritik nehmen sie sehr persönlich und beschäftigen sich auf eine nagende, selbstzerfleischende Weise mit ihnen. Es hat verheerende Auswirkungen, dass Frauen sich mit Misserfolg oder Kritik so stark identifizieren. Sie lassen dadurch nämlich zu, ihre gesamte Person infrage zu stellen und im Extremfall auch zu entwerten. Ihre Talente und Fähigkeiten spüren sie dann gar nicht mehr. Obwohl diese in den herausfordernden Phasen so hilfreich wären. Die Ressourcen könnten ja schließlich wieder für Aufwind sorgen.

Der berufliche Wiedereinstieg nach einer längeren Elternzeit ist geschafft. Jetzt hat die 45-jährige Jennifer die Chance, sich auf eine herausfordernde Stelle zu bewerben, was sie auch gerne tun würde. Doch in den letzten Wochen wurde sie einmal für eine Präsentation kritisiert, die auch ihrer Meinung nach nicht so gelungen war. Nun beschäftigt sie sich nur noch mit dieser suboptimalen Performance, quält sich mit Selbstzweifeln und hat Angst, bei der Bewerbung für die neue Stelle zu versagen. Im Coaching kann sie die Selbstabwertung stoppen und findet dann zu ihren Stärken zurück. Sie probiert Körperhaltungen aus, in denen sie sich wohl- und kompetent fühlt. Ihre Beine empfindet sie als kraftvoll, und sie fühlt, wie stabil und selbstbewusst sie steht. Die Atmung im Bauch kann ruhig fließen und plötzlich sagt Jennifer:»Ich spüre die Freude wieder, die ich habe, wenn ich die Themen präsentiere. Diese Freude möchte ich in der Bewerbung zeigen.«

Männer reagieren auf Kritik eher mit Ärger, während Frauen sich bei negativen Rückmeldungen schämen und traurig werden. Frauen tun sich auch schwer damit, Fehlschläge loszulassen. Sie verlieren sich in negativen Grübeleien. Sie halten zu lange an Negativem fest, anstatt einen konstruktiven Umgang mit der Kritik oder dem Misserfolg zu wählen. Konstruktiv könnte sein, das Feedback zu überprüfen und den zutreffenden Kern der Kritik zu akzeptieren und daraus zu lernen.

Mädchen und Frauen sehen ihre Fehler viel zu sehr als eine Art Versagen statt als einen notwendigen Teil des Lernprozesses. Daher sind sie leider auch oft zu zögerlich, eine Herausforderung anzunehmen, weil sie Angst vor dem Scheitern haben. Und darin nicht die Chance für einen Entwicklungs- und Lernprozess sehen. Oft sind Frauen viel zu selbstkritisch mit sich und vertrauen ihren Kompetenzen und ihrer Ausstrahlung nicht genug. Eine kritische Rückmeldung lässt sie komplett an ihren Fähigkeiten zweifeln.

Die erfahrene 35-jährige Workshopleiterin Nadine leitet ein Seminar für Lehrerinnen. Sie möchte Selbstfürsorge und die Wirkung von Meditation vermitteln. Einige der Teilnehmerinnen können sich überhaupt nicht auf die Themen und Methoden einlassen. Ihnen geht es nicht schnell genug, sie wollen nicht üben, sondern meinen, alles sofort verstanden zu haben. Nadine fühlt sich kritisiert und verunsichert. Sie fährt nach dem Seminar mit dem Gefühl, gescheitert zu sein, nach Hause. Einige Wochen später wird sie von den Seminarteilnehmerinnen erneut kontaktiert. Sie möchten gern ein weiteres Seminar buchen, sie hätten das Gefühl, sie könnten davon profitieren. Nadine spürt, dass sie zu streng mit sich ins Gericht gegangen ist. Sie wurde als souveräner und kompetenter wahrgenommen, als sie sich selbst erlebt hat.

Der vietnamesische buddhistische Mönch und Autor Thích Nhất Hạnh bringt uns durch ein klassisches poetisches Bild nahe, dass Schwieriges einfach zum Leben dazugehört. Er sagt, dass es ohne Schlamm keine Lotosblumen geben kann. Sie wachsen einfach nicht auf Marmor.[10] Eigenes Wachstum braucht demnach den Schlamm, also die Fehler und die Konfrontation mit dem Schwierigen. Wie toll wäre es, wenn Mädchen und Frauen das frühzeitig vermittelt bekämen. Sie würden dann Kritik und Fehler als Teil der eigenen

Entwicklung sehen, als unvermeidbar, als vielleicht schmerzhaft, aber lehrreich. Sie würden kritisches Feedback nicht so persönlich nehmen. Scham und Traurigkeit wären nicht die automatischen Reaktionen auf Fehler oder Kritik. Sondern ein Kämpfergeist und eine Kraft, sich abzugrenzen und weiterzumachen, würden sich dann schneller melden. Diese Energie würde auch dabei helfen, sich von ungerechtfertigter Kritik zu distanzieren und sich nicht durch massive innere Selbstkritik noch mehr zu schwächen.

Es ist nicht leicht, doch Freundlichkeit mit sich selbst tut so not, wenn es Kritik gibt oder schwierig wird. Wenn es nicht so gut läuft, ist Selbstmitgefühl *die* heilsame Kraft.

Die amerikanische Psychologieprofessorin Kristin Neff hat das Konzept des Selbstmitgefühls vor 20 Jahren erstmals zum Gegenstand psychologischer Forschung gemacht. Sie erklärt, dass sich Selbstmitgefühl aus drei Komponenten zusammensetzt.

Achtsamkeit

Zunächst ist es wichtig, überhaupt zu erkennen, dass wir gerade eine schmerzhafte Erfahrung machen. Erst dann ist es möglich, sich der Kritik, dem Gefühl des Versagens und Misserfolges bewusst zuzuwenden. Wir erkennen das Unwohlsein an. Wir bagatellisieren es nicht. Aber wir dramatisieren auch nicht. Wichtig dabei ist, sich nicht zu überfordern, um nicht von der Erfahrung überwältigt zu werden. Dabei helfen die Achtsamkeitsübungen und Körperübungen in diesem Buch.

Verbundenheit

Oft ziehen sich Frauen bei Kritik und Misserfolg zurück. Sie fühlen sich dann allein und isoliert, obwohl sie sich höchstwahrscheinlich Unterstützung wünschen. Verletzlichkeit und Unvollkommenheit sind aber Teil unserer Menschlichkeit, unseres Frauseins. Es ist deshalb sinnvoll, sich nicht gekränkt zurückzuziehen und zu den ken »Nur ich kann das nicht«. Nein, erkennen wir, dass auch andere Frauen die gleichen Erfahrungen machen. Das ermöglicht Kontakt zu hilfreichen, unterstützenden Menschen aufzunehmen. Und schafft Verbundenheit mit uns selbst, mit anderen und auch mit unserer Menschlichkeit.

Freundlichkeit

Leider sind wir bei Misserfolgen und Kritik besonders streng und abwertend mit uns. Und das, obwohl besonders in diesen Situationen Freundlichkeit und Wohlwollen guttun. Uns selbst in schwierigen Zeiten eine Freundin zu sein, lässt die eigene Unvollkommenheit akzeptieren. Die freundliche Selbstzuwendung ermöglicht es, die eigenen Bedürfnisse wahrzunehmen und sich selbst zu trösten und tatkräftig zu unterstützen.

Selbstmitgefühl und Selbstbestimmung

In schwierigen Situationen braucht es Sanftheit mit uns selbst, aber auch Entschiedenheit und Handlungsbereitschaft. Deshalb hat Kristin Neff ihren Ansatz erweitert. In ihrem aktuellen Buch, das sich hauptsächlich an Frauen richtet, verbindet sie deshalb die Freundlichkeit des Selbstmitgefühls mit kraftvoller Selbstbestimmung.[11] In schwierigen Momenten brauchen wir nämlich beides: die liebevolle Zuwendung zu uns selbst genauso wie die Kraft und den Mut, Grenzen zu setzen und entschieden zu handeln.

Diese wirkungsvolle Kombination werden wir in einer von Kristin Neffs Ideen inspirierten Übung stärken.

Kraftvolles Selbstmitgefühl – es liegt in deinen Händen

Mach es dir in einer stabilen, aufrechten und entspannten Sitzhaltung bequem. Lege beide Hände auf die Oberschenkel oder in den Schoß. Spüre zunächst den tragenden Kontakt zum Boden und der Sitzfläche. Dann erlaube dir, dich noch etwas mehr zu entspannen. Die Augenregion, der Kiefer, die Schultern können mehr loslassen. Dann spüre den Atemstrom im Körper und lass den Atem ein- und ausfließen.

Finde mit einer Hand oder beiden Händen eine Selbstberührung, die dich tröstet und freundlich beruhigt. Vielleicht magst du die Hand auf den Brustbereich legen. Oder du nimmst dein Gesicht in beide Hände und berührst es sanft. Spüre, wie sich das anfühlt. Du kannst dich auch selbst umarmen und dich beruhigend hin- und herwiegen.

Dann sei neugierig, wie du deine Kraft spüren kannst. Vielleicht magst du die Hände auf den unteren Bauchbereich legen und die Atmung dort wahrnehmen. Verbinde dich mit deiner Kraft. Wenn du deine eigene Energie an einer anderen Stelle im Körper spürst, dann lege die Hände dorthin. Probiere auch aus, beide Arme seitlich oder nach vorne auszustrecken und dich klar und kraftvoll abzugrenzen. Wie fühlt sich das an? Spüre deine Tatkraft, deine Entschiedenheit.

Dann lege beide Hände im Schoß oder auf den Oberschenkeln ab. Spüre beide Hände. Die Hände ermöglichen es dir, dich tröstend und liebevoll zu unterstützen. Sie ermöglichen es dir aber auch, kraftvoll zu handeln und entschieden für dich einzutreten. Beide Möglichkeiten lassen sich miteinander verbinden und stehen somit gleichzeitig zur Verfügung.

Vielleicht magst du noch mal diese Verbindung von Sanftheit und Kraft spüren. Mit einer Hand berührst du dich unterstützend und liebevoll. Und mit der anderen Hand drückst du deine Kraft und deine Entschiedenheit aus. Probiere es aus. Spüre, dass beides da ist und sich auf eine stärkende Weise verbinden lässt. Ruhe dich dann noch einige Momente aus und spüre den fließenden Atem.

Du selbst im Wandel

Das Leben und damit auch wir sind ständig im Wandel. Dieser permanente Veränderungsprozess betrifft den eigenen Körper, aber auch unsere Psyche. Der Menstruationszyklus als ein wiederkehrender Rhythmus ist für viele Frauen mit Schmerzen und Stimmungsschwankungen verbunden. Die Schwangerschaft und die Geburt eines Kindes verändern unseren Körper und unser komplettes Leben. Irgendwann zeigen sich die Wechseljahre, wieder erleben viele Frauen Herausforderungen: Stimmungsschwankungen, Schlafstörungen, Hitzewallungen. Wir werden krank und gesunden wieder. Schließlich müssen wir uns auch mit unserer Endlichkeit auseinandersetzen. Auch das Beziehungsgefüge ist in Bewegung. Wir lernen Menschen kennen. Gehen intime Partnerschaften ein und trennen uns wieder. In Beziehungen entstehen Konflikte und verschiedene Phasen von Nähe und Distanz. Eltern und Freunde sterben.

Auch das berufliche Leben unterliegt oft Veränderungen. Es gibt Neuanfänge, wichtige Entwicklungsschritte und Erfolge und dann auch wieder Abschiede.

Das Bild einer Brücke, die sich von einem alten Ufer über ungewisses Gelände zu einem neuen weiter entfernten Ufer spannt, hat sich als eine hilfreiche Metapher für Lebensübergänge erwiesen. Und um einen Übergang zu meistern, braucht es Kompetenzen auch im Umgang mit schmerzlichen Veränderungen. Ich nenne diese Fähigkeiten »Übergangskompetenzen«.

Am Anfang der Brücke kündigt sich der Wandel durch Unzufriedenheit, durch Verlust, durch ein Gefühl des Feststeckens an. Noch steht die Frau am alten Ufer, spürt, dass das Alte nicht mehr passt, aber sie hat auch Angst, sich dem Neuen zuzuwenden. Diese erste Phase kann als ein *Loslassen und Losgehen* beschrieben werden. Oft gilt es, einen Verlust zu überwinden, etwas Altes, nicht mehr Passendes loszulassen, sich zu verabschieden. Es ist eine schmerzhafte Zeit, eine Zeit der Unsicherheit, der Unzufriedenheit, möglicherweise auch der Orientierungslosigkeit. Das Neue wird vielleicht geahnt, es gibt vielleicht schon Wünsche und Sehnsüchte. Vielleicht ist auch schon der Entschluss gereift, dass es so nicht weitergehen kann. In dieser Phase des Übergangs ist es wichtig, in Kontakt mit sich zu kommen und sich den eigenen Gefühlen zuzuwenden. Nicht immer ist es leicht, ehrlich mit sich zu sein. Es braucht Mut, sich die Notwendigkeit einer Veränderung einzugestehen. Wir werden zwei Frauen, Regina und Luisa, bei allen drei Übergangsphasen begleiten.

Die 40-jährige Regina fühlt sich eigentlich als Lehrerin an ihrer Schule wohl, doch sie spürt eine zunehmende körperliche und mentale Belastung. Sie gesteht sich ein: »Ich brauche einen Wechsel. Aber ich weiß noch nicht, wie der aussehen kann.«

Luisa, eine 35-jährige Architektin, spürt Unbehagen in der Beziehung zu ihrer langjährigen Partnerin. Die Partnerin macht ihr viele Vorwürfe, entwertet und kritisiert sie. Zunächst ist Luisa immer sehr verständnisvoll. Aber zunehmend spürt sie, dass sie ihre eigenen Bedürfnisse übersieht. Sie beginnt, das Zusammenleben mit ihrer Partnerin infrage zu stellen.

Diese Phase des *Loslassens und Losgehens* äußert sich in Formulierungen wie »Ich bin mir nicht mehr sicher«, »Ich weiß nicht, wie ich mich entscheiden soll«, »Es passt nicht mehr zu mir«, »Ich habe Sehnsucht nach etwas anderem«. Eine Neuausrichtung bahnt sich an, ohne vielleicht schon genau zu wissen, wo es hingehen soll und wie die Reise dorthin aussieht. Die ersten Schritte bringen in Bewegung und schaffen somit die Voraussetzungen für Wandel. Manchmal ist es sinnvoll, biografisch etwas zurückzuschauen, um zu verstehen, was es loszulassen und zu verändern gilt. Manchmal geht der Blick sehr zügig in die Zukunft. Sich auf einen Übergang einzulassen, braucht den Mut, etwas beenden zu können, loszulassen, sich auf etwas Unbekanntes einzulassen. Das Losgehen erfordert auch die Kompetenz, Sehnsüchte, Ziele und Träume zu spüren und ernst zu nehmen. Das geht natürlich meist nicht von heute auf morgen, sondern braucht Zeit. Außerdem gehen wir nicht ohne Ressourcen und Stärken auf die Übergangsbrücke. Wir machen uns deutlich, was in unserem Leben stabil bleiben soll, auch wenn vieles in Veränderung ist. Sich der eigenen Fähigkeiten bewusst zu werden, macht es leichter, auf sie zu vertrauen und sie in der schwierigen Zeit auch für sich zu nutzen.

Nach den ersten Schritten der Veränderung befindet sich die Frau im mittleren Bereich der Brücke, der Phase des *Ausprobierens und Wachsens*. Unterwegs auf der Brücke werden oft chaotische Gefühle und Zustände erlebt. Ängste, Traurigkeit, Neugier, Erleichterung und Freude wechseln sich sprunghaft ab. Die Frauen fühlen sich zwischen Baum und Borke, in einem noch undefinierten Übergangsraum. Viele erleben hier ein Hin und Her zwischen alten und neuen Erfahrungen, Vor- und Rückschritte machen unsicher. Es ist ein Suchprozess, um das Neue, Stimmige für sich zu finden. Oft sind Frauen erleichtert, wenn ich erkläre, dass das erlebte Chaos kein Fehler ist, sondern ein notwendiger Zwischenzustand zu etwas

Neuem. In dieser mittleren Phase des Übergangs geht es darum, etwas Neues auszuprobieren, etwas zu wagen, zu erkunden. Weiterentwicklung ist das Thema. Es gilt, die eigenen Stärken zu erkennen und die eigenen Wünsche mehr zu leben.

Die Lehrerin Regina entschließt sich dazu, die Schule zu wechseln. Sie hat zwei Schulen zur Auswahl und ist erst verunsichert, wohin sie gehen soll. Doch dann trifft sie eine Entscheidung. Außerdem lernt sie Meditation und Yoga, sie weiß, dass die Selbstfürsorge einen größeren Raum einnehmen muss. Sie zweifelt manchmal und hadert, setzt aber ihren selbstbestimmten Weg fort.

Luisa sucht das Gespräch mit ihrer Partnerin. Doch diese verhält sich weiterhin sehr kritisierend und verbal aggressiv. Luisa entschließt sich, durch eine Beratung unterstützt, Grenzen zu setzen. Sie erkennt, dass sie viel zu lange das abwertende Verhalten der Partnerin toleriert hat. Nun möchte Luisa, dass die Partnerin aus der Wohnung auszieht. Es braucht Zeit, bis Luisa klarer kommuniziert, dass sie ernsthaft eine Trennung will. Manchmal fühlt Luisa sich sehr traurig, dann wieder unendlich erleichtert und energetisiert.

Die Phase des *Ausprobierens und Wachsens* braucht Zeit, Ermutigung und Vertrauen in das eigene Potenzial. Geduld ist wichtig, eine Frustrationstoleranz, um nicht bei den ersten Rückschritten und Hindernissen aufzugeben. Es wird in dieser Phase klarer sichtbar, was die Frau wirklich möchte, was ihr guttut, wie sie sich die Zukunft wünscht.

Dann ist die Phase des *Ankommens und Weitergehens* erreicht. Mehr Stabilität ist spürbar. Das Leben fühlt sich wieder verlässlicher an, es gibt genug Halt und Orientierung, um den eigenen Weg beherzt weiterzugehen. Manchmal ist es gut, sich noch etwas Zeit für ein Ankommen in der neuen Situation zu lassen und die neue Stabilität zu genießen, zu würdigen oder auch mit einem Ritual zu feiern. Es muss nicht gleich weitergehen.

Regina startet ausgeruht und stabil in der neuen Schule. Sie hat von Beginn an das Gefühl, die richtige Entscheidung getroffen zu haben. Sie setzt ihre Selbstfürsorge fort und merkt, dass Arbeit und Ausruhen mehr in Balance kommen. Dann beginnt sie mit Schülern und Schülerinnen ein neues Projekt, das ihr sehr viel Freude macht und sie erfüllt.

Luisas Partnerin ist ausgezogen. Luisa hat ihre Wohnung umgeräumt und fühlt sich in den eigenen vier Wänden wieder wohler. Sie beginnt, sich von der anstrengenden Trennung zu erholen. Die Entscheidung fühlt sich richtig an.

Vielleicht ist es wichtig, sich nach einem anstrengenden Übergang auszuruhen und das Neue mit Muße zu erleben. Oder es geht gleich mit neuem Elan weiter. Der Wandel lässt sich nicht aufhalten. Es wird immer wieder Übergänge geben. Aber nicht jede Brücke ist groß und nicht jeder Übergang beschwerlich.

Die Methode der Übergangsbrücke ist ein Klassiker in meiner Arbeit mit Frauen. Sie ist sehr beliebt und wirksam. Neulich sagte mir eine befreundete Kollegin, dass in Weiterbildungen für Coaches diese Methode oft als *das* zentrale Tool eingeschätzt wird.

Jetzt bist du bestimmt gespannt: Probiere diese Übung selbst aus!

Übergänge meistern

Du kannst dir auf ein großes Blatt Papier eine Übergangsbrücke zeichnen. Trage dort auch die Phasen des Übergangs ein:

- Phase 1: Loslassen und Losgehen
- Phase 2: Ausprobieren und Wachsen
- Phase 3: Ankommen und Weitergehen

Überlege, wo du gerade stehst.

- Befindest du dich zurzeit in einem großen oder in einem sanften Veränderungsprozess?
- In welcher Phase des Übergangs bist du? Markiere diesen Punkt.
- Was brauchst du in dieser Phase?
- Welche alten Muster und Gewohnheiten möchtest du ablegen?
- Was möchtest du Neues ausprobieren?
- Wofür brauchst du Zeit?
- Welche Unterstützung durch andere Personen wünschst du dir?
- Welche Übergangskompetenzen hast du und wie kannst du sie nutzen?
- Woran merkst du, dass du den Übergang gemeistert hast?

Wandel kann sich ganz organisch und fließend vollziehen. Aber manchmal verläuft Entwicklung auch nicht so geradlinig. Dann sind Umwege Teil des eigenen Weges. Nicht immer wissen wir im Voraus, was aus Entscheidungen entsteht. Oft lässt sich der eigene Weg erst im Rückblick besser verstehen.

Die Notfallmedizinerin Lisa Federle macht dies in ihrem Buch *Auf krummen Wegen geradeaus* sehr deutlich.[12] Bereits als Kind hat sie den Wunsch, Ärztin zu werden. Doch der frühe Tod des geliebten Vaters erschüttert das elfjährige Mädchen zutiefst, sie vernachlässigt die Schule, bricht sie schließlich ab. Mit 18 wird sie zum ersten Mal Mutter, erlebt Armut und Verzweiflung. Doch ihr Wunsch, Ärztin zu werden, bleibt. Sie holt, mittlerweile Mutter von drei Kindern, ihr Abitur nach, studiert Medizin und ist mit 37 Jahren endlich Ärztin. Mit ihrer innovativen und zupackenden Art entwickelt sie eine rollende Arztpraxis für geflüchtete und obdachlose Menschen. Während der Coronapandemie wird diese bewegliche Arztpraxis zur mobilen Teststelle und leistet einen wichtigen Beitrag zum Tübinger Modell. 2020 erhält sie für ihr soziales Engagement das Bundesverdienstkreuz. Für Lisa Federle war und ist ihre Familie und ihr Freundeskreis die Halt gebende Basis ihres beherzten Handelns.

Schlüssel für den Alltag

Es lohnt sich, die eigene Kompetenz im Alltag immer wieder bewusst zu reflektieren. Was dir am Herzen liegt und dich begeistert, motiviert dich dazu, neue Fähigkeiten zu erwerben und anzuwenden.

Kompetenz braucht den Mut, zu handeln und Ideen umzusetzen. Halte immer wieder nach Gelegenheiten Ausschau, in denen du deine Fähigkeiten anwenden kannst.

Wenn du dich für eine Mogelpackung hältst, erkenne das Muster, und recycle es zu innerer Stärke.

Jeden Tag gibt es genug Möglichkeiten, das Gelingende wahrzunehmen und dich wertzuschätzen.

Zeige deine Kompetenzen mutig nach außen und feiere Erfolge und wichtige Entwicklungsschritte.

Lass dich nicht von Kritik und Rückschritten entmutigen. Sie sind ein wichtiger Teil deines Weges. Denke dran: Der Lotos braucht Schlamm zum Wachsen.

Sanftheit und Tatkraft sind im Umgang mit Herausforderungen hilfreiche Begleiterinnen. Beide kannst du zur Stärkung nutzen, wenn ein Lebensübergang ansteht.

Tür
Sechs

Sei auch in Beziehungen du selbst

Beziehungsnetze knüpfen

Eine gute Freundin kommt zu Besuch, wir haben uns länger nicht gesehen, und dennoch stellt sich sofort wieder diese entspannte Vertrautheit ein. Wir setzen uns draußen auf die Terrasse, trinken Tee, und die Gesprächsthemen entstehen ganz wie von selbst. Es macht Spaß, der Austausch ist interessant, und gleichzeitig fühle ich mich einfach rundherum wohl. Beim Gang durch den Garten zeigt mir meine Freundin eine App, die mir hilft, vielerlei Pflanzen zu bestimmen. Wir haben beide besondere Freude an allem, was blüht.

Als sie gegangen ist, schaue ich mir das Buch, das sie mir geschenkt hat, genauer an: *Wahrheit gibt es nur zu zweien. Briefe an die Freunde* der politischen Publizistin Hannah Ahrendt. Im Exil lebend hält sie den Kontakt zu Freunden und Freundinnen aufrecht und überwindet die räumliche Distanz durch ihre wunderbaren, klugen und liebevollen Briefe. Ihr wird ein »Genie für die Freundschaft« bescheinigt.[1] Die Herausgeberin der Briefe Ingeborg Nordmann vermutet in ihrem Nachwort, dass diese Begabung zur Freundschaft mit Hannah Ahrendts Fähigkeit zusammenhängt, das Besondere und Einzigartige der Menschen zu sehen und wertzuschätzen: ein Lächeln, eine intensive Art zuzuhören oder sich zu bewegen.

Was macht Beziehungen aus? Evolutionär gesehen ist es für uns überlebensnotwendig, in einer Gemeinschaft zu leben. Die Nähe zu anderen Menschen, inniger Kontakt und Austausch sorgen für ein Gefühl von Entspannung und Sicherheit. In heutiger Zeit wird Individualisierung großgeschrieben. Doch die Kehrseite davon ist Vereinzelung, Einsamkeit und Depression.

Die Psychologin Ulrike Scheuermann trägt in ihrem Buch *Freunde machen gesund* viele Studienergebnisse zusammen. Ihr Tenor: Wir unterschätzen, wie wichtig unsere Beziehungen für unser Wohlergehen sind. Wir halten Nikotinabstinenz, Sport treiben und gesunde Ernährung für die wichtigsten Gesundheitsfaktoren und ausschlaggebend für ein langes Leben. Stattdessen nehmen laut Studienlage »soziale Integration« und »nahe Sozialkontakte« Platz eins und zwei auf der Rangliste der wichtigsten Gesundheitsfaktoren ein.[2]

Beziehungen sind natürlich nicht nur für unsere Gesundheit, sondern auch für unsere persönliche Entwicklung bedeutsam. Wir haben bereits gesehen, wie prägend Botschaften anderer Menschen für uns sein können. Und wie sehr Frauen mit einschränkenden Zuschreibungen und Erwartungen zu kämpfen haben, sich eingeengt fühlen und es ihnen schwerfällt, das eigene Besondere zu sehen und wertzuschätzen. In Beziehung zu sein, erfordert immer wieder, die Bedürfnisse nach Nähe und Autonomie auszubalancieren. Wenn wir uns zu sehr an den Bedürfnissen des Gegenübers orientieren, verlieren wir möglicherweise das Eigene aus dem Blick.

Die Methoden, die ich in diesem Buch vermittelt habe, stärken die Beziehung zu sich selbst. Selbstberuhigung durch Meditation, eine gute Körperwahrnehmung, Zufriedenheit mit sich, Vertrautheit mit der eigenen Vielstimmigkeit und den eigenen Kompetenzen ermöglichen es dir, deine Einzigartigkeit zu erkennen und zu leben. Gleichzeitig sind alle Übungen auch dabei hilfreich, Verbundenheit zu fühlen und in erfüllenden Beziehungen zu leben, ohne sich im Kontakt mit den anderen zu verlieren. Sich selbst zu kennen und die Beziehung zu sich selbst bewusst zu gestalten, ist die Voraussetzung für gelingende Beziehungen mit anderen.

Du kannst dir jetzt Zeit nehmen, dir dein eigenes Beziehungsnetz anzuschauen.

Dein Beziehungsnetz

Für diese Übung holst du dir am besten ein größeres Blatt Papier, Schreib- und Buntstifte. Ziel ist, dein Beziehungsnetz sichtbarer zu machen und genauer hinzuschauen. Nimm dir etwas Zeit für diese Übung, es lohnt sich, dein Beziehungsnetz genauer zu erkunden.

Vielleicht machst du zunächst eine Liste der Menschen in deinem Leben, die für dich gerade wichtig sind. Zum Beispiel Familienmitglieder, Freunde und Freundinnen, Arbeitskolleginnen, Bekannte.

Zeichne dann einen Kreis für dich in die Mitte des großen Blattes und gruppiere die anderen Personen als Kreise um dich herum. Der Abstand zu dir zeigt die gefühlte Nähe. Wer steht dir besonders nah im Moment, wer ist weiter weg? Lass Raum für Notizen zwischen den Kreisen.

Dann kannst du von dir zu jeder anderen Person eine Verbindungslinie ziehen. Schreib an diese Linie, was zurzeit das Verbindende ist zwischen euch. Das können Aktivitäten sein, Themen, Gefühle.

Erlaube dir aufzuschreiben, was auftaucht. Höre und spüre in dich hinein. Welche Gefühle und Körperempfindungen tauchen auf? Lass dir Zeit, das Verbindende zu spüren und in Worte zu fassen.

Mit einem +Zeichen oder ++Zeichen kannst du kennzeichnen, wie sehr du in der Beziehung du selbst sein kannst.

Und mit einem -Zeichen oder einem --Zeichen, wie sehr die Beziehung Veränderung und Anpassung von dir erfordert und dich vielleicht sogar von dir selbst wegbringt.

- ○ Welche Beziehungen stärken dich und geben dir Selbstvertrauen?
- ○ Welche Erwartungen von welchen Personen engen dich zurzeit am meisten ein?
- ○ Mit welchen Menschen lebst du auf Augenhöhe? Und wie sieht die konkret aus (Gleichberechtigung, Ausgewogenheit, Fairness)?
- ○ Auf welche Personen kannst du zählen, wenn du Unterstützung brauchst?
- ○ Mit welchen Menschen gibt es gerade einen Konflikt? Markiere das auch mit einem Symbol oder einer Farbe.

Daraus ergeben sich wahrscheinlich schon Wünsche.

- ○ Von wem möchtest du dich mehr abgrenzen? Welche Ideen hast du dazu?
- ○ Mit wem möchtest du mehr Zeit verbringen? Und wie möchtest du diese Zeit gestalten?

Schließe jetzt die Augen und nimm deinen Atem für einige Momente wahr. Dann öffne die Augen wieder.

Wenn du auf dein Beziehungsnetz schaust, wie geht es dir jetzt?

Weil sich das Beziehungsnetz mit der Zeit verändert, lohnt es sich, diese Übung in größeren Abständen zu wiederholen.

Hannah Ahrendt besaß die Fähigkeit, im anderen das Einzigartige zu sehen, das Unverwechselbare. Wenn das gelingt, öffnen sich im Miteinander respektvolle Beziehungsräume. Wir fühlen uns dann geborgen, teilen Erfahrungen miteinander, können voneinander lernen und uns gegenseitig ermutigen. So wichtig es ist, im eigenen Körper und bei sich selbst zu Hause zu sein, so bedeutsam ist es auch, sich wechselseitig in Beziehungen eine Heimat zu geben.

Der Tanz zwischen Nähe und Distanz

Wer sich selbst akzeptieren und sich auch in der eigenen Individualität und Einzigartigkeit wertschätzen kann, ist gut vorbereitet auf den Kontakt mit anderen Menschen. Damit die Verbindung zu sich in der Begegnung mit anderen nicht verloren geht, braucht es zwischenmenschliche Fähigkeiten. Viele dieser Beziehungskompetenzen zeigen die Frauen in meiner Praxis ganz selbstverständlich und scheinbar mühelos. Oft können sie gut in Kontakt gehen, sind bereits recht vertraut damit, über sich und ihre Themen zu sprechen. Viele haben positive familiäre und freundschaftliche Beziehungen und pflegen diese aktiv. Sie können gut zuhören, in Gruppen achten sie sehr aufeinander, nehmen Rücksicht und geben einander Raum. In den Kursen und Seminaren gestalten sie oft aktiv eine entspannte Wohlfühlatmosphäre mit.

Doch die Frauen formulieren auch, welche Beziehungsfähigkeiten sie bei sich vermissen oder weiterentwickeln möchten. Sie wollen meistens klarer Grenzen setzen, stärker eigene Positionen beziehen, mehr Raum einnehmen und sich mehr mit den eigenen Kompetenzen zeigen. Nahezu alle Frauen berichten von der Schwierigkeit, sich Zeit für sich zu nehmen, wenn sie dafür die Zeit für andere Personen begrenzen müssen. Die Beziehung zu sich selbst, die eigenen Bedürfnisse werden zu oft zurückgestellt und für die Bedürfnisse der anderen geopfert. Das führt zu Erschöpfung, Unzufriedenheit und unterdrückter Aggression. Frauen laufen Gefahr, den Kontakt zu sich zu verlieren, weil sie sich zu stark an den Erwartungen und Wünschen ihrer Mitmenschen orientieren.

Die Art, wie wir Beziehungen führen, kann das Selbstwertgefühl stärken oder schwächen. Dazu schauen wir uns erneut das Selbstwertmodell von Friederike Potreck-Rose und Gitta Jacob an. Nur zur Erinnerung: Ihr Modell des Selbstwertes steht auf vier Säulen. Die zwei intrapersonellen Säulen Selbstakzeptanz und Selbstvertrauen haben wir im letzten Kapitel genauer beleuchtet. Jetzt soll es um die beiden tragenden Pfeiler gehen, die sich auf den zwischenmenschlichen Bereich beziehen: das soziale Netz und die sozialen Kompetenzen.

Beginnen wir mit einem Blick auf die Bedeutung des sozialen Netzes. Du hast dein Beziehungsnetz in vorherigen Übungen erkundet. Dabei wurde dir bestimmt klar, wie wichtig es ist, bedeutsame Menschen in unserem Leben zu haben. Wir wollen uns zugehörig fühlen. Wir möchten ein Teil einer Partnerschaft und einer Familie sein, von Freundschaften, Teams und Interessensgruppen. Doch es kommt natürlich auch auf die Qualität dieser Beziehungen an. Nur wenn sie als tragfähig und verlässlich erlebt werden, geben sie Sicherheit und Halt. Sich in Beziehungen wechselseitig unterstützen zu können, macht sie wertvoll. Anderen Unterstützung, Rat und Geborgenheit geben zu können, vermittelt das Gefühl, wichtig zu sein und gebraucht zu werden. Das stärkt natürlich unser Selbstwertgefühl. Es ist aber ebenso wichtig zu wissen, dass andere Personen bereit sind, das auch für uns zu tun. Dieses selbstverständliche, einfühlsame Geben und Nehmen ist der Kitt von Beziehungen und macht das soziale Netz tragfähig.

Um die Beziehungen innerhalb des Netzwerkes aufbauen, vertiefen und gestalten zu können, braucht es soziale Kompetenzen, diese bilden die zweite interpersonelle Säule des Selbstwerthauses. Was ist dafür wichtig? In Beziehungen ist es immer wieder herausfordernd, Nähe und Distanz zu regulieren. Damit Nähe entstehen kann, braucht es den Mut, sie zuzulassen, sich zu öffnen und etwas von sich preiszugeben. Dadurch macht man sich verletzlich und schenkt dem Gegenüber Vertrauen. Natürlich ist es für gelingende Beziehungen auch erforderlich, auf Abstand gehen und Grenzen setzen zu können. Und wenn nötig, die Kraft zu haben, eine Beziehung zu beenden, wenn sie einem nicht mehr guttut.

Flexibilität ist also ein wichtiges Stichwort. Damit ist die psychische Beweglichkeit gemeint, sich auf unterschiedliche Menschen einstellen und mit ihnen situationsangemessen kommunizieren zu können.

Wie beim Tanz ergänzen sich dabei die Rollen von Führen und Folgen. Wir brauchen sowohl die Fähigkeiten, uns anzupassen und Impulse aufzugreifen, als auch die Kompetenz, klare Akzente zu setzen und zu führen. Neben dem Pas de deux gibt es natürlich auch Gruppenchoreografien, die in Kontakt mit mehreren Menschen bringen und in denen es die eigene Rolle in einer Gruppe zu finden gilt. Der gemeinsame Beziehungstanz erfordert, sich auf andere einzulassen und in Resonanz mit ihnen zu treten. Konflikte sind dabei vorprogrammiert, weil wir unterschiedliche Interessen, Temperamente, Ziele und Bedürfnisse haben. Beziehungskompetenz heißt deshalb auch, Meinungsverschiedenheiten und Konflikte ansprechen und klären zu können. Kommunikative Fähigkeiten sind folglich unerlässlich, um schwierige Beziehungssituationen zu meistern.

Nur wer sich selbst gut kennt, kann Beziehungen gut gestalten. Deshalb ist jetzt Zeit für eine schreibende Selbsterkundung.

Schreibsprint »In Beziehungen kann ich gut ...«

In diesem Schreibsprint hast du die Möglichkeit, vier Minuten lang einfach draufloszuschreiben, ohne auf Zeichensetzung und Rechtschreibung zu achten. Stell dir einen Timer. Lass deine Ideen fließen, ohne sie zu zensieren oder zu korrigieren. Notiere als Überschrift »In Beziehungen kann ich gut ...« und dann schreib einfach drauflos. Wenn dir nichts einfällt, notiere die Überschrift erneut, und wiederhole Wörter, bis wieder etwas Neues entsteht. Denke nicht an das Ergebnis – es gibt hier keine Norm, die es zu erfüllen gilt. Vertraue dem Schreibfluss.

Wenn der Timer klingelt, stoppe das Schreiben, schließe die Augen, und spüre deinen Atem.

Dann kannst du die Augen wieder öffnen. Lies deinen Text erneut in Ruhe durch, markiere wichtige Wörter und, wenn du magst, notiere einen abschließenden Kernsatz.

Die gleiche Übung kannst du auch zum Thema »In Beziehungen fällt es mir schwer ...« machen.

Bei der Entwicklung von Beziehungskompetenzen geht es nicht um Perfektion oder Optimierung. Sondern um einen lebendigen, bereichernden Austausch, um Verbundenheit. Damit authentische, respektvolle Begegnungen möglich sind, braucht es den Mut, dich zu zeigen, wie du bist. Die eigene Freiheit zeigt sich auch darin, die Erwartungen anderer enttäuschen zu können.

Souverän mit Erwartungen umgehen

Die Erwartungen, die andere Menschen an uns richten, haben sehr viel mit deren Bedürfnissen zu tun. Sie transportieren Ideale, Wünsche und Ansprüche an uns, die zum Teil wenig mit dem übereinstimmen, was wir wollen und brauchen. Dennoch erscheint es, besonders für Frauen, einen regelrechten Automatismus zu geben, Erwartungen erfüllen zu müssen. Deshalb ist es so wichtig, sich dieser tief verwurzelten Angewohnheit bewusst zu werden. Erwartungen als solche zu erkennen und erst zu prüfen, ob wir ihnen überhaupt entsprechen wollen, stärkt die innere Freiheit. Wenn wir eine Erwartung nicht erfüllen, sondern enttäuschen wollen, benötigen wir die Fähigkeit, Grenzen zu setzen. Doch damit tun sich Frauen immer wieder schwer. In nahezu jedem Coaching, in jeder Psychotherapie und in jedem Achtsamkeitsseminar mit Frauen geht es deshalb darum, wie Grenzsetzungen besser gelingen können.

In einem Selbstfürsorgeseminar für Frauen in helfenden Berufen sagt eine Psychotherapeutin:»Ich habe keine Lust mehr, mich nach der Arbeit mit Freunden und Freundinnen zu treffen, weil ich immer in der Rolle der Helfenden bin. Ich höre zu und unterstütze und gehe geschafft nach Hause.« Eine Sozialarbeiterin meint:»Ich nehme Menschen in die Beratung auf, obwohl ich weiß, dass sie eigentlich etwas anderes brauchen. Ich biete ihnen mehr Termine an als eigentlich vorgesehen, ich berate, obwohl sie eigentlich eine Therapie brauchen. Ich weiß nicht, wie ich Grenzen setzen soll.«

Es fehlt oft die innere Erlaubnis, Nein zu sagen. Und es mangelt auch – was mich immer wieder überrascht – an ganz konkreten Strategien, wie Grenzen klar kommuniziert und auch konsequent eingehalten werden können.

Um Expertin für eine bewusste Grenzziehung zu werden, ist es notwendig, die eigenen Bedürfnisse zu erkennen und diese auch als wichtig zu erachten. Dafür sind viele der gelernten Methoden dieses Buches hilfreich. Die Basis ist die Wahrnehmung des eigenen Körpers, der Gefühle und Gedanken. Indem Frauen lernen, sich selbst wahrzunehmen, bekommen sie Zugang zu ihren Grenzen, ihrer Unzufriedenheit und ihren eigenen Wünschen und Bedürfnissen. Das ist ein erster Schritt. Viele Frauen können das ganz gut. Der nächste Schritt fällt schon schwerer. Denn es gilt, die eigenen Bedürfnisse nicht nur wahrzunehmen, sondern auch ernst zu nehmen und entsprechend zu handeln. Oft sehen sich Frauen in ihrer Lebensgeschichte aber damit konfrontiert, die eigenen Wünsche zurückzustellen und sich um andere zu kümmern. Sie nehmen sich wahr, aber nicht ernst und wichtig genug und setzen ihre Erkenntnisse nicht in Handeln um. Damit diese Umsetzung gelingt, ist es unerlässlich, sich selbst die Erlaubnis dafür zu geben, sich entsprechend der eigenen Bedürfnisse zu verhalten. Wir sehen im folgenden Beispiel, wie das einer jungen Frau mehr und mehr gelingt:

Die 27-jährige Olga kommt als Zwölfjährige mit ihren Eltern, Großeltern und dem kleinen Bruder aus Russland nach Deutschland. Sie lernt die neue Sprache schnell und wird somit zur Dolmetscherin der Familie. Olga sieht sich auch später als junge Frau mit folgenden Erwartungen konfrontiert:»Meine Familie erwartet, dass ich mich ständig um sie kümmere. Tue ich das nicht, gelte ich als egoistisch. Ich soll ehrgeizig sein und viel erreichen. Meine Mutter erwartet, dass ich einen sehr engen Kontakt halte, obwohl ich studiere. Erst allmählich lerne ich, dass auch meine Bedürfnisse wichtig sind. Dass es gesund ist, mich abzugrenzen.«

Olga hatte immer gute Freundinnen, die ihr zeigten, dass eigene Interessen wichtig und erlaubt sind. Auch als Studentin hat sie sich ein stabiles Netzwerk von Freundinnen und Freunden aufgebaut. Und das hilft ihr dabei, die überzogenen Erwartungen der Familie abzustreifen und sich abzugrenzen.

Dafür braucht es auch Verhaltensänderungen. Olga telefoniert nicht mehr täglich mit der Mutter. Sie beendet ein Telefonat, wenn ihr Vorhaltungen gemacht werden. Wenn sie ihre Herkunftsfamilie besucht, achtet sie darauf, auch Zeit für Rückzug einzuplanen. »*Am Anfang hatte ich ein schlechtes Gewissen*«, *sagt Olga.* »*Doch jetzt weiß ich, dass ich mich nicht aufopfern muss für meine Familie.*«

Sich abzugrenzen und den eigenen Bedürfnissen Raum zu geben, sorgt meistens zunächst für eine unangenehme Spannung. Entweder machen die Bezugspersonen Druck und erzeugen mit Botschaften (wie »Du bist undankbar, du bist egoistisch, du wirst schon sehen, was du davon hast«) ein schlechtes Gewissen. Oder unsere eigenen verinnerlichten elterlichen Stimmen fordern: »Das kannst du nicht machen. Sei doch wieder ein liebes Mädchen.« Beides kann uns ins Wanken bringen.

Diese innere Spannung gilt es auszuhalten, wenn man wirklich wachsen und erwachsen werden will. Das schlechte Gewissen ist nämlich nicht der Beweis dafür, dass der Wunsch nach Veränderungen falsch ist. Ganz im Gegenteil zeigt das innere Unbehagen, dass etwas Neues im Gange ist. Wenn ich das einer Frau in den Beratungen erkläre, gibt es oft erstaunte, ungläubige, aber auch neugierige Blicke. Wie kann das quälende schlechte Gewissen ein ermutigendes Zeichen des Wandels sein? Das Erfüllen der Erwartungen anderer Menschen ist über die Jahre eine alte, vertraute Gewohnheit geworden, die aber auch oft eine Vermeidungsstrategie ist: Wir tun das, um keine unangenehmen Gefühle zu erleben. Obwohl wir bereits wissen, dass wir ein Recht auf Abgrenzung haben, fühlt es sich sicherer an, so weiterzumachen wie bisher. Wir vermeiden den inneren und äußeren Konflikt und ersticken das aufkommende schlechte Gewissen im Keim. Und unterdrücken damit auch die Angst, zurückgewiesen und nicht mehr so gemocht zu werden. Erst wenn wir uns anders verhalten, spüren wir diese innere Zerrissenheit. Das schlechte Gewissen zu fühlen, zeigt also den Anfang der Veränderung an.

Jetzt heißt es nur, konsequent zu bleiben und diese Spannung auszuhalten, bis eine neue Sicherheit gewonnen ist. Dafür braucht es Unterstützung von konstruktiven inneren Stimmen, die ermutigen, einen selbstbestimmten Weg zu gehen. Jetzt ist es wichtig, die innere Dirigentin in Position zu bringen und sie entscheiden zu lassen, welcher inneren Stimme sie folgt und welche sie begrenzt.

Auch andere Menschen können dabei helfen, sich aus destruktiven Beziehungen zu lösen – Familienangehörige, Freunde und Freundinnen oder auch eine Psychologin oder ein Psychologe.

Auf dem Weg in die Selbstbestimmung hilft in jedem Fall auch Humor. Du kannst deinem schlechten Gewissen schelmisch zulächeln und ihm sagen: »Ach, da bist du wieder. Danke! Du zeigst mir meine Veränderung!« Das befreit!

Die Art und Weise, wie Grenzziehungen und Entscheidungen kommuniziert werden, ist wichtig. Zunächst müssen die eigenen inneren Dialoge geklärt werden und erst dann kann eine stimmige Kommunikation nach außen gelingen.

Susanne ist gerade 50 geworden. Sie ist in einem von Männern dominierten Berufsfeld tätig. Im Coaching wird ihr deutlich, dass sie gelernt hat, es immer allen recht zu machen. Sie ist Everybody's Darling. Oft ist sie privat wie beruflich verletzt worden, weil sie keine Grenzen setzt. Susanne erkennt, dass sie sich selbst nicht genug wertschätzt und deshalb übermäßige Anerkennung von außen braucht. Dafür ist sie dann auch bereit, sich aufzuopfern. Susanne ist in ei-

nem sehr fordernden, wenig anerkennenden Elternhaus groß gewor-
den, das kaum emotionale Nähe und Halt vermittelte.
Im Coaching lernt sie ihre biografischen Prägungen kennen,
entschlüsselt die Botschaften der Eltern und beginnt, ihrer inneren
Vielstimmigkeit zuzuhören und sie zu ordnen. Sie erkennt, dass sie
freundliche Stimmen in sich fördern möchte und den Teil, der ständig
verlangt, sich um andere zu kümmern, begrenzen will. Durch Kör-
per- und Achtsamkeitsübungen lernt Susanne, sich zu stabilisieren,
zu beruhigen und sich mehr zu spüren. Sie entwickelt einen guten
Draht zu ihrer inneren Dirigentin und geht wertschätzender mit sich
selbst um. Dann kommt sie strahlend in meine Praxis: »*Ich habe be-*
gonnen, im Job Grenzen zu setzen. Ich sage klarer, was ich will und
was nicht. Und zwar ohne die ganzen Rechtfertigungen und Erklä-
rungen. Und was soll ich sagen, es funktioniert. Ich respektiere mich
mehr und werde auch mehr respektiert.«

Viele Frauen sehen sich einem ständigen Erwartungsdruck ausgesetzt. Nach dem Motto: »Alle wollen etwas von mir.« Und sie spüren
die Last der Verpflichtung, diesen äußeren Anforderungen zu entsprechen. Damit verlieren sie natürlich die Freiheit, selbst zu wählen. Auf diese Selbstbestimmung kommt es aber an, wenn du mehr
dir selbst treu sein möchtest.

Auch als Psychologin ist es wichtig, sich nicht im Erwartungs-
gestrüpp der anderen zu verfangen. Durch die systemische Famili-
entherapie habe ich gelernt, am Anfang jeder Zusammenarbeit sehr
genau die Aufträge aller Beteiligten zu klären. Was erwarten die
Klientinnen von der Beratung oder Therapie? Was erwarten vielleicht auch Familienmitglieder, die nicht direkt einbezogen sind,
was die Hausärztin oder die Lehrerin der Tochter? Dabei sind auch
die unausgesprochenen Erwartungen zu beachten. Es geht nicht darum, all diese Vorstellungen zu erfüllen, sondern sie sich bewusst

zu machen und dann zu entscheiden, welche Vorstellungen realistisch und machbar sind. Ich darf und muss sogar wählen, was ich aufgreife und was ich ablehne, erst dann kann ich souverän agieren.

Der bekannte Familientherapeut Arist von Schlippe hat die Methode des Auftragskarussells entwickelt, um genau dieses Geflecht aus Erwartungen sichtbar zu machen.[3] Ich habe diese Methode hier etwas verändert und auf unsere Thematik angepasst. Das Erwartungskarussell, wie ich es hier nennen möchte, eignet sich ganz wunderbar, um die Aufträge und Vorstellungen uns naher Personen sichtbar zu machen und uns in die Position einer selbstbestimmten Entscheiderin zu bringen.

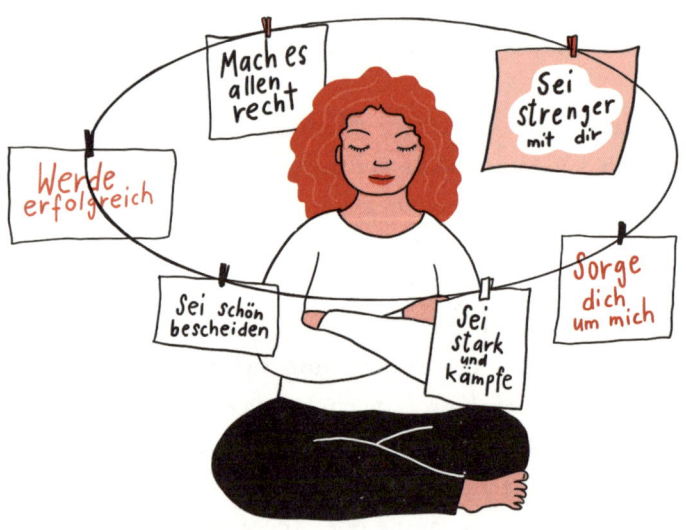

Das Erwartungskarussell

Wähle zunächst eine Situation aus, in der du das Gefühl hast, unterschiedlichen Erwartungen gerecht werden zu müssen.

Schreibe die Namen der an dieser Situation beteiligten Personen auf je einen Zettel. Lege diese Zettel um dich herum wie die Figuren eines Karussells. Du nimmst zunächst den Platz in der Mitte ein und verbindest dich mit dem Atem, spürst den Kontakt deines Körpers mit der Sitzfläche. Damit stärkst du deine innere Dirigentin und machst dir bewusst, dass du wählen kannst und selbst entscheidest. Schreibe auf einen Zettel, welche Erwartungen du an dich selbst für diese Situation hast.

Dann wechsle auf den Platz einer anderen Person und fühle dich in sie ein. Welche Erwartungen hat sie an dich? Lass dir Zeit, die ausgesprochenen und unausgesprochenen Wünsche dieser Person deutlich werden zu lassen. Du notierst diese Erwartungen auf dem Zettel mit dem Namen der Person.

Kurz kehrst du in die Mitte zurück und spürst deinen Körper und deinen Atem.

Nimm den Platz der nächsten Person ein und verfahre wie zuvor.

Du setzt die Übung fort, bis du die Erwartungen aller Personen notiert hast.

Ruhe dich in der Mitte etwas aus und spüre dich selbst.

Du kannst die Zettel mit den Erwartungen der anderen nun zu dir holen und durchstreichen, welche davon du nicht erfüllen möchtest. Achte immer wieder auf deine eigene innere Resonanz und bringe dich in die Position deiner Dirigentin. Notiere, welche Vorstellungen du abwandeln und verändert aufgreifen willst. Und vermerke auch, welchen Erwartungen du entsprechen möchtest.

Dann lege die Notizen zur Seite, schließe die Augen, und spüre deinen Atem.

Erwartungen, die wir an uns selbst, an andere und an das Leben generell stellen, sind mit Vorstellungen, Idealen und Wünschen verbunden. Doch das hat mit der Realität möglicherweise gar nicht so viel zu tun. Erst wenn es gelingt, Erwartungen als Vorstellungen zu entlarven, entsteht ein genauerer, realistischerer Blick. Dann kann auch eine passende, eine stimmige Entscheidung erfolgen, Erwartungen abzulehnen, zu verändern oder ihnen auch zu entsprechen.

Permanent gegen die Erwartungen opponieren zu müssen, macht genauso unfrei, wie allen Erwartungen ständig brav zu entsprechen. Erst wenn wir unsere Ziele und Verhaltensweisen selbstbestimmt wählen können, sind wir frei.

Das bedeutet gegebenenfalls auch, andere zu enttäuschen. Der Jesuit und Philosoph Michael Bordt hält den bewussten Umgang mit Enttäuschungen für einen wichtigen Schritt zu mehr Selbstbestimmung. Deshalb ermutigt er dazu, Enttäuschungen als eine Begegnung mit der Wirklichkeit zu sehen, als das Ende einer Täuschung. Wenn wir enttäuschen oder enttäuscht werden, hören wir auf, uns und anderen etwas vorzumachen.[4] Das braucht natürlich Mut, führt aber zu Authentizität und schafft Raum für ehrliche Begegnung.

Dabei entsteht für alle Beteiligten die Chance, zu reifen und zu wachsen und auf eine neue Art miteinander in Dialog zu treten.

Achtsamkeit in Beziehungen

Von der inneren Vielstimmigkeit war schon ausführlich die Rede. Die inneren Dialoge zu hören und zu klären, ist die Voraussetzung für eine gelingende Kommunikation in Beziehungen. Denn natürlich hast nicht nur du verschiedene innere Stimmen, sondern dein Gegenüber auch. Das macht Kommunikation anspruchsvoll und undurchsichtig. Für eine Beziehung auf Augenhöhe ist es wichtig, dass beide Personen mit ihrer inneren bewussten Mitte, der Dirigentin oder dem Dirigenten, verbunden sind. Erst dann ist eine erwachsene Kommunikation möglich. Doch im Alltag entstehen immer wieder Beziehungsmuster, die ungleich gewichtet sind und in Sackgassen führen können.

Die 40-jährige Eva kommt zu einem Coaching, weil es ihr schwerfällt, bei der Arbeit Grenzen zu setzen. Sie möchte in einer Sitzung über die langjährige Beziehung zu ihrer Freundin Anna sprechen. Eva ist zunehmend irritiert über Annas Verhalten. Die Freundin spricht bei Begegnungen fast ausschließlich über ihre Probleme und fordert Unterstützung ein. Eva ist durch das Coaching bereits mit dem Modell der inneren Vielstimmigkeit vertraut. Sie weiß, dass ganz automatisch eine verantwortungsvolle Stimme auftaucht, wenn andere Personen etwas von ihr erwarten. So auch im Kontakt mit Anna. Eva hört zu, macht Vorschläge und erzählt immer weniger von sich. Je mehr sie sich aber zurückzieht, umso mehr erzählt Anna von sich und verlangt Hilfe. Die Freundschaft der beiden ist aus dem Gleichgewicht geraten. Eva sagt im Coaching: »*Ich habe gedacht, dass ich eine schlechte Freundin bin, weil ich mich abgrenzen möchte. Jetzt erkenne ich, dass ich in eine Helferrolle geraten bin, die ich so nicht mehr will.*«

Das Beispiel macht anschaulich, wie Beziehungsdynamiken sich verstärken und verfestigen können. Je stärker Anna aus einer kindlichen, bedürftigen Seite heraus kommuniziert, desto bemühter wird Evas unterstützender Persönlichkeitsteil. Sie versucht weiterhin, verständnisvoll zu sein. Doch in Eva regt sich auch eine ärgerliche innere Seite, die die Nase voll hat und endlich gehört werden will. Einen Ausweg gibt es dann, wenn beide Freundinnen bereit sind, wieder mehr in einen Erwachsenenmodus zu kommen, die Asymmetrie der Beziehung erkennen und Veränderungen anstoßen. In unserem Beispiel ergreift Eva die Initiative und sucht das Gespräch. Anna fühlt sich aber angegriffen und zieht sich vorwurfsvoll zurück. Für Eva ist es dennoch wichtig, die Erwartungen der Freundin nicht weiter zu erfüllen. Sie möchte ihre Konfliktscheu verlieren und ihre Bedürfnisse in Beziehungen besser artikulieren können.

In der nächsten Übung hast du die Möglichkeit, zu erkunden, wie deine unterschiedlichen inneren Persönlichkeitsanteile auf einen zwischenmenschlichen Konflikt reagieren.

Im Konflikt mit einer anderen Person – was sagt der innere Chor?

Führe dir eine konfliktreiche Begegnung mit einer anderen Person vor Augen. Was war das Thema? Was wurde gesprochen? An welchem Punkt kam es zum Konflikt?

Lass deine Gefühle und Gedanken, die du in dieser Situation hattest, ganz lebendig werden. Nun erlaube dir, unterschiedliche innere Persönlichkeitsteile zu diesem Konflikt zu Wort kommen zu lassen.

Übertreibe ruhig etwas, um die unterschiedlichen Seiten deutlicher werden zu lassen.

- Was sagt deine innere Kritikerin?
- Was äußert die Stimme, die es allen recht machen will?
- Und deine Genießerin, was meint die?
- Wie reagiert dein verletzter kindlicher Anteil auf den Konflikt? Was braucht dieser Teil?
- Und was sagt die Grenzsetzerin zu der Situation?
- Zu welchem Schluss kommt die innere Dirigentin, wenn sie besonnen die verschiedenen Seiten moderiert?

Zur Veranschaulichung sehen wir uns an, wie Evas innere Persönlichkeitsteile den Konflikt mit ihrer Freundin Anna kommentieren könnten.

Die innere Kritikerin:»Du bist keine gute Freundin, auf dich ist kein Verlass.«

Die Stimme, die es allen recht machen möchte:»Du musst dich um Anna kümmern, der geht es nicht gut. Du bist verpflichtet dazu.«

Die Genießerin:»Ich möchte ein Zusammensein genießen. Ich brauche Ruhe und Positives.«

Der verletzte kindliche Anteil:»Ich werde nicht gesehen. Ich brauche auch Zuwendung.«

Die Grenzsetzerin:»So geht das nicht weiter. Ich will nicht mehr ständig die Therapeutin meiner Freundin sein.«

Die Dirigentin: »Es ist völlig in Ordnung, auf meine Bedürfnisse zu achten und diese auch meiner Freundin mitzuteilen. Ich werde das Gespräch suchen und auch klare Grenzen formulieren.«

Wie hilfreich die Klärung der inneren Selbstgespräche und auch achtsame Dialoge zu zweit sind, zeigt eine groß angelegte Studie zur Entwicklung von Mitgefühl.

Das *ReSource*-Projekt der Neurowissenschaftlerin Tania Singer vermittelte über neun Monate verschiedene Meditationsmethoden und erfasste deren Wirkungen sehr umfangreich, zum Beispiel durch Gehirnscans, Verhaltensexperimente und Interviews. Ich hatte das Glück, als Psychologin und Trainerin an diesem Forschungsprojekt mitwirken zu dürfen. Das Programm vermittelte die Übungen in drei Modulen. Viele der Methoden werden dir durch dieses Buch jetzt schon vertraut sein.

Im Präsenzmodul ging es um die Fokussierung der Aufmerksamkeit und Körperachtsamkeit. Im affektiven Teil der Studie standen die Metta-Meditation, der Umgang mit herausfordernden Gefühlen und die Entwicklung von Dankbarkeit und Mitgefühl im Zentrum. Und im dritten Trainingsblock lernten die Probandinnen und Probanden sowohl ihre eigene innere Vielstimmigkeit als auch die Persönlichkeitsteile anderer Personen kennen.[5] Sie übten sich darin, Alltagssituationen aus der Perspektive eines inneren Anteils, z. B. der inneren Kritikerin oder der Genießerin, zu erzählen. Das zuhörende Gegenüber versuchte zu erraten, aus welchem inneren Persönlichkeitsteil heraus erzählt wurde. Dann erfolgte ein Rollenwechsel. Ich nahm oft selbst an dieser Übung teil oder leitete sie an. Zu Beginn waren die Teilnehmenden noch skeptisch, aber das Spiel mit den inneren Stimmen machte viel Spaß.

Diese Übung ermöglicht es, die eigene innere Vielstimmigkeit zu erkunden und auch die Perspektive des Gesprächspartners einnehmen zu können. Die Studienergebnisse zeigen, dass sich die inneren Stimmen differenzieren lassen. So können glückliche, positive innere Zustände und auch sogenannte negative, sorgenvolle, erschöpfte und verletzliche Teile voneinander unterschieden werden. Interessanterweise fällt es den Übenden, die während des Trainingsverlaufs mehr negative Zustände bei sich selbst differenzieren können, leichter, sich auch in emotionale Erfahrungen anderer Personen einzufühlen.[6] Mit anderen Worten: Wenn ich mich bewusster mit meinen eigenen unterschiedlichen, besonders auch belastenden Stimmen auskenne, werde ich sozial kompetenter. Das erfordert die Bereitschaft, auch den unangenehmen Stimmen Gehör zu schenken und sie nicht einfach zur Seite zu drängen.

Manchmal lässt sich durch die Stimme oder Körperhaltung des Gegenübers erahnen, ob jemand aus einer inneren kritischen, bevormundenden Haltung spricht oder ob gerade eine gekränkte innere Seite aktiv ist. Sich zu fragen, aus welcher inneren Position heraus das Gegenüber kommuniziert, ermöglicht einen Perspektivwechsel. Wir schlüpfen quasi in die Haut der anderen Person und können uns besser in sie einfühlen. Dies sollte aber nicht auf Kosten der Einfühlung in sich selbst geschehen. Für gelingende Beziehungen braucht es die Flexibilität, sich selbst und das Gegenüber im Wechsel wahrnehmen zu können.

Positive Gefühle in Beziehungen

In der Psychologie ging es viel zu lange nur um herausfordernde und belastende Emotionen, um Angst, Traurigkeit und Ärger. Es braucht aber auch den Blick auf positive Gefühle. Darauf hat sich die US-amerikanische Professorin Barbara Fredrickson als Vertreterin einer positiven Psychologie spezialisiert. Sie unterscheidet insgesamt zehn positive Emotionen: Freude, Heiterkeit, Interesse, Hoffnung, Stolz, Vergnügen, Inspiration, Ehrfurcht, Liebe und Dankbarkeit. Ihre Studienergebnisse zeigen, dass positive Emotionen stärken und resilienter im Umgang mit Herausforderungen machen. Während Gefühle von Angst und Trauer oft zu einem Tunnelblick führen, erweitern positive Emotionen unsere Denk- und Handlungsmöglichkeiten.[7] Wir werden durch sie aufmerksamer für das, was an Schönem um uns herum passiert, und fühlen uns verbundener mit uns und unserer Umwelt.

Auch Partnerschaften und Arbeitsteams werden durch positive Emotionen beflügelt. Barbara Fredricksons Arbeit zeigt: Angenehme Emotionen können unangenehme Gefühle ausbalancieren. Dabei scheint eine 3:1-Regel zu gelten. Drei positive Erfahrungen gleichen ein unangenehmes Erlebnis aus. Das gilt für die Beziehung zu sich selbst genauso wie für Beziehungen zu anderen. Das 3:1-Verhältnis sorgt für Wohlbefinden, Optimismus, persönliches Wachstum und stärkt die Fähigkeit, zufriedener zusammenzuleben und besser zusammenzuarbeiten. Die Forschung von Barbara Fredrickson und ihrem Kollegen Marcial Losada zeigt, dass erfolgreiche Arbeitsteams sogar ein Verhältnis von 5,6:1 (positiv zu negativ) aufweisen. Diese Teams kommunizieren sehr wertschätzend und öffnen sich für die Belange der anderen. Dieser respektvolle Umgang miteinander funktioniert aber nur dann, wenn er authentisch und stimmig ist und eine konstruktive Kritikfähigkeit miteinschließt.[8]

Das Fördern der positiven Gefühle bedeutet also nicht, Kritik oder Konflikte zu unterdrücken. Ganz im Gegenteil, Partnerschaften und Teams, die gut harmonieren, zeigen einen hohen Grad an Positivität und gleichzeitig die Kompetenz, sich Herausforderungen konstruktiv zuwenden zu können. Wenn das Negative in einer Beziehung dauerhaft überwiegt, bedeutet das, dass Entscheidungen zu treffen und Konflikte anzusprechen sind und, wenn nötig, auch die Entschlusskraft aufgebracht werden sollte, den Kontakt zu beenden. Es lohnt sich also, positive Gefühle aktiv zu fördern. Das gelingt dadurch, dass wir ihnen Aufmerksamkeit schenken und sie gezielt in Beziehungen zum Ausdruck bringen.

Die Journalistin Janice Kaplan hat die positive Emotion der Dankbarkeit ausgewählt und sich ihr ein Jahr in allen Lebensbereichen gewidmet.[9] Sie beginnt das Kultivieren von Dankbarkeit zunächst in ihrer langjährigen Ehe. Und erlebt, dass dadurch das Miteinander wertschätzender wird. Sie zitiert auch einen Therapeuten, der Paaren rät, sich täglich eine E-Mail zu schicken, in der die folgenden zwei Sätze vervollständigt werden: *Kürzlich hast du etwas getan, was ich sehr schätze, und zwar ... Besonders starke Gefühle hatte ich für dich, als du ...*

Auch in meinem fünfwöchigen Training zur Selbstfürsorge für Menschen in helfenden Berufen ist die Kultivierung von Dankbarkeit ein wichtiger Bestandteil.[10] Ich ermutige dazu, sich morgens bewusst zu machen, welche Herausforderungen der Tag möglicherweise bereithält und welche Ideen es für den Umgang mit ihnen gibt. Abends nimmt man sich Zeit, zu reflektieren, wie das gelungen ist und wofür man sich selbst und anderen dankbar ist. Sich selbst wertschätzen und danken zu können, ist Teil der eigenen Selbstfürsorge und die Voraussetzung für Wertschätzung in Beziehungen.

In einer Meditationsgruppe für Frauen schließen wir jedes Treffen mit Wertschätzung. In der letzten Meditation danken wir uns selbst dafür, dass wir üben, und wir danken der Gruppe, dass wir uns dabei unterstützen. Dies ist immer ein sehr schöner Moment. Die wertschätzende Beziehung zu sich selbst und die Beziehung zu den anderen wird direkt spürbar.

Oft melden Frauen zurück, dass es ungewohnt für sie ist, sich selbst zu danken. Als müssten sie sich die Wertschätzung ihrer eigenen Person zunächst erlauben. Doch dann empfinden sie die Dankbarkeit als Wärme und Entspannung im Körper. Dankbarkeit auch körperlich zu spüren, intensiviert sie und lässt sie zu einem integrierten Teil unserer Erfahrung werden.

Die Strahlkraft der Dankbarkeit ist nicht nur in Partnerschaften wirksam. Sie ist in Freundschaften genauso wohltuend wie am Arbeitsplatz. Probiere es aus. Dankbarkeit ist etwas Aktives, sie ist eine innere wertschätzende Haltung, die uns beherzt handeln lässt.

Wir kehren von der Dankbarkeit noch einmal zu den anderen von Barbara Fredrickson beschriebenen positiven Emotionen zurück und erkunden in der folgenden Übung, wie sie sich in Beziehungen stärken lassen.

Positive Gefühle in Beziehungen

Dankbarkeit, Freude, Heiterkeit, Interesse, Hoffnung, Stolz, Vergnügen, Inspiration, Ehrfurcht und Liebe sind die positiven Gefühle, die Barbara Fredrickson formuliert. Sie empfiehlt, sich zunächst mit jeder Emotion vertrauter zu machen und sie dann gezielt im Alltag zu aktivieren.

Suche dir eine positive Emotion aus der obigen Liste aus und beantworte für dieses Gefühl folgende Fragen:

○ In welchen Situationen fühlst du diese Emotion?
○ Mit welchen Aktivitäten ist dieses positive Gefühl verbunden?
○ Schreib auf, was du körperlich spürst, wenn du diesen positiven Zustand erlebst.

- Welche Bilder und Gefühle tauchen auf, wenn du an diese Emotion denkst?
- Mit welchen Menschen erlebst du dieses positive Gefühl?
- Was kannst du tun, um dieses positive Gefühl noch mehr in deinen Alltag zu bringen?
- Wie kannst du das Gefühl mit anderen noch mehr teilen und ihnen gegenüber zum Ausdruck bringen?

Wenn es für dich stimmig ist, schreib einige Wochen lang deine Erfahrungen mit diesem positiven Gefühl auf.

Die positive Psychologie macht so wunderbar deutlich, dass positive Gefühle uns zum Handeln ermutigen, dass sie uns stärken und die Beziehungen zu anderen bereichern. Viele der beschriebenen positiven Zustände bringen uns in Verbindung mit uns selbst und auch mit anderen. Und um diese Kraft der Verbundenheit soll es jetzt gehen.

Verbundenheit als Lebenselixier

Wenn wir in einer stimmigen, lebendigen Verbindung mit anderen Menschen sind, macht uns das glücklich. Der Soziologe Hartmut Rosa nennt diesen »vibrierenden Draht«, der sich inspirierend und stärkend anfühlt, »Resonanz«.[11] Er hält die Fähigkeit zur Resonanz für eine grundsätzliche Qualität im Umgang mit sich, der Welt und den Mitmenschen. Mit anderen auf diese positive Art mitzuschwingen, fühlt sich lebendig, geborgen und sicher an. In Resonanz zu sein, heißt, sowohl die eigenen Schwingungen zu spüren als auch die Klänge des Gegenübers wahrzunehmen. Oft wird diese Form der Begegnung als intensiv und erfüllend erlebt.

Die 67-jährige Lisa beschreibt stärkende Resonanzerfahrungen bei einer Reise mit ihrem Partner und dem gemeinsamen achtjährigen Enkel Tom: »Wir waren mitten in der Natur und haben für einige Tage in einem Baumhaus im Wald gewohnt, waren viel paddeln und Rad fahren. Es hat sich richtig geborgen angefühlt, rund um die Uhr in Verbindung mit der Natur zu sein. Und dann gab es einen besonderen Moment. Tom wollte den Sternenhimmel beobachten und war neugierig, welche Sterne zuerst auftauchen. Er kuschelte sich an mich und meinen Mann. Wir saßen alle drei auf der Plattform vor dem Baumhaus und sahen in den Himmel. Es war ruhig, intensiv und einfach schön. Von da an hatten wir drei in diesem Urlaub das Bedürfnis, abends beieinanderzusitzen und in die Sterne zu schauen.«

Der Kontakt mit der Natur erleichtert es, sich in Resonanz mit dem Leben zu fühlen. Gemeinsame Aktivitäten, die keinen bestimmten Zweck erfüllen müssen, aber Freude machen und guttun, fördern die Verbindung zwischen Menschen. Um dieses lebendige Band zu spüren, braucht es die Bereitschaft, sich einzulassen, sich zu öffnen und sich zu entspannen. Resonanz lässt sich also nicht krampfhaft erarbeiten oder erzwingen. Aber wir können gute Bedingungen dafür schaffen, damit sich Resonanzphänomene zeigen können.

So stärken Achtsamkeitsübungen, Bewegung und Körperwahrnehmung unsere Entspannungsfähigkeit und öffnen für das, was geschieht. Im gegenwärtigen Moment präsent zu sein, ist die Voraussetzung für wirkliche Begegnung. Es macht glücklich, sich selbst und anderen mit Offenheit und Neugier zu begegnen und Erwartungen beiseitezulassen.

Also, es lohnt sich, Resonanzräume für Begegnung zu öffnen. Durch Wandern mit Freunden in der Natur. Mit einer Freundin auf dem Sofa bei einem Glas Wein. Gemeinsam in einem Konzert oder in einer Ausstellung. Resonanz im Miteinander zu erfahren, stärkt die Verbindung zu anderen Personen und lässt die Beziehung tragfähiger werden.

Ich hoffe, deine Neugier ist geweckt, selbst Momente von Verbundenheit zu erkunden. Ein entspannter Schreibsprint ist dafür bestens geeignet.

Schreibsprint – Ich fühle mich verbunden mit anderen, wenn …

Nimm dir vier Minuten Zeit. Notiere die Überschrift oben auf ein leeres Blatt Papier. Schließe die Augen und entspanne dich, spüre den ein- und ausströmenden Atem. Dann öffne die Augen und schreib einfach drauflos.

Lass die Worte auf das Blatt fließen, schreib ohne Punkt und Komma, ohne auf die Rechtschreibung zu achten.

Sei neugierig auf Wörter, Erinnerungen, Bilder, Gefühle, Menschen, die auftauchen.

Nach vier Minuten halte inne. Lege den Stift zur Seite und schließe nochmals die Augen. Entspanne, spüre deinen Atem.

Dann öffne die Augen, lies den Text in Ruhe durch, und markiere wichtige Wörter. Wenn du magst, schreib einen zusammenfassenden Kernsatz unter deinen Text.

Verbundenheit mit uns und mit anderen ist ein wichtiger Teil unserer Lebendigkeit. Intensive zwischenmenschliche Resonanzerfahrungen können, wie das nächste Beispiel zeigt, auch in herausfordernden Lebenssituationen bereichernd und erfüllend sein.

Ich besuche die 40-jährige Beate zu Hause, da sie durch eine schmerzhafte Erkrankung ans Bett gefesselt ist. In den letzten Monaten hat sich ihr Zustand verschlechtert, wir sprechen über Trauer, Angst und das Sterben. Aber auch über schöne Momente und Begegnungen. Beate sagt mir immer wieder:»Ich will in Würde sterben.« Es beeindruckt mich sehr, wie sie ihre Situation selbst gestaltet. Wie sie selbstbestimmt die ihr lieben Menschen informiert, einlädt, überlegt, wie sie sich verabschieden möchte. Und so hat sie viel Besuch. Beate meint:»Meine Freundinnen retten mich über diese Zeit.« Von einer Begegnung mit einer langjährigen Freundin ist sie»ganz beseelt«. Sie legt, während sie spricht, eine Hand auf ihr Herz und sagt:»Wir konnten einfach zusammen sein, miteinander lachen und weinen. Es ist intellektuell inspirierend und berührt ganz tief. Da gibt es keine Tabus, keine Anstrengung.« Beate wünscht sich, dass ich zum Abschluss meines Hausbesuches noch eine kurze Meditation anleite. Ich lade sie ein, die erlebte Verbundenheit mit der Freundin nachklingen zu lassen. Tränen laufen Beate über das Gesicht und sie sagt:»Das sind Tränen der Berührung. Ich bin einfach dankbar.« Und auch ich verlasse das Haus ganz erfüllt, beschenkt durch diese schöne Begegnung.

Oft werde ich gefragt, ob mich meine intensive Arbeit nicht ausbrennt und erschöpft. Ein Mitschwingen mit Menschen in herausfordernden Situationen ist aber nur dann für mich möglich, wenn ich den Kontakt zu mir behalte. Meine Grenzen achte und mich öffne, für eine menschliche Begegnung, die auch mich und meine Bedürfnisse mitberücksichtigt. Helfen kann ich nur, wenn ich selbst in einem guten Zustand bin.

Mitfühlen, ohne auszubrennen

Es sollte eigentlich ein entspannter Winterurlaub werden. Doch am Silvesterabend saß ich im Rettungswagen, der mit Blaulicht zur nächstgelegenen Klinik fuhr. Mein Partner wurde notärztlich versorgt und sofort auf die Intensivstation verlegt. In den nächsten Tagen wurde er operiert und seine gesundheitliche Situation stabilisierte sich. Um es gleich vorwegzunehmen: Er hat alles gut überstanden.

Aber in dieser Ausnahmesituation zeigte sich, was wirklich zählt, und auch, was hilfreich ist, um mit den eigenen Ängsten umgehen zu können und sich zu beruhigen. Bei mir waren das hauptsächlich zwei Sachen. Telefonate mit Menschen, die mir nahestanden, und die Metta-Meditation.

Menschliche Unterstützung erfuhr ich von denjenigen Personen, die sich einfühlten und die richtigen Worte fanden – sie konnten mir gut den Rücken stärken. Andere waren zu sachlich und konnten mich emotional nicht erreichen. Es war für mich eine interessante Erfahrung, dass ich sofort merkte, ob ich mich verstanden fühlte und mir der Kontakt guttat oder nicht. Ich brauchte in dieser herausfordernden Situation Menschen, die ruhig blieben, liebevoll zuhörten und ganz präsent waren.

Außerdem half mir die Metta-Meditation. Ich arbeitete zu der Zeit als Psychologin und Meditationslehrerin an der *ReSource*-Studie zur Entwicklung von Mitgefühl mit. Wir werden gleich noch etwas von der Studie hören. Jetzt brauchte ich dieses Wissen und die Übungen aber für mich selbst. Die Metta-Meditation beruhigte mich, half mir, Gefühle zuzulassen, ohne von ihnen überwältigt zu werden, und erlaubte mir, auch mit meinem Partner mitzufühlen. Ich übte sie im Hotelzimmer für mich und nahm die innere Haltung mit auf die Intensivstation. Und ich spürte am eigenen Leib, wie heilsam diese Meditation angesichts von eigenem und fremdem Leid ist.

Frauen verrichten immer noch den Großteil der Fürsorge- und Beziehungsarbeit. Beruflich und privat. Um andere Personen zu unterstützen, braucht es ein empathisches Mitschwingen. Doch in Resonanz mit den Bedürfnissen und möglicherweise auch dem Leid anderer Menschen zu sein, ist anstrengend und kann erschöpfen. Es stellt sich also die Frage, wie sich die Fürsorge um andere mit der Sorge um sich selbst verbinden lässt. Die Antwort lautet: indem man das Mitgefühl trainiert.

Die Neurowissenschaftlerin Tania Singer forscht seit vielen Jahren zum Phänomen der sozialen Emotionen. Sie unterscheidet emotionale Ansteckung von Empathie und Mitgefühl. Bereits Babys können von den Gefühlen anderer Babys angesteckt werden. Beginnt ein Säugling zu schreien oder zu lachen, stimmen die anderen Babys in diese Emotionen mit ein und lassen sich von den Gefühlen der anderen mitreißen. Das ist ein unbewusster Prozess, der emotionale Ansteckung genannt wird. Das Baby kann nicht erkennen, woher das Gefühl kommt. Es vermag nicht zu unterscheiden, ob die Emotion die eigene ist oder die des Gegenübers. Das Baby lässt sich einfach anstecken von der es umgebenden emotionalen Stimmung. Es schwingt einfach mit.

Bei der Empathie geschieht auch ein Mitschwingen mit den Emotionen der anderen Person. Aber anders als bei der emotionalen Ansteckung wird hier der Ursprung des Gefühls bewusst. So erkennt beispielsweise eine Krankenschwester die Traurigkeit einer Patientin und schwingt emotional mit. Es ist ihr allerdings bewusst, dass dies nicht ihre eigene Traurigkeit ist.

Die grundlegenden Forschungen von Tania Singer zeigen, dass dieses empathische Mitschwingen zu Stress und emotionaler Belastung führt.[12] Wenn wir uns nämlich empathisch in das Leid der anderen einstimmen, dann leiden wir mit und erleben ähnliche schmerzhafte Gefühle. Dabei werden Gehirnareale aktiviert, die mit Stress und Schmerz assoziiert sind. Zu viel empathische Einfühlung kann also erschöpfen und die eigene Gesundheit gefährden. Besonders Frauen, die ja einen Großteil der Care-Arbeit machen, riskieren durch ein Übermaß an Empathie auszubrennen. Deshalb ist es so wichtig, von einem empathischen Mitschwingen in ein positives Mitgefühl wechseln zu können. Was unterscheidet Mitgefühl also von Empathie? Wie schon erläutert, geschieht bei der empathischen Einfühlung in das Leid der anderen ein Mitleiden, und das erzeugt Stress. Dagegen ist Mitgefühl mit Gehirnarealen assoziiert, die für Zuwendung, Fürsorge und Verbundenheit stehen. Also für positive, warme, unterstützende Empfindungen von Vertrauen, Sicherheit und Dankbarkeit. Wird das Fürsorgesystem aktiviert, kommt es zur Ausschüttung des Hormons Oxytocin. Dies sorgt dafür, dass der Stress ausbalanciert wird und wir uns entspannt, sicher und gut aufgehoben fühlen. Mitgefühl stellt die Kraft zur Verfügung, sich vom Schmerz der anderen berühren zu lassen und dann hilfreich tätig zu werden, ohne auszubrennen.[13]

Die gute Nachricht ist, Mitgefühl lässt sich erwerben und einüben. In mehreren Studien mit weiblichen Probandinnen konnten Tania Singer und ihr Forschungsteam zeigen, dass sich diese positive Form der Einfühlung erlernen und trainieren lässt. Zentral dabei ist die Metta-Meditation (Metta = liebende Güte), die wir bereits in Kapitel 2 kennengelernt haben. Wenn wir diese Meditation üben, kultivieren wir positive innere Haltungen von Freundlichkeit, Wohlwollen und Zuwendung für uns selbst und andere. Wir lenken dafür die Aufmerksamkeit auf unseren Herzraum, legen eine Hand auf das Herz und wiederholen stärkende Sätze:»Möge ich glücklich sein. Möge ich mich sicher und geborgen fühlen.« Die Forscherinnen beschreiben, dass die Studienteilnehmerinnen diese Übung mögen. Und das kann ich nur bestätigen. Die Metta-Meditation ist bei vielen Frauen, die an meinen Achtsamkeitstrainings und Seminaren teilnehmen, sehr beliebt. Sie tut einfach gut, egal ob wir uns selbst Freundlichkeit schenken oder anderen Menschen, die unsere Hilfe brauchen, mit positiver Einfühlung begegnen.

Die Kraft des Mitgefühls

Es ist für diese Übung wichtig, dich nicht zu überfordern. Wähle dir zunächst eine Person aus, der es nicht gut geht und der du Mitgefühl entgegenbringen möchtest. Beginne aber nicht mit einem Menschen, der extrem leidet, sondern einem, der eine moderate Herausforderung erlebt.

Nimm eine bequeme Sitzhaltung ein, du darfst dich entspannen und deinen Atem spüren. Beginne damit, dich um dich selbst gut zu kümmern. Lass den Atem auch durch deinen Herz- und Brustbereich strömen. Wenn du magst, lege eine oder beide Hände auf den Herz-Brustbereich und spüre die Bewegung des Atems dort. Du beginnst, dir die wohlwollenden, stärkenden Sätze in Stille zu sagen.

○ *Möge ich glücklich sein.*
○ *Möge ich mich sicher und geborgen fühlen.*
○ *Möge ich gesund sein und mich wohl in meinem Körper fühlen.*
○ *Möge ich frei und mit Leichtigkeit leben.*

Spüre, wie sich die Fürsorge für dich im Körper anfühlt.

Erst wenn du dich in einem entspannten, guten Kontakt mit dir selbst erlebst, richte deine Aufmerksamkeit auf die leidende Person.

Du kannst dir diesen Menschen vorstellen und eine herzliche Verbindung zu ihm aufbauen.

Dann wünschst du dieser Person mit den folgenden Sätzen in Stille alles Gute. Probiere aus, welcher Satz sich besonders stimmig anfühlt:

○ *Mögest du frei sein von körperlichem und seelischem Leid.*
○ *Mögest du Trost finden.*
○ *Mögest du frei sein von Sorgen und Schmerz.*

Wiederhole die Sätze und spüre die Resonanz im Körper.

Du kannst jederzeit zu deinen Metta-Sätzen und zu dir selbst zurückkehren, wenn du es brauchst. Dann wendest du dich wieder der nahestehenden Person zu, die leidet. So kannst du während dieser Übung mehrmals von dir zu deinem Gegenüber und wieder zu dir hin- und herpendeln.

Dabei geht es nicht darum, der leidenden Person ihren Schmerz abzunehmen. Aber du kannst dich in einen Zustand bringen, hilfreich für sie zu sein. Ohne dich dabei zu vergessen.

Schließe die Übung damit, dass du noch mal zu dir zurückkehrst und deinen Atem spürst, wie er ein- und ausströmt.

Schlüssel für den Alltag

Der wichtigste Schlüssel dieses Kapitels besteht in einer bewussten und freundlichen Beziehung zu dir selbst – sie ist die beste Basis für die Beziehung zu anderen.

Erkunde im Alltag, in welchen Beziehungen du so sein kannst, wie du bist, und woran sich das eigentlich zeigt.

Erwartungen sind Vorstellungen und Wunschbilder. Überprüfe, welche Erwartungen du erfüllen möchtest und welche nicht.

Habe den Mut, zu enttäuschen – so kannst du dir selbst und anderen ehrlicher und authentischer begegnen.

Denke an die 3:1-Regel. Drei positive Erfahrungen balancieren eine herausfordernde Emotion aus. Halte deshalb Ausschau nach Momenten der Dankbarkeit, Wertschätzung und Verbundenheit.

Die Metta-Meditation hilft, diese positiven Zustände zu kultivieren, und lässt uns auch im Leid nicht allein.

Erlaube dir, aus der Reihe zu tanzen

Sich selbst kennenzulernen und sich selbst zu entfalten, das ist ein lebenslanger Prozess. Ein Weg, der sich lohnt und viele Überraschungen bereithält. Er entsteht immer in Kontakt mit uns selbst und mit anderen. Wie diese Balance von Autonomie und Verbundenheit gelingen kann, darum ging es in diesem Buch. Dabei konntest du erkennen, wie sehr stereotype Vorstellungen und einschränkende Erwartungen prägen. Und wie wichtig es ist, sie zu entlarven und abzustreifen, um dem eigenen Wesen näherzukommen und das eigene Potenzial entfalten zu können. Dann wird die eigene Vielfalt sichtbar und die innere Vielstimmigkeit hörbar. Auf diesem Weg wirst du die Dirigentin deines Lebens, die liebevoll und selbstbestimmt wählen kann, was sie zum Ausdruck bringen möchte.

Zu Anfang dieses Buches habe ich die Philosophin Kate Manne zitiert, die feststellte, dass die Frau zu sehr auf die Rolle der Gebenden, des *human giver*, festgelegt sei. Ich hoffe, dieses Buch hat dazu beigetragen, uns als *human beings* zu verstehen und uns zu widersetzen, wenn andere uns darauf reduzieren wollen, ihre Erwartungen zu erfüllen.

Du selbst zu sein, hat etwas zutiefst Lebendiges, Eigenständiges und auch Eigenwilliges.

Liebe Leserin, ohne dich würde es dieses Buch nicht geben und ohne dich könnte es keine Wirkung entfalten. Ich möchte dir danken. Dafür, dass du dich eingelassen hast auf die Lektüre und das Üben. Und dafür, dass du dir selbst gefolgt bist. Dabei gab es wahrscheinlich Herausforderndes, aber auch Beglückendes und Inspirierendes zu entdecken.

Die Reise zu dir selbst geht natürlich weiter. Türen werden sich öffnen und dir interessante Räume, Orte und Landschaften eröffnen. Du hast jetzt einen Schlüsselbund mit vielen hilfreichen Methoden zur Hand. Am besten wählst du dir einige Übungen aus, die du weiterhin in deinem Alltag nutzt. Mache sie dir zu eigen, schleife sie an deiner Erfahrung passend. Dafür braucht es immer wieder Zeit und Raum für dich selbst, um dir nahe zu sein und auf dich selbst zu hören.

Und weil ein Tanz manchmal mehr sagt als tausend Worte, kommt jetzt einmal mehr eine Tanzmentorin vorbei und tanzt mit uns, na, was denn? Sie tanzt mit uns aus der Reihe! Musikalisch begleitet uns dabei Calypso Rose, die als erste Calypso-Musikerin in diesem von Männern dominierten Genre und trotz starker Anfeindungen große Erfolge feierte. Sie schreibt ihre Songs selbst und beherrscht auch die Keyboards und die Gitarre. In einem Video zu ihrem Titel *Calypso Queen* ist sie selbst als wunderschöne ältere Frau zu sehen, singend, sich in den Hüften wiegend und verschmitzt lachend. Es tanzen auch ein kleines Mädchen, eine Jugendliche und Frauen unterschiedlichen Alters zu diesem Song. Frei, lustvoll und selbstbestimmt. Wir sind also in guter Begleitung, wenn wir jetzt aufspringen und lostanzen.

Die Kraft des Windes

Dreh die Musik laut auf (ich empfehle: *Calypso Queen* von Calypso Rose).

Die Tanzmentorin lächelt uns zu und bringt frische Energie mit. Wind, um Altes abzustreifen. Du streichst mit deinen Händen über deine Schultern, Arme. Streichst dein Gesicht aus und deine Kopfhaut.

Es macht Spaß, Einengendes und Ermüdendes abzustreifen! Auch vom Oberkörper, Becken, Po und den Beinen bis zu den Füßen.

Die Kraft des Windes ermutigt dich, aus der Reihe zu tanzen. Deine Bewegungen dürfen dich selbst überraschen. Frech und wild. Provozierend. Selbstbestimmt und frei.

Probiere aus, lass Bewegungen einfach entstehen. Tanze so, wie es dir entspricht in diesem Moment.

Und dann mache einige Schritte nach vorne, hüpfend, springend. Ganz neugierig auf die neuen Räume, die vor dir liegen.

Die Tanzmentorin, Calypso Rose, Frauen allen Alters und unterschiedlichster Herkunft und ich winken dir zu!

Sei du selbst, alle anderen gibt es schon!

Dank-Stelle

Ein Buch zu schreiben, kostet viel Kraft und Zeit. Ich brauche für das Schreiben meistens Ruhe und ein Zimmer für mich allein. Doch das Schreiben dieses Buches hat mich auch mit vielen Menschen in Verbindung gebracht. Dafür bin ich sehr dankbar. So fühlte ich mich durch vielfältige Literatur und wissenschaftliche Studien inspiriert. In den letzten 25 Jahren durfte ich viele Mädchen und Frauen beraten, durch Therapie unterstützen, coachen und mit Kursen und Seminaren begleiten. Ich habe so viel von ihnen gelernt. Es war und ist immer ein Geben und Nehmen und eine wechselseitige Bereicherung. Vielen Dank dafür!

Ich hatte immer wieder wunderbare Mentorinnen, denen ich sehr dankbar für ihre Impulse bin. Die Psychologin und Autorin Ulrike Scheuermann hat mich zu meinen ersten Schritten beim Schreiben von Fach- und Sachbüchern ermutigt. Marie Mannschatz unterstützt mich als Meditationslehrerin und vielfache Autorin dabei, meinen eigenen Weg mit dem Schreiben und der Meditation zu gehen. Helga Breuninger ist es eine Herzensangelegenheit, Frauen in Führungspositionen und Familienunternehmen zu unterstützen. Ich danke ihr sehr, dass sie mich eingeladen hat, Achtsamkeit für Führungsfrauen zu vermitteln.

Den wunderbaren beherzten Frauen Uli, Britta, Angela, Birgit, Steffi, Nikola und Tine möchte ich zunächst meine Bewunderung aussprechen. Ihr habt euch über viele Jahre ein so stärkendes Frauennetzwerk aufgebaut, das trägt, inspiriert und immer wieder positiv überrascht. Danke, dass ich euch dabei mit Seminaren begleiten darf. Ich habe unglaublich viel von euch gelernt!

Noch lange bevor der Titel dieses Buches feststand, ermutigten mich meine Freundinnen Rachel und Cordelia in einer Schreibkrise »Sei du selbst … schreib dein Buch«. Merci vielmals für diesen liebevollen und konfrontierenden Hinweis. Meinen Freundinnen Regina, Verena, Renate, Daniela, Ulrike und Ilona danke ich für wunderbare Gespräche über die Vielfalt des Frauseins. Es ist schön, dass ich mit euch einfach so sein kann, wie ich bin.

Ilse danke ich dafür, dass sie meine Tanzmentorin war, als ich im Alter von 27 Jahren meine Mutter verlor. Das Tanzen gehört einfach in unser beider Leben und verbindet uns.

Die jungen Studentinnen Anastasia, Maike, Emma, Paula und Lena haben sich von Beginn an für das Thema dieses Buches begeistert und auch einige Studien recherchiert. Danke für eure frische und kluge Lebendigkeit!

Günter danke ich für das kreative Sprechen über mögliche Buchtitel, während wir lecker zu Mittag aßen, und für den Sekt im Sommer am See, als das Beltz-Team den Coverentwurf geschickt hatte.

Vielen Dank auch an die Illustratorin Constanze Guhr für die schönen Zeichnungen weiblicher Vielfalt.

Die Zusammenarbeit mit dem Sachbuch/Ratgeberteam des Beltz Verlags hat mir sehr, sehr viel Spaß gemacht. Besonders möchte ich den Lektorinnen Bettina Brinkmann, Doro Bühler und Judith Roth für ihre humorvolle, konstruktive und engagierte Unterstützung danken. Es war wirklich ein Vergnügen!

Meiner leider viel zu früh verstorbenen Mutter danke ich von Herzen. Sie hat in meine Fähigkeiten vertraut und mich unglaublich darin unterstützt, sie weiterzuentwickeln. Dieses Buch zu lesen, hätte sie stolz und glücklich gemacht.

Mein Lebenskomplize und Mann Matthias musste immer wieder auf mich verzichten, weil ich schrieb. Er hat dieses Buchprojekt mit seiner Liebe und Wertschätzung unterstützt und auch an mich geglaubt, wenn ich Hänger und Zweifel hatte. Danke vielmals dafür!

Und ich möchte auch mir selbst danken. Dieses Buch hat mich herausgefordert, mich mit meiner Arbeit und auch mit meinem Leben als Frau vertieft auseinanderzusetzen. Es hat mich an Grenzen geführt und neue Türen geöffnet.

Anmerkungen

Warum dir dieses Buch Türen öffnet

1 Kate Manne. Down Girl. Die Logik der Misogynie. 2020. Suhrkamp. S. 23.
2 Julia F. Christensen interviewt von Christian Mayer. Tanzen macht glücklich. 30./31. Juli 2022. Süddeutsche Zeitung.
3 Virginia Woolf. Ein Zimmer für sich allein. Aus dem Englischen von Christel Kröning. 2020. Anaconda. S. 106.

Tür Eins

1 Mahzarin, R. Banaji & Anthony G. Greenwald: Vorurteile. Wie unser Verhalten unbewusst gesteuert wird und was wir dagegen tun können. 2017. dtv.
2 Jutta Allmendinger. Es geht nur gemeinsam. Wie wir endlich Geschlechtergerechtigkeit erreichen. 2021. Ullstein.
3 JJ Bola. Sei kein Mann. Warum Männlichkeit ein Albtraum für Jungs ist. 2020. Hanserblau.
4 Todd Pittinsky, Margaret Shih und Nalini Ambady. Will a category Cue Affect You? Category Cues, Positive Stereotypes and Reviewer Recall for Applicants. Social Psychology of Education, 2000, 4, 53–65.
5 Carolin Emcke. Gegen den Hass. 2020. Fischer.
6 Sarah Coyne et al. Pretty as a Princess. Longitudinal effects of engagement with Disney princesses on gender stereotypes, body esteem and prosocial behaviour in children. 2016. 87(6). Child Development. S. 1909–1925.
7 Elizabeth Prommer und Christine Linke. Ausgeblendet. Frauen im deutschen Film und Fernsehen. 2019. Herbert von Halem.
8 Carolin Kebekus. Es kann nur eine geben. 2021. Kiepenheuer & Witsch.

9 Elizabeth Prommer & Christine Linke. Ausgeblendet. Frauen im deutschen Film und Fernsehen. 2019. Herbert von Halem.

10 Susanne Mierau. Mutter. Sein. Von der Last eines Ideals und dem Glück des eigenen Wegs. 2019. Beltz.

11 Elke Heidenreich. Hier geht`s lang! Mit Büchern von Frauen durchs Leben. 2021. Eisele.

12 Elke Heidenreich. Hier geht`s lang! Mit Büchern von Frauen durchs Leben, 2021. Eisele.

13 Samira El Quassil & Friedemann Karig. Erzählende Affen. Mythen, Lügen, Utopien. Wie Geschichten unser Leben bestimmen. 2021. Ullstein.

14 Mahzarin, R. Banaji & Anthony G. Greenwald. Vorurteile. Wie unser Verhalten unbewusst gesteuert wird und was wir dagegen tun können. 2017. dtv. S. 171.

15 https://malisastiftung.org/studien/

16 Elizabeth Prommer & Christine Linke. Ausgeblendet. Frauen im deutschen Film und Fernsehen. 2019. Herbert von Halem.

17 Emily Nagoski & Amelia Nagoski. Stress. Warum Frauen leichter ausbrennen und was sie für sich tun können. 2019. Kösel.

18 Susie Orbach. Bodies. Im Kampf mit dem Körper. 2021. Arche.

19 Meryl Streep im Interview mit Ken Burns, USA Weekend, Dezember 2002, zitiert nach: Valerie Young. The secret thoughts of successful women. Why capable people suffer from the Impostor Syndrome and how to thrive in spite of it. 2011. Crown Business.

20 Valerie Young. The secret thoughts of successful women. Why capable people suffer from the Impostor Syndrome and how to thrive in spite of it. 2011. Crown Business.

21 Kristin Neff. Kraftvolles Selbstmitgefühl für Frauen. Klar für sich selbst einstehen, engagiert handeln und Erfüllung finden. 2022. Kailash.

22 Chimamanda Ngozi Adichie. Mehr Feminismus! Ein Manifest und vier Stories. 2021. Fischer.

23 Isabel Allende. Was wir Frauen wollen. 2021. Suhrkamp. S. 30.

24 Sandra Konrad. Das bleibt in der Familie. Von Liebe, Loyalität und uralten Lasten. 2021. Piper.

25 Reshma Saujani. Mutig, nicht perfekt. Warum Jungen scheitern dürfen und Mädchen alles richtig machen müssen. 2021. Dumont.

26 Karen Young & Norville Dovidonyte. Hey, kleiner Kämpfer. Ein Buch über Angst. 2016. Carl-Auer.

27 Doris Bischof-Köhler. Von Natur aus anders. Die Psychologie der Geschlechterunterschiede. 2022. Kohlhammer.

28 Pema Chödrön. Geh an die Orte, die du fürchtest. Buddhas Weg zu Furchtlosigkeit in schwierigen Zeiten. 2007. Arbor.

29 Joseph LeDoux. Anxious. Using the brain to understand and treat fear and anxiety. 2016. Penguin.

30 Olga Tokarczuk. Der liebevolle Erzähler. 2020. Kampa.

31 Monika Schumann zitiert von Christina Berndt. Resilienz – Das Geheimnis der psychischen Widerstandskraft. Arbeitskreis Frauengesundheit in Medizin, Psychotherapie und Gesellschaft (Hrsg.). Selbstoptimierung bis zur Erschöpfung. 2015. Mabuse.

32 Fiona Murden. Mirrow Thinking. How Role Models Make Us Human. 2020. Bloomsbury.

33 Chen Chen, Gerhard Sonnert, Philipp M. Sadler. The effect of first high school science teacher`s gender and gender matching on students` science identity in college. 2020. 104(1). Science education. S. 75–99.

34 Sarah D. Herrmann et.al. The effects of female role model on academic performance and persistence of women in STEM courses. 2016. https://doi.org/10.1080/01973533.2016.1209757

35 Manuela Rousseau. Wir brauchen Frauen, die sich trauen. Mein ungewöhnlicher Weg bis in den Aufsichtsrat eines DAX-Konzerns. 2019. Ariston.

36 Helga Breuninger & Almuth Sellschopp. Emotional kompetent führen: Nachfolgerinnen im Spagat zwischen Familie und Firma. 1/2016. Wirtschaftspsychologie aktuell. S. 44.

Tür Zwei

1 Sylvia Kolk. Geh und sieh selbst. Die Buddha-Lehre auf den Punkt gebracht. 2016. Jhana.

2 Jon Kabat-Zinn. Gesund durch Meditation. Das große Buch der Selbstheilung. 2007. Fischer.

3 Ulrike Juchmann. Achtsamkeitsbasierte Psychotherapie bei Depressionen und Ängsten. MBCT in der Praxis (mit einem umfangreichen Kapitel über MBSR). 2020. Beltz.

4 Sylvia Wetzel. Meditieren, aber wie? Krisen in der Meditation überwinden. 2018. Klett-Cotta.

5 Patricia Cammarata. Raus aus der Mental Load Falle. 2020. Beltz.

6 Daniel Goleman & Richard Davidson. Altered Traits. Science reveals how meditation changes your mind, brain und body. 2017. Avery.

7 Britta Hölzel & Christine Brähler. Achtsamkeit mitten im Leben. Anwendungsgebiete und wissenschaftliche Perspektiven. 2015. O. W. Barth.

8 Barbara Fredrickson. Die Macht der guten Gefühle. Wie eine positive Haltung Ihr Leben dauerhaft verändert. 2011. Campus.

9 Daniel Goleman & Richard Davidson. Altered Traits. Science reveals how meditation changes your mind, brain und body. 2017. Avery.

10 Russ Harris. ACT leicht gemacht. Ein grundlegender Leitfaden für die Praxis der Akzeptanz- und Commitment-Therapie. 2011. Arbor.

11 Matthias Wengeroth. Therapietools. Akzeptanz- und Commitmenttherapie (ACT). 2011. Beltz.

12 Rick Hanson. Das resiliente Gehirn. Wie wir zu unerschütterlicher Gelassenheit, innerer Stärke und Glück finden können. 2019. Arbor.

13 Barbara Fredrickson. Die Macht der guten Gefühle. Wie eine positive Haltung Ihr Leben dauerhaft verändert. 2011. Campus.

14 Anders Ericsson & Robert Pool. TOP. Die neue Wissenschaft vom bewussten Lernen. 2016. Pattloch.

15 Sylvia Wetzel. Das Herz des Lotos. Frauen und Buddhismus. 2003. Fischer.

Tür Drei

1 Paulina Stulin. Freibad. Nach dem gleichnamigen Film von Doris Dörrie. 2022. Jaja.

2 Doris Dörrie im Interview mit Christian Mayer. 18. August 2022. Süddeutsche Zeitung.

3 Ulrike Juchmann. Der Körper als Spiegel des Selbst. Psychomed. 1994/6. Quintessenz Verlag.

4 Ulrike Juchmann: Über Brücken in die Zukunft – Die therapeutische Arbeit mit Ritualen, Symbolen, Bildern und Persönlichkeitsanteilen bei Essproblemen. In: Manfred Vogt & Heinrich Dreesen, Rituale, Externalisieren und Lösungen. 2008. Borgmann. S. 19.

5 Susie Orbach. Bodies. Im Kampf mit dem Körper. 2021. Arche.

6 https://de.statista.com/statistik/daten/studie/221664/umfrage/anteil-der-haeu figsten-schoenheitsoperationen-in-deutschland/

7 Friederike Potreck-Rose & Gitta Jacob. Selbstzuwendung Selbstakzeptanz Selbst-vertrauen. Psychotherapeutische Interventionen zum Aufbau von Selbstwertge-fühl. 2007. Klett-Cotta.

8 Wolfgang Tschacher. Wie Embodiment zum Thema wurde. In: Maja Storch, Be-nita Cantieni, Gerald Hüther & Wolfgang Tschacher. Embodiment. Die Wechsel-wirkungen von Körper und Psyche verstehen und nutzen. 2006. Huber.

9 Gary Wells & Richard Petty. The effects of over head movements on persuasion. 1980. S. 219–230. Basic and applied psychology.

10 https://idw-online.de/de/news764573

11 Lora Park, Lindsey Streamer, Li Huang & Adam Galinsky. Stand tall, but don´t put your feet up. 2013. 49, S. 965–971. Journal of Experimental Social Psychology.

12 Cornelia Hammer. Im Körper zu Hause sein. Mit Zapchen Somatics zu Leichtig-keit und Wohlbefinden. 2020. Carl-Auer.

13 Aline Abboud im *Zeit online*-Podcast vom 10. Januar 2022.

14 Uta Christina Georg. Rundum stimmig. Ein Trainingsbuch für Stimme, Sprechen und Wirkung. 2022. Junfermann.

15 Martin Grunwald. Homo Hapticus. Warum wir ohne Tastsinn nicht leben kön-nen. 2017. Droemer.

16 Martin Grunwald. Homo Hapticus. Warum wir ohne Tastsinn nicht leben kön-nen. 2017. Droemer.

17 Matthias Steurich. Tibetisches Heilyoga Kum Nye. 2006. Selbst verlegt.

18 Susanne Bender. Die Psychophysische Bedeutung der Bewegung. 2021. Logos.

19 https://www.udk-berlin.de/universitaet/gleichstellungspolitik/akteurin-sein/di-vaversity-of-arts/magazin-diva-strategien-zur-gleichstellung-in-den-kuensten/wie-die-berliner-u-bahn-zum-ort-meiner-feministischen-rebellion-wurde/

20 António Damásio. Descartes´ Irrtum. Fühlen, Denken und das menschliche Ge-hirn. 1994. List.

21 Maja Storch, Frank Krause & Julia Weber. Selbstmanagement – ressourcenorien-tiert. Theoretische Grundlagen und Trainingsmaterial für die Arbeit mit dem Züricher Ressourcen Modell (ZRM). 2022. Hogrefe.

22 Julia F. Christensen & Dong-Seon Chang. Tanzen ist die beste Medizin. Warum es uns gesünder, klüger und glücklicher macht. 2018. Rowohlt.

23 Peter Lovatt. Tanz einfach! Wie Rhythmus und Musik uns gesund, glücklich und stark machen. 2021. VAK.

24 Ulrike Juchmann. Wenn es schwierig wird, tanz! Stärkende Teilearbeit in Bewe-gung. Zeitschrift für systemische Therapie und Beratung. 1/2021. Verlag moder-nes Lernen.

Tür Vier

1 Peter Uwe Hesse. Teilearbeit: Konzepte von Multiplizität in ausgewählten Bereichen moderner Psychotherapie. 2000. Carl-Auer.
2 Virginia Satir. Meine vielen Gesichter. 1997. Kösel
3 Richard Schwartz. Systemische Therapie mit der inneren Familie. 1997. Pfeiffer
4 Friedemann Schulz von Thun. Miteinander reden 3. Das innere Team und situationsgerechte Kommunikation. 1998. Rowohlt.
5 Anke Steinbeck. Jenseits vom Mythos Maestro. Dirigentinnen für das 21. Jahrhundert. 2010. Dohr.
6 Wolf Singer & Matthieu Ricard. Jenseits des Selbst. Dialoge zwischen einem Hirnforscher und einem buddhistischen Mönch. 2017. Suhrkamp.
7 Ingeborg & Thomas Dietz. Selbst in Führung. Achtsam die Innenwelt meistern. Wege zur Selbstführung in Coaching und Selbstcoaching. 2008. Junfermann.
8 Christine Altstötter-Gleich & Fay C. M. Geisler. Perfektionismus. Mit hohen Ansprüchen selbstbestimmt leben. 2018. Balancebuch.
9 Bernardine Evaristo. Mädchen, Frau, etc. 2021. Tropen.
10 Bernardine Evaristo. Manifesto. Warum ich niemals aufgebe. 2021. Tropen.
11 Bernardine Evaristo. Manifesto. Warum ich niemals aufgebe. 2021. Tropen.
12 Robert Venturi. Non-Straight.forward Architecture: A gentle Manifesto. 1966. In: Julian Rosefeldt. Manifesto. 2016. König. S.17.

Tür Fünf

1 Michael Paschen & Alexander Fritz (Hrsg.). Die Psychologie von Potenzial und Kompetenz. Individuelle Stärken verstehen, beurteilen und entwickeln. 2018. Schmidt.
2 Nicole Seifert. Frauen Literatur. Abgewertet, vergessen, wiederentdeckt. 2021. Kiepenheuer & Witsch.
3 Clotilde Napp & Thomas Breda. The stereotype that girls lack talent: A worldwide investigation. 2022. https://pubmed.ncbi.nlm.nih.gov/35263142/
4 Katty Kay & Claire Shipman. The Confidence Code. 2014. HarperCollins.
5 Doris Bischof-Köhler. Von Natur aus anders. Die Psychologie der Geschlechterunterschiede. 2022. Kohlhammer.

6 Virginia Woolf. Berufe für Frauen. In: Ein Haus mit vielen Zimmern. Autorinnen erzählen vom Schreiben. 2015. Edition fünf. S. 123–132.

7 Friederike Potreck-Rose & Gitta Jacob. Selbstzuwendung Selbstakzeptanz Selbstvertrauen. Psychotherapeutische Interventionen zum Aufbau von Selbstwertgefühl. 2007. Klett-Cotta.

8 Richard M. Ryan & Edward L. Deci. Self-Determination-Theory. 2018. Guilford Press.

9 Valerie Young. The secret thoughts of successful women. Why capable people suffer from the Impostor Syndrome and how to thrive in spite of it. 2011. Crown Business.

10 Thich Nhat Hanh. Ohne Schlamm kein Lotos. Die Kunst, Leid zu verwandeln. 2016. Nymphenburger.

11 Kristin Neff. Kraftvolles Selbstmitgefühl für Frauen. Klar für sich selbst einstehen, engagiert handeln und Erfüllung finden. 2022. Kailash.

12 Lisa Federle. Auf krummen Wegen geradeaus. Was mich bewegt und antreibt. 2022. Knaur.

Tür Sechs

1 Hannah Arendt. Wahrheit gibt es nur zu zweien. Briefe an die Freunde. 2020. Piper.

2 Ulrike Scheuermann. Freunde machen gesund. 2021. Knaur. Balance.

3 Arist von Schlippe. Das Auftragskarussell oder auch Münchhausens Zopf. In: Steffen Fliegel & Annette Kämmerer. Psychotherapeutische Schätze 1. 101 bewährte Übungen und Methoden für die Praxis. 2014. DGVT.

4 Michael Bordt. Die Kunst, die Eltern zu enttäuschen. Vom Mut zum selbstbestimmten Leben. 2022. Elisabeth Sandmann.

5 Tania Singer im Interview mit Ines Possemeyer. 02/2018. Geo.

6 Anne Böckler, Lukas Herrmann, Fynn-Mathis Trautwein, Tom Holmes und Tania Singer. Know thy selves: Learning to understand oneself increases the ability to understand others. 2017. Journal Cognitive Enhancement. S. 197–209.

7 Barbara Fredrickson. Die Macht der guten Gefühle. Wie eine positive Haltung Ihr Leben dauerhaft verändert. 2011. Campus.

8 Barbara Fredrickson und Marcial Losada. Positive affect and the complex dynamics of human flourishing. 2005. 60(7). American Psychologist. S. 678–686.

9 Janice Kaplan. Das große Glück der kleinen Dinge. Wie Dankbarkeit mein Leben veränderte. 2016. Rowohlt.

10 Ulrike Juchmann. Selbstfürsorge in helfenden Berufen. Wie Achtsamkeit im Arbeitsalltag gelingt. 2022. Kohlhammer.

11 Hartmut Rosa. Resonanz. Eine Soziologie der Weltbeziehung. 2016. Suhrkamp.

12 Tania Singer & Olga Klimecki. Empathy and compassion. 2014. 24(18). Current Biology. S. 875–878.

13 Tania Singer im Interview mit Wiebke Knoche. 2022. www.tk.de/techniker/magazin/life-balance/wohlbefinden/interview-tania-singer-mitgefuehl-empathie-2126522

Was hält mich gefangen und sabotiert mein Leben?

Glaubenssätze beeinflussen, was wir uns zutrauen. Sie bestimmen unseren Blick auf uns selbst, was wir meinen, (nicht) zu können oder tun zu müssen. Aber ist das, was wir über uns glauben, wirklich wahr? In zehn Geschichten aus ihrer Therapiestunde erzählt Psychotherapeutin Nesibe Özdemir, wie es Menschen verändert, wenn sie tief verankerte Überzeugungen erkennen und hinterfragen. Sie hört auf die Zwischentöne, das Ungesagte, das Querstehende und entdeckt Glaubenssätze, die jede:r von uns in sich trägt. Fragen und Tipps inspirieren dabei zur Selbstreflexion: Welche Überzeugung hält mich gefangen? Was macht mich frei?

»Das Buch zeigt nicht nur, wie hinderlich und teils zerstörerisch negative Glaubenssätze sein können, sondern hilft, sie aufzulösen und den Glauben an sich selbst zu stärken.«
Pia Kabitzsch, Buchautorin und Host des funk-Kanals psychologeek

Nesibe Özdemir
Was wir glauben, wer wir sind
Vom Mut, sich neu zu denken.
Geschichten aus der Psychotherapie
Klappenbroschur, 248 Seiten
ISBN 978-3-407-86756-8

www.beltz.de

Mehr Lebensfreude statt Angst und Sorgen

Ein Leben mit mehr Lebensfreude – das verspricht die Psychotherapeutin Sisse Find in ihrem fundierten Ratgeber. Denn jeder Mensch besitzt die Fähigkeit, Angst und Sorgen zu minimieren. Angst hat nichts mit der eigenen Persönlichkeit, den Genen oder traumatischen Erlebnissen zu tun. Vielmehr lässt sie sich durch das Training mit der metakognitiven Methode aus dem Leben wegdenken.

In ihrem Sechs-Wochen-Programm zeigt die Dänin, wie man Schritt für Schritt Ängste und Stress abbaut. Dabei helfen gut in den Alltag integrierbare Übungen, um Grübelzeiten einzudämmen, und Meditationen, um zermarternde Gedankenkarusselle anzuhalten. Ein Buch für alle, die sich nach mehr Lebensfreude sehnen und selbst etwas gegen Angst- und Unwohlgefühle in ihrem Leben tun möchten.

Sisse Find
Wähle die Freude
Das Sechs-Wochen-Programm gegen Grübeln, Angst und Stress. Mit Audio-Übungen
gebunden, ca. 256 Seiten
ISBN 978-3-407-86748-3

www.beltz.de **BELTZ**

Wie Persönlichkeitsentwicklung der Liebe guttut

Aus Sorge vor Veränderung bremsen sich Partner:innen oft gegenseitig in ihrer persönlichen Entwicklung aus – das kann zu schwelenden Konflikten und Frustration führen. Die Psychologin und Wissenschaftlerin Janina Larissa Bühler zeigt, dass persönliche Weiterentwicklung keine Gefahr ist, sondern eine wichtige Voraussetzung für eine langfristig glückliche Beziehung. Gegenseitige Unterstützung ist dabei essenziell: Wenn sich Partner:innen den Raum geben und den Mut zusprechen, sich als Individuen weiterentwickeln zu dürfen, kann auch die partnerschaftliche Bindung wachsen.

Anhand neuster Erkenntnisse aus der Persönlichkeits- und Paarforschung, bewährten Reflexionsfragen und konkreten Übungen für den Beziehungsalltag macht dieser Ratgeber Partner:innen neugierig darauf, sich gegenseitig immer wieder neu kennenzulernen und sich gemeinsam weiterzuentwickeln.

Janina Larissa Bühler
Mehr Ich. Mehr Du. Mehr Wir.
Warum wir intensiver lieben,
wenn wir uns selbst verwirklichen
Klappenbroschur, ca. 256 Seiten
ISBN 978-3-407-86720-9

www.beltz.de